Fachempfehlungen zur Rechnungslegung

Stand: 1. Januar 2020

D1720482

Herausgeber:
SWISS GAAP FER, Stiftung für Fachempfehlungen zur Rechnungslegung

Informationen zur aktuellen Auflage und zukünftigen Neuauflagen sind
online abrufbar unter: www.fer.ch/ueber-uns/publikationen/

Stiftung für Fachempfehlungen zur Rechnungslegung Swiss GAAP FER,
Tigerbergstrasse 9, 9000 St. Gallen
www.fer.ch

ISBN 978-3-286-30275-4

Die digitale Ausgabe ist auch einzeln erhältlich (ISBN 978-3-286-10655-0).

Inhaltsverzeichnis

1 Einführung

Mitte der 80er-Jahre lancierte EXPERTsuisse (Expertenverband für Wirtschaftsprüfung, Steuern und Treuhand, damals noch unter dem Namen Schweizer Treuhand-Kammer) auf Initiative des im Mai 2019 verstorbenen ehemaligen St. Galler Professors André Zünd die Idee der Gründung einer unabhängigen Institution, die sich mit der Weiterentwicklung von Rechnungslegungsstandards in der Schweiz befassen sollte. Erklärtes Ziel war (und ist es immer noch), die Vergleichbarkeit der Jahresrechnungen zu fördern, und den Informationsgehalt sowie das Konzept der Rechnungslegung in der Schweiz dem international üblichen Niveau anzunähern. Die Rechnungslegungsstandards der FER verlangen als oberstes Prinzip die Vermittlung eines den tatsächlichen Verhältnissen entsprechenden Bilds der Vermögens-, Finanz- und Ertragslage (True & Fair View).

1.1 Rechtsform und Arbeitsweise der FER

Rechtsträgerin der Fachkommission für Empfehlungen zur Rechnungslegung ist eine 1984 errichtete Stiftung. Der Stiftungsrat beruft bis zu 30 Mitglieder in die Fachkommission. Die Berufung erfolgt ad personam aber unter Berücksichtigung des Umfelds und der Interessen der betreffenden Mitglieder. Im Sinne des Koalitions- oder Interessenabwägungsmodells soll die personelle Zusammensetzung der Fachkommission verschiedene Interessengruppen (aber auch die Sprachregionen) möglichst ausgewogen berücksichtigen. Die Behörden wirken durch (nicht stimmberechtigte) Beobachter in der Kommission mit. Die laufenden Arbeiten, v. a. die Vorarbeiten für die Formulierung oder die Änderung von Fachempfehlungen, werden durch den Präsidenten der Fachkommission, einen maximal sechsköpfigen Fachausschuss (der von der Fachkommission aus ihrem Kreis berufen wird) und einen Fachsekretär betreut. Die Themenvorgabe für die Ausarbeitung von Fachempfehlungen erfolgt in der Fachkommission. Der Fachausschuss überträgt die Vorbereitungsarbeiten an eine Subkommission, die in der Regel von einem seiner Mitglieder geleitet wird und in der die interessierten Kreise vertreten sind.

1.2 Personelle Zusammensetzung der FER
(per 1. Januar 2020)

Präsident des Stiftungsrats:
Behr Giorgio (Prof. Dr., Unternehmer, Buchberg/SH)
Mitglieder des Stiftungsrats:
Dellenbach Rudolf (Ex-Direktionspräsident, Aargauische Kantonalbank, Erlinsbach)

Eberle Reto (Prof. Dr., dipl. Wirtschaftsprüfer, Partner, KPMG und Professor
für Auditing und Internal Control, Universität Zürich, Zürich)
Jenny Klaus (Dr. oec., Finanzfachmann, Zürich)
Meyer Conrad (Prof. Dr., Universität Zürich, Zürich)

Präsident der Fachkommission:
Leibfried Peter (Prof. Dr., CPA, Professor für Audit und Accounting, Universität
St. Gallen, St. Gallen)

Mitglieder des Fachausschusses:
Annen Michael (lic. oec. HSG, dipl. Wirtschaftsprüfer, Partner, Buchhaltungs-
und Revisions-AG, Zug)
Balkanyi Patrick (dipl. Wirtschaftsprüfer, Partner, PwC, Zürich)
Bucher Sven (Leiter Research, Zürcher Kantonalbank, Zürich)
Loser Silvan (Dr. oec. HSG, dipl. Wirtschaftsprüfer, Partner, KPMG, Zürich)
Soland Andreas (dipl. Wirtschaftsprüfer, VP Controlling, Hero AG, Lenzburg)

Fachsekretär:
Wandeler Markus (dipl. Wirtschaftsprüfer, Director, PwC, Zürich)

Mitglieder der Fachkommission:
Bachofen Keller Sandra (Betriebsökonomin HWV, Leiterin Konzernrechnungs-
wesen, Conzzeta AG, Zürich)
Baumgartner Hans (Leiter Wealth Management Clients Zürich Zentrum & Leiter
Region Zürich, Credit Suisse, Zürich)
Bernet Pius (Betriebsökonom FH, EMBA in Nonprofit-Organisations-Management,
Direktor, Stiftung für Schwerbehinderte Luzern SSBL, Emmen)
Bieri Jean-Yves (lic. HEC, CFO, Maus Frères SA, Genf)
Blaser Felix (Betriebsökonom FH, dipl. Wirtschaftsprüfer, Leiter Spezialfinan-
zierungen, Zürcher Kantonalbank, Zürich)
Bösiger Daniel (Betriebsökonom HWV, Head Corporate Controlling/Investor
Relations Officer, Georg Fischer AG, Schaffhausen)
Cheetham Malcolm B. (ehemaliger Chief Accounting Officer, Novartis AG, Basel)
Christen Edgar (Betriebsökonom FH, dipl. Wirtschaftsprüfer, Partner,
Ernst & Young, Zug)
Dousse Vincent (Prof., Professor Finance d'entreprise, HEIG-VD und Leiter
Finanzabteilung, Doxior S.A., Aubonne)
Frey Reto (lic. oec. publ., dipl. Wirtschaftsprüfer, Partner, BDO AG, Zürich)
Johnson Marianne (lic. oec. publ., Head Risk Control Swiss Corporates,
UBS Switzerland AG, Zürich)
Keel Thomas (Betriebsökonom HWV, dipl. Wirtschaftsprüfer, Senior Partner,
Keel + Partner AG, St. Gallen)
Merico Dino (Betriebsökonom FH, dipl. Wirtschaftsprüfer, Head of Group Financial
Reporting & Accounting, Ascom Holding AG, Baar)
Neuhaus Patrick (MBA, dipl. Wirtschaftsprüfer, Leiter Corporate Accounting,
SBB AG, Bern)

Possa Marc (lic. oec., CIIA, CFA Chartholder, CEO, VV Vermögensverwaltung AG, Zug)

Remund Thomas (Eidg. dipl. Bankfachmann, dipl. Wirtschaftsprüfer, Leiter Finanzkontrolle des Kantons Bern, Bern)

Schmid Oliver (dipl. Experte in Rechnungslegung und Controlling, CFO, Ganz Gruppe, St. Gallen)

Seibold Andreas (lic. oec. publ., dipl. Wirtschaftsprüfer, CFO, Hügli Holding AG, Steinach)

Vogel Martin (CEO, Schaffhauser Kantonalbank, Schaffhausen)

Zemp Reto (lic. oec. HSG, dipl. Wirtschaftsprüfer, Leiter Corporate Reporting, SIX Exchange Regulation AG, Zürich)

Beobachter:
Bundesamt für Justiz
Bundesamt für Sozialversicherungen
Eidgenössische Finanzmarktaufsicht
Eidgenössische Finanzverwaltung
Eidgenössische Revisionsaufsichtsbehörde
Eidgenössische Steuerverwaltung
EXPERTsuisse
H+ Die Spitäler der Schweiz
Kantonale Gebäudeversicherungen
Oberaufsichtskommission Berufliche Vorsorge OAK BV
santésuisse
Schweizerischer Gewerbeverband sgv
SIX Exchange Regulation AG
Staatssekretariat für Wirtschaft SECO
Stiftung Zewo
SwissHoldings
TREUHAND|SUISSE
veb.ch

Aktuelle personelle Zusammensetzung abrufbar unter:
www.fer.ch/ueber-uns/mitglieder/

2 Verfahren und Geltungsbereich

2.1 Themenwahl und Verfahren

Die Themenwahl und das Verfahren für die Erarbeitung der Fachempfehlungen sind in Swiss GAAP FER «Grundlagen» (Swiss GAAP FER 1) skizziert. Massgebend für die Themenwahl sind die Aktualität und die Bedeutung der Probleme für die Praxis der Rechnungslegung. Der Fachausschuss entwirft jeweils ein Arbeitsprogramm, das von der Fachkommission besprochen und genehmigt wird. Das Arbeitsprogramm enthält die zu bearbeitenden Themen, die Dringlichkeit der Bearbeitung und deren zeitlichen Rahmen. Projekte der Stiftung für Fachempfehlungen zur Rechnungslegung durchlaufen für gewöhnlich zwei aufeinanderfolgende Phasen:
In Phase 1 erfolgt ein Überprüfungsverfahren als Vorprojektphase, in der entweder eine bestehende Fachempfehlung auf deren Aktualität, Relevanz und Vollständigkeit hin überprüft wird und/oder für ein aktuelles Thema oder eine wichtige dringliche Problemstellung eine Auslegeordnung erstellt wird. Je nach Ausgang des Überprüfungsverfahrens entscheidet die Fachkommission, ein Projekt durchzuführen, was bedeutet, dass es in die Phase 2 übergeht.
Die vom Fachausschuss eingesetzten Subkommissionen erarbeiten in Phase 2 einen Entwurf zuhanden des Fachausschusses. Der Fachausschuss diskutiert und überarbeitet mit Vertretern der Subkommissionen die Entwürfe. Der bereinigte Empfehlungsentwurf wird im Rahmen der Fachkommission behandelt. Der Vernehmlassungstext wird in einschlägigen Fachzeitschriften und auf der Website der Swiss GAAP FER publiziert. Der Fachausschuss sorgt für die Beachtung der Ergebnisse dieser Vernehmlassung bei der Erarbeitung der definitiven Fassung. Eine Fachempfehlung kann nur durch Zustimmung einer qualifizierten Mehrheit der Fachkommission in Kraft gesetzt werden.
Da sämtliche Mitglieder der FER, einschliesslich der Fachausschussmitglieder, des Fachsekretärs und des Präsidenten, ehrenamtlich tätig sind, ist der Finanzhaushalt bescheiden. Die FER finanziert ihre Aufwendungen im Wesentlichen durch die Verkaufserlöse ihrer Fachempfehlungen sowie durch Zuwendungen des Förderkreises. Informationen zum Förderkreis sind online abrufbar (https://www.fer.ch/ueber-uns/foerderkreis/).

2.2 Geltungsbereich der Fachempfehlungen

Die Anwendung der Fachempfehlungen durch nicht-kotierte Organisationen erfolgt freiwillig. Swiss GAAP FER 1 «Grundlagen» hält ausdrücklich fest, dass jeweils alle Fachempfehlungen anzuwenden sind. Das bedeutet, dass alle Kern-FER (bei Erfüllen der dafür genannten Kriterien) bzw. sämtliche Swiss GAAP FER durch die bilanzierenden Organisationen einzuhalten sind. Die Swiss GAAP FER beruhen auf einem Gesamtkonzept, so dass einzelne Elemente nicht ohne negative Auswirkungen weggelassen werden können. Die Organisationen werden eingeladen, die Konformität der Jahresrechnung mit den Vorschriften der Swiss GAAP FER im Anhang zur Jahresrechnung zum Ausdruck zu bringen. Seit 1. Januar 2005 gelten die Swiss GAAP FER als Mindeststandard für die Jahres- und Zwischenberichterstattung von Organisationen mit an der SIX Swiss Exchange kotierten Aktien im Swiss Reporting Standard und Standard für Immobiliengesellschaften sowie für Emittenten, welche ausschliesslich Forderungsrechte (z.B. Anleihen) kotiert haben. Im Kotierungsreglement und den entsprechenden Richtlinien der SIX Swiss Exchange sind die Swiss GAAP FER verankert. Seit 1. Januar 2015 müssen kotierte Publikumsgesellschaften zusätzlich Swiss GAAP FER 31 «Ergänzende Fachempfehlungen für kotierte Unternehmen» einhalten.

3 Aufbau und Inhalt der Fachempfehlungen

3.1 Anwender

Die Swiss GAAP FER fokussieren sich auf die Rechnungslegung kleiner und mittelgrosser Organisationen und Unternehmensgruppen mit nationaler Ausstrahlung. Zu den weiteren Anwendern gehören auch Nonprofit-Organisationen, Pensionskassen, Versicherungsunternehmen, Gebäude- und Krankenversicherer. Diesen Organisationen wird ein taugliches Gerüst für eine aussagekräftige Rechnungslegung bereitgestellt, das ein den tatsächlichen Verhältnissen entsprechendes Bild der Vermögens-, Finanz- und Ertragslage (True & Fair View) vermittelt. Auch soll die Kommunikation mit Investoren, Banken und anderen interessierten Kreisen gefördert werden. Gleichzeitig wird die Vergleichbarkeit der Jahresrechnungen zwischen den Organisationen sowie über die Zeit erleichtert.

3.2 Konzept

Das Konzept ist modular aufgebaut und besteht aus vier Bausteinen: das Rahmenkonzept, die Kern-FER, weitere Standards sowie Swiss GAAP FER 30 für Konzerngruppen. Für kleine Organisationen (Grössenkriterien gemäss Abb. 1) besteht die Möglichkeit, lediglich das Rahmenkonzept und ausgewählte zentrale Fachempfehlungen (Kern-FER) zu beachten. Das Konzept umfasst eine massgeschneiderte Auswahl an Empfehlungen, welche eine geeignete Grundlage für die Rechnungslegung bilden und gleichzeitig den Weg für eine spätere vollständige Anwendung der Swiss GAAP FER ebnen (vgl. Abb. 2). Mittelgrosse Organisationen haben die Kern-FER und die weiteren Swiss GAAP FER einzuhalten.
Konzerngruppen haben zusätzlich Swiss GAAP FER 30 «Konzernrechnung» anzuwenden. In diesem Standard sind alle Regeln zusammengefasst, welche die Konsolidierung betreffen. Unternehmensgruppen haben deshalb als kleine Organisationen (Grössenkriterien gemäss Abb. 1) die Kern-FER und Swiss GAAP FER 30 bzw. als mittelgrosse Organisationen die Kern-FER, die weiteren Swiss GAAP FER und Swiss GAAP FER 30 einzuhalten.
Kotierte Publikumsgesellschaften müssen zusätzlich Swiss GAAP FER 31 «Ergänzende Fachempfehlungen für kotierte Unternehmen» einhalten.

Falls zwei der nachstehenden Kriterien in zwei aufeinander folgenden Jahren nicht überschritten werden, kann eine Organisation die Kern-FER anwenden:
a) Bilanzsumme von CHF 10 Millionen
b) Jahresumsatz von CHF 20 Millionen
c) 50 Vollzeitstellen im Jahresdurchschnitt.

Abbildung 1: Kriterien für die Anwendung der Kern-FER

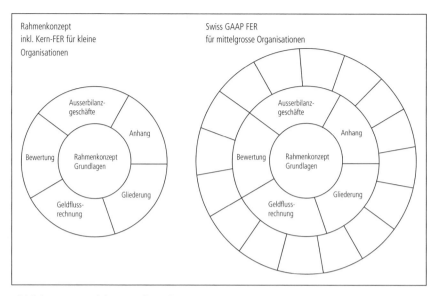

Abbildung 2: Modularer Aufbau der Swiss GAAP FER

Das für sämtliche Organisationen verbindliche Rahmenkonzept beinhaltet die Prinzipien, die der Rechnungslegung nach Swiss GAAP FER zugrunde liegen. Das Rahmenkonzept umfasst insbesondere folgende Elemente: Zweck und Inhalt, Zielsetzung der Jahresrechnung, Grundlagen der Jahresrechnung, zulässige Bewertungskonzepte und qualitative Anforderungen.

3.3 Kern-FER (Rahmenkonzept und Swiss GAAP FER 1–6)

Zu den Kern-FER zählen:
– Rahmenkonzept
– Grundlagen (Swiss GAAP FER 1)
– Bewertung (Swiss GAAP FER 2)
– Darstellung und Gliederung (Swiss GAAP FER 3)
– Geldflussrechnung (Swiss GAAP FER 4)
– Ausserbilanzgeschäfte (Swiss GAAP FER 5)
– Anhang (Swiss GAAP FER 6).

3.4 Weitere Swiss GAAP FER (Swiss GAAP FER 10 – 41, ohne FER 14, 21, 26, 40 und 41)

Die Kern-FER und die weiteren Swiss GAAP FER gelten sowohl für Einzelabschlüsse als auch für Konzernabschlüsse. Alle Fragen, welche nur die Konzernrechnung betreffen, werden in Swiss GAAP FER 30 «Konzernrechnung» separat geregelt. Swiss GAAP FER 30 ist deshalb auch nur für Unternehmensgruppen relevant. Kotierte Publikumsgesellschaften müssen zusätzlich Swiss GAAP FER 31 «Ergänzende Fachempfehlungen für kotierte Unternehmen» einhalten.

3.5 Branchenspezifische Swiss GAAP FER

Es bestehen die folgenden, branchenspezifischen Fachempfehlungen:

– Swiss GAAP FER 14 «Konzernrechnung von Versicherungsunternehmen» beinhaltet besondere Bestimmungen zur Konzernrechnung von Versicherungsunternehmen. Infolge der Inkraftsetzung von Swiss GAAP FER 40 wird Swiss GAAP FER 14 per 31.12.2020 ausser Kraft gesetzt.
– Swiss GAAP FER 21 «Rechnungslegung für gemeinnützige Nonprofit-Organisationen» richtet sich an gemeinnützige Nonprofit-Organisationen.
– Swiss GAAP FER 26 «Rechnungslegung von Vorsorgeeinrichtungen» gilt für Vorsorgeeinrichtungen.
– Swiss GAAP FER 40 «Rechnungslegung für Versicherungsunternehmen» beinhaltet besondere Bestimmungen für Versicherungsunternehmen. Das Inkraftsetzungsdatum ist der 1.1.2021, wobei eine frühere Anwendung gestattet ist.
– Swiss GAAP FER 41 «Rechnungslegung für Gebäudeversicherer und Krankenversicherer» ist von Organisationen dieser beiden Branchen anzuwenden.

Weil es sich bei Swiss GAAP FER 14 um einen inhaltlich nicht mehr aktuellen Standard handelt, der zudem nicht in den modularen Aufbau der FER-Fachempfehlungen eingebettet war, hat die Fachkommission 2015 eine Projektgruppe mit der Ausarbeitung einer neuen Fachempfehlung beauftragt. Nach einer positiv ausgefallenen Vernehmlassung hat die Fachkommission im Juni 2018 die neue Fachempfehlung Swiss GAAP FER 40 «Rechnungslegung für Versicherungsunternehmen» verabschiedet und per 1. Januar 2021 in Kraft gesetzt. Swiss GAAP FER 40 regelt die Rechnungslegung des Versicherungsunternehmens als Ganzes (und nicht den einzelnen Versicherungsvertrag wie in den IFRS) und richtet sich explizit am Versicherungsunternehmen mit nationaler Ausstrahlung.
Swiss GAAP FER 40 sieht vor, dass Kapitalanlagen zu aktuellen Werten zu bewerten sind, wobei für festverzinsliche Kapitalanlagen auch die Kostenamortisationsmethode angewendet werden darf. Die Bewertung der Rückstellungen lehnt sich an regulatorische

Vorgaben an, indem neben den versicherungstechnischen Rückstellungen auch Schwankungs- und Sicherheitsrückstellungen zulässig sind. Die Mindestgliederungen sind um branchenübliche Bezeichnungen und Positionen ergänzt worden. Die Offenlegungen sind stark ausgebaut worden, um die Transparenz der Finanzberichterstattung zu erhöhen. Schliesslich finden sich in Swiss GAAP FER 40 auch ergänzende Bestimmungen zur Konzernrechnung (Segmentberichterstattung [im Sinn von Swiss GAAP FER 31], Angaben zum Schadenaufwand und zum Abwicklungsverhalten).

4 Dienstleistungen

Homepage: www.fer.ch

Über die Homepage können sich Anwender und weitere interessierte Kreise über aktuelle Entwicklungen der Swiss GAAP FER informieren. Dazu werden die sich in Vernehmlassung befindenden ebenso wie die neu verabschiedeten Fachempfehlungen im Originaltext aufgelegt (bis zum Erscheinen der nächsten FER-Broschüre). Von den übrigen Swiss GAAP FER finden sich Zusammenfassungen auf der Homepage.

Publikationen

Die Broschüre, welche neben den einzelnen Swiss GAAP FER eine konzeptionelle Einführung enthält, stellt die einzige offizielle Publikation der FER dar. Die Bestellung und der Vertrieb erfolgt über den SKV-Verlag (siehe www.fer.ch).

Anregungen von Anwendern

Die FER verfügt über begrenzte personelle Ressourcen. Daher können Auslegungs- oder Anwendungsfragen nicht einzeln beantwortet werden. Fragestellungen von grosser Bedeutung werden der Fachkommission unterbreitet, welche über einen allfälligen Handlungsbedarf und das Vorgehen entscheidet. Im Rahmen der jährlich durchgeführten Jahreskonferenz Swiss GAAP FER sollen für die wichtigsten Fragen mögliche Lösungsansätze aufgezeigt werden. Anregungen zu bestehenden Fachempfehlungen oder zu möglichen neuen Regelungsbereichen können der FER unterbreitet werden.

Swiss GAAP FER Rahmenkonzept

Überarbeitet: 2014
In Kraft gesetzt: 1. Januar 2016
(Eine frühere Anwendung ist gestattet)

Zweck und Inhalt des Rahmenkonzepts

1 Das Rahmenkonzept legt die Grundsätze der Rechnungslegung fest:
- Die Rechnungslegung nach Swiss GAAP FER hat zum Ziel, dass jede Jahresrechnung ein den tatsächlichen Verhältnissen entsprechendes Bild der Vermögens-, Finanz- und Ertragslage (True & Fair View) wiedergibt.
- Das Rahmenkonzept ist die Grundlage für zukünftige Rechnungslegungsnormen.
- Das Rahmenkonzept deckt mit den Rechnungslegungsgrundsätzen ab, was im Einzelnen (noch) nicht durch Swiss GAAP FER geregelt ist.
- Regelungen in den einzelnen Fachempfehlungen gehen dem Rahmenkonzept vor.
- Das Rahmenkonzept nennt die Elemente des Geschäftsberichts.

2 Das Rahmenkonzept behandelt:
- Zielsetzung der Jahresrechnung
- Gliederung des Geschäftsberichts
- Erstmalige Anwendung der Swiss GAAP FER
- Grundlagen der Jahresrechnung
- Definition von Aktiven und Passiven (Verbindlichkeiten und Eigenkapital)
- Definition von Erträgen, Aufwendungen und Erfolg
- Zulässige Bewertungskonzepte von Aktiven und Verbindlichkeiten
- Qualitative Anforderungen
- Jahresbericht (Lage und Ausblick).

3 Das Rahmenkonzept gilt für alle Organisationen, die ihre Jahresrechnung bzw. ihren Zwischenabschluss in Übereinstimmung mit Swiss GAAP FER präsentieren.

Anwendung des Rahmenkonzepts

4 Eine Organisation, die Swiss GAAP FER anwendet, hat – vorbehalten gesetzlicher und regulatorischer Bestimmungen – die folgenden Möglichkeiten:
- Einhaltung Kern-FER
- Einhaltung des gesamten Swiss GAAP FER-Regelwerks.

Es ist offenzulegen, ob die Kern-FER eingehalten werden oder das gesamte Swiss GAAP FER Regelwerk.

Unter Swiss GAAP FER sind alle in der gewählten Stufe – Kern-FER oder gesamtes Regelwerk – verlangten Informationen ausnahmslos offenzulegen. Nicht FER-konforme Prinzipien der Rechnungslegung können nicht durch entsprechende Offenlegung gerechtfertigt werden.

Zielsetzung der Jahresrechnung

5   Ziel der Jahresrechnung ist das zur Verfügung stellen von Informationen über die Vermögens-, Finanz- und Ertragslage einer Organisation in strukturierter Form. Diese Informationen dienen den Empfängern der Jahresrechnung für ihre Entscheidungsfindung.

Die Jahresrechnung dient auch der Rechenschaftsablage durch das verantwortliche Organ.

6   Die Grundlage für die Jahresrechnung bildet ein den tatsächlichen Verhältnissen entsprechendes Bild (True & Fair View).

True & Fair View ist ein Grundsatz, der verlangt, dass alle Informationen einer Organisation
– die wirtschaftlichen Tatsachen wiedergeben und somit frei von Täuschungen und Manipulationen
– zuverlässig sowie
– auf die Bedürfnisse der Empfänger ausgerichtet sind.

Gliederung des Geschäftsberichts

7   Die Gliederung des Geschäftsberichts umfasst mindestens:

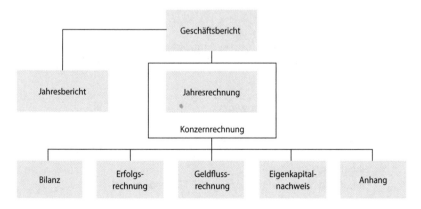

Erstmalige Anwendung der Swiss GAAP FER

8   Werden die Kern-FER oder die gesamten Swiss GAAP FER erstmals von einer Organisation als Grundlage ihrer Rechnungslegung angewandt oder wird von den Kern-FER zu den gesamten Swiss GAAP FER umgestellt, so ist die Vorjahresbilanz in Übereinstimmung mit dem neu vorgesehenen Regelwerk offenzulegen.

Grundlagen der Jahresrechnung

9   **Fortführung**
    Die Jahresrechnung beruht auf der Annahme, dass die Weiterführung einer Organisation für die voraussehbare Zukunft, mindestens aber 12 Monate nach dem Bilanzstichtag, möglich ist. Trifft dies zu, sind als Bewertungsbasis Fortführungswerte zu verwenden. Falls an der Fortführung erhebliche Zweifel bestehen, so ist dieser Sachverhalt offenzulegen. Die Fortführung einer Organisation kann nicht mehr angenommen werden, falls ihre Auflösung beabsichtigt ist oder mit hoher Wahrscheinlichkeit nicht abgewendet werden kann. Besteht eine derartige Absicht oder Notwendigkeit, so muss die Jahresrechnung auf der Grundlage von Liquidationswerten erstellt werden. Die Bewertung zu Liquidationswerten ist im Anhang offenzulegen und zu erläutern.

10 **Wirtschaftliche Betrachtungsweise**
    Für die Swiss GAAP FER Jahresrechnung gilt, dass die tatsächlichen wirtschaftlichen Gegebenheiten der rechtlichen Form vorgehen.

11 **Zeitliche Abgrenzung**
    Die Jahresrechnung ist auf Grundlage der Periodenabgrenzung zu erstellen. Demgemäss werden die Auswirkungen von Geschäftsvorfällen und anderen Ereignissen erfasst, wenn sie auftreten und nicht, wenn flüssige Mittel oder ein Zahlungsmittel-äquivalent eingehen oder bezahlt werden.
    In zeitlicher Hinsicht bedeutet dies, dass Aufwand und Ertrag, die zeitraumbezogen anfallen, periodengerecht abgegrenzt und erfasst werden.

12 **Sachliche Abgrenzung**
    In sachlicher Hinsicht bedeutet dies, dass alle Aufwendungen, die dazu dienen, bestimmte Erträge zu erzielen, entsprechend dem Ertragsanfall zu berücksichtigen sind.
    Ein Ertrag ist zu erfassen, wenn eine Dienstleistung erbracht ist oder ein materieller oder immaterieller Vermögenswert geliefert wurde und Nutzen und Risiken sowie die Verfügungsmacht auf den Käufer übergegangen sind.
    Bei Geschäftsvorfällen mit abgrenzbaren Bestandteilen sind diese separat zu erfassen und zu bewerten. Als abgrenzbare Bestandteile können beispielsweise Verkäufe von Produkten und damit verbundene Dienstleistungen angesehen werden.

13 Vorsichtsprinzip

Der Grundsatz der Vorsicht ist eine Verhaltensweise, die in erster Linie bei der Bewertung Bedeutung hat. Das Vorsichtsprinzip darf nicht bewusst benutzt werden, um willkürliche stille Reserven zu bilden. Eine vorsichtige Bewertung gestattet nicht, Aktiven bewusst zu tief oder Verbindlichkeiten zu hoch zu bewerten, da die Jahresrechnung das Kriterium der Zuverlässigkeit und der True & Fair View erfüllen muss. Dagegen entspricht es dem Vorsichtsprinzip, bei Ungewissheit und gleicher Eintreffenswahrscheinlichkeit, die weniger optimistische Variante zu wählen.

14 Bruttoprinzip

Die Jahresrechnung entspricht dem Bruttoprinzip, wenn Aktiven und Passiven, Ertrag und Aufwand je separat gezeigt werden. Verrechnungen dürfen nur in sachlich begründeten Fällen erfolgen und wenn dadurch keine irreführende Darstellung entsteht.

Ein begründeter Fall liegt vor, wenn
- eine Fachempfehlung es erfordert oder erlaubt sowie wenn
- dadurch der wirtschaftliche Gehalt eines Geschäftsvorfalls oder eines Ereignisses widergespiegelt wird.

Definition von Aktiven und Passiven (Verbindlichkeiten und Eigenkapital)

15 Aktiven entstehen aus vergangenen Geschäftsvorfällen oder Ereignissen. Es sind materielle oder immaterielle Vermögenswerte in der Verfügungsmacht der Organisation, welche voraussichtlich der Organisation über die Berichtsperiode hinaus Nutzen bringen. Der Wert des Vermögenswertes muss verlässlich ermittelt werden können. Falls keine hinreichend genaue Schätzung möglich ist, handelt es sich um eine Eventualforderung.

16 Zum Umlaufvermögen zählen Aktiven, die
- innerhalb von 12 Monaten nach dem Bilanzstichtag realisiert werden, oder innerhalb der operativen Tätigkeit verkauft, konsumiert oder realisiert werden, oder
- zum Handel gehalten werden, sowie
- Zahlungsmittel und Zahlungsmitteläquivalente.

Alle übrigen Aktiven sind Anlagevermögen.

17 Verbindlichkeiten entstehen aus vergangenen Geschäftsvorfällen oder Ereignissen, falls ein zukünftiger Mittelabfluss wahrscheinlich ist (z. B. durch den Erwerb von Gütern und Dienstleistungen, durch Gewährleistungsverbindlichkeiten oder aus Haftpflichtansprüchen aus erbrachten Leistungen). Der Erfüllungsbetrag muss verlässlich ermittelt bzw. geschätzt werden können. Ist dies nicht möglich, handelt es sich um eine Eventualverbindlichkeit.

18 Zu den kurzfristigen Verbindlichkeiten zählen Verbindlichkeiten,
 – die innerhalb von 12 Monaten nach dem Bilanzstichtag zu erfüllen sind, oder
 – bei denen ein Mittelabfluss innerhalb der operativen Tätigkeit wahrscheinlich ist, oder
 – wenn sie für Handelszwecke gehalten werden.
 Alle übrigen Verbindlichkeiten sind langfristig.

19 Das Eigenkapital resultiert aus der Summe aller Aktiven vermindert um die Summe aller Verbindlichkeiten.

20 Eventualforderungen oder Eventualverbindlichkeiten sind im Anhang offenzulegen.

Definition von Erträgen, Aufwendungen und Erfolg

21 Erträge sind Nutzenzugänge der Berichtsperiode durch Zunahme von Aktiven und/oder Abnahme von Verbindlichkeiten, die das Eigenkapital erhöhen, ohne dass die Eigentümer eine Einlage leisten.

22 Aufwendungen sind Nutzenabgänge der Berichtsperiode durch Abnahme von Aktiven und/oder durch Zunahme von Verbindlichkeiten, die das Eigenkapital vermindern, ohne dass die Eigentümer eine Ausschüttung erhalten.

23 Erträge und Aufwendungen werden nur erfasst, wenn die damit verbundenen Änderungen der Aktiven und/oder Verbindlichkeiten zuverlässig ermittelt werden können.

24 Der Erfolg (Gewinn/Verlust) resultiert aus der Differenz von Ertrag und Aufwand.

Zulässige Bewertungskonzepte von Aktiven und Verbindlichkeiten

25 **Einzelbewertung**
 In der Jahresrechnung gilt der Grundsatz der Einzelbewertung der Aktiven und Verbindlichkeiten. Ausnahmsweise können gleichartige Aktiven bzw. Verbindlichkeiten mit gleicher Qualität (z. B. Forderungen mit gleicher Laufzeit und mit vergleichbarem Ausfallrisiko oder Artikelgruppen) in der Jahresrechnung gesamthaft bewertet werden.
 Falls die Aktiven und Verbindlichkeiten verschiedenartig sind und nicht gesamthaft bewertet werden dürfen, können Über- und Unterbewertungen zwischen den einzelbewerteten Aktiven und Verbindlichkeiten nicht verrechnet werden.

26 **Zulässige Bewertungskonzepte von Aktiven**
 Historische Anschaffungs- oder Herstellungskosten
 Die Anschaffungs- oder Herstellungskosten umfassen alle bei Erwerb oder bei der Herstellung angefallenen Kosten, die dem Vermögenswert direkt zugerechnet werden können. Die Vermögenswerte vermindern sich gegebenenfalls durch planmässige bzw. ausserplanmässige Abschreibungen.

Aktuelle Werte

– Tageswert
Der Tageswert eines Aktivums ergibt sich durch den Preis, der am Bilanzstichtag durch den Erwerb des Aktivums im normalen Geschäftsverlauf entrichtet werden müsste.

– Netto-Marktwert
Der Netto-Marktwert entspricht dem Betrag, welcher durch den Verkauf des Vermögensgegenstands zwischen Sachverständigen, vertragswilligen und voneinander unabhängigen Geschäftspartnern vereinbart wird, abzüglich der Verfügungskosten (wie Transport, Verkaufskommissionen, Steuern).

– Nutzwert
Der Nutzwert entspricht dem Barwert der zu erwartenden zukünftigen Geldzu- und Geldabflüsse aus der weiteren Nutzung des Aktivums einschliesslich eines allfälligen Mittelzuflusses am Ende der Nutzungsdauer. Ein Nutzwert entsteht auch durch erwartete Einsparungen an zukünftigen Geldabflüssen (wie sie sich zum Beispiel bei steuerlich verrechenbaren Verlustvorträgen oder bei zukünftig erwarteten Beitragsreduktionen der Arbeitgeberbeiträge an die Vorsorgeeinrichtung ergeben).

– Liquidationswert
Es ist unter Berücksichtigung der zur Verfügung stehenden Zeit die bestmögliche Verwertung des Gesellschaftsvermögens zu planen. Ist im Zeitpunkt, in dem die Fortführung in Frage gestellt werden muss, nicht verlässlich abzuschätzen, ob ein Gesamt- oder Teilverkauf einer Organisation möglich sein wird, ist gemäss Vorsichtsprinzip der tiefere der beiden Werte einzusetzen.

27 Zulässige Bewertungskonzepte von Verbindlichkeiten

Historische Werte

Verbindlichkeiten werden mit dem Wert der Gegenleistung erfasst, die im Austausch für die Übernahme der Verbindlichkeit fixiert worden ist. Dieser Wert bleibt in der Regel bis zur Tilgung der Verbindlichkeit unverändert. In besonderen Fällen, beispielsweise bei latenten Ertragssteuern, werden Verbindlichkeiten mit dem Betrag erfasst, der erwartungsgemäss bezahlt werden muss, um die Verbindlichkeit im normalen Geschäftsverlauf zu erfüllen.

Aktuelle Werte

– Tageswert
Verbindlichkeiten werden mit dem nicht-diskontierten Betrag erfasst, der nötig wäre, um die Verbindlichkeit per Bilanzstichtag zu erfüllen.

– Barwert
Verbindlichkeiten werden zum Barwert des künftigen Nettomittelabflusses erfasst, der erwartungsgemäss im normalen Geschäftsverlauf für die Erfüllung der Verbindlichkeit erforderlich ist.

28 Ereignisse nach dem Bilanzstichtag

Ereignisse nach dem Bilanzstichtag sind positive oder negative Ereignisse, die sich zwischen dem Bilanzstichtag und dem Datum ereignen, an welchem die Jahresrechnung für die Bilanzerstellung vom zuständigen Organ genehmigt wird. Dieses Datum ist im Anhang offenzulegen.

Je nach Zeitpunkt der Ursache werden die Ereignisse nach dem Bilanzstichtag unterschiedlich behandelt:

– In der Jahresrechnung sind Ereignisse zu erfassen, falls der Auslöser des Ereignisses bzw. seine Bedingungen bereits am Bilanzstichtag gegeben waren. Wird z. B. über einen Schuldner der Organisation nach dem Bilanzstichtag der Konkurs eröffnet, sind die entsprechenden Informationen zusätzlich im Anhang den neuen Gegebenheiten anzupassen.

– Ereignisse sind nicht in der Jahresrechnung zu erfassen, wenn die auslösende Ursache erst nach dem Bilanzstichtag gegeben war. Beispiele für solche nichtabschlusswirksamen Ereignisse nach dem Bilanzstichtag sind: Akquisitionen, Ankündigung von Verkaufsabsichten für einen Geschäftszweig, eine neue Garantieverpflichtung oder ein neuer Rechtsstreit.

Sind diese für die Urteilsbildung der Empfänger jedoch trotzdem wesentlich, ist im Anhang die Art des Ereignisses sowie eine Schätzung der finanziellen Auswirkung offenzulegen. Ist eine solche Schätzung nicht möglich, so ist auf diese Tatsache hinzuweisen.

Qualitative Anforderungen

29 Wesentlichkeit

Die Informationen müssen für die Entscheidungsfindung der Empfänger wesentlich sein. Wesentlich sind alle Sachverhalte, welche die Bewertung und die Darstellung der Jahresrechnung oder einzelner ihrer Positionen so beeinflussen, dass sich die Beurteilung durch die Empfänger ändern würde, wenn diese Sachverhalte berücksichtigt worden wären.

Die Wesentlichkeit einer Information wird durch ihre Art und/oder relative Höhe bedingt. In einigen Fällen reicht allein die Art der Information aus, um wesentlich zu sein. So können beispielsweise Angaben zu nahe stehenden Personen, auch bei kleinem Volumen von Transaktionen zwischen den nahe stehenden Personen, aufgrund der Art bzw. Natur der Beziehung zur Gesellschaft wesentlich sein und dürfen nicht weggelassen werden.

Führt eine Kumulation unwesentlicher Sachverhalte zu einer wesentlichen Beeinflussung der Jahresrechnung, so ist dies zu berücksichtigen.

30 Stetigkeit (Bewertung, Darstellung und Offenlegung)

Die Jahresrechnung entspricht dem Grundsatz der Stetigkeit in Bewertung, Darstellung und Offenlegung, wenn sie im Berichtsjahr nach den gleichen Grundsätzen erstellt wird wie in der Vorjahresperiode.

Abweichungen von der Stetigkeit sind möglich:
– Änderungen von Grundsätzen der Rechnungslegung
Eine Änderung einmal gewählter Grundsätze ist nur in begründeten Fällen möglich, beispielsweise
  • wenn eine Änderung durch eine Fachempfehlung verlangt wird
  • bei einer wesentlichen Änderung des Tätigkeitsfelds der Organisation
  • bei einem Eintritt in eine neue/andere Organisation
  • wenn für die Jahresrechnung und die Zukunft der Organisation eine aussagekräftigere Option innerhalb eines bestehenden Wahlrechts einer Fachempfehlung angewendet wird.

Im Anhang ist offenzulegen, weshalb der Grundsatz der Rechnungslegung geändert worden ist, die Art der Änderung und ihre finanzielle Auswirkung.
– Fehler in früheren Jahresrechnungen
Fehler in früheren Abschlüssen können durch Weglassen und falsche Aussagen entstehen, weil in früheren Jahresrechnungen Informationen mangelhaft interpretiert worden sind. Die Folge dieser Fehler können falsche Beträge oder Fehler in der Anwendung von Grundsätzen der Rechnungslegung sowie ein Übersehen oder eine Falscheinschätzung von Fakten sein.
Die Auswirkung von Fehlern ist im Anhang zu erläutern und quantitativ offenzulegen.
– Änderungen von Schätzungen
Änderungen von Schätzungen bewirken eine Berichtigung des Buchwerts eines Aktivums oder einer Verbindlichkeit. Diese Änderungen ergeben sich durch neue Entwicklungen oder neue Informationen und sind keine Fehler früherer Abschlüsse. Solche Schätzungsänderungen können sich beispielsweise bei Forderungen, Vorräten, finanziellen Aktiven, finanziellen Verbindlichkeiten sowie bei Garantieverpflichtungen und anderen Rückstellungen ergeben.
Die Änderungen von Schätzungen sind im Anhang offenzulegen.

Bei Änderung von Grundsätzen der Rechnungslegung sowie bei der Korrektur von Fehlern wird die Vorjahresrechnung angepasst. Dabei wird die Vorjahresrechnung angepasst (Restatement), wie wenn die neuen Grundsätze der Rechnungslegung schon immer angewendet worden wären bzw. nie ein Fehler unterlaufen wäre (retrospektive Methode).

Bei Änderung von Schätzungen sind entweder nur der laufende oder auch zukünftige Periodenerfolge (z. B. bei Änderung der Nutzungsdauer) betroffen (prospektive Methode).

31 **Vergleichbarkeit**

Den Empfängern der Jahresrechnung muss es möglich sein, die Jahresrechnungen über längere Zeit hinweg zu vergleichen.

Sofern eine Fachempfehlung nichts anderes erlaubt oder vorschreibt, sind in der Jahresrechnung alle quantitativen Informationen für die Vorjahresperiode aufzuführen.

32 **Verlässlichkeit**

Informationen müssen verlässlich sein. Sie sind nur verlässlich, wenn sie frei von verzerrenden Einflüssen und Willkür sind.

Informationen können zwar wesentlich, jedoch so unzuverlässig sein, dass sie irreführend sind. Sind beispielsweise Ansprüche bezüglich Rechtsgültigkeit und Betrag eines Schadenersatzes im Rahmen eines Gerichtsverfahrens strittig, dann ist zu beurteilen, ob der Grad der Verlässlichkeit eine Erfassung in der Bilanz verlangt oder allenfalls stattdessen eine Offenlegung im Anhang. Im Anhang ist der Sachverhalt zu umschreiben und, falls nicht in der Bilanz erfasst, wenn möglich betragsmässig offenzulegen.

Schätzungen sind ein wesentliches Verfahren für die Aufstellung von Jahresrechnungen und unterlaufen die Verlässlichkeit der Jahresrechnung nicht.

33 **Klarheit**

Die Jahresrechnung entspricht dem Grundsatz der Klarheit, wenn

– sie übersichtlich und sachgerecht gegliedert ist
– gleichartige Posten zusammengefasst, zutreffend bezeichnet sowie nötigenfalls durch Erläuterungen im Anhang ergänzt werden
– Inhalt und Darstellung das den tatsächlichen Verhältnissen entsprechende Bild der Organisation wiedergeben sowie
– gegebenenfalls bei den Abschlusspositionen ein Querverweis zum Anhang existiert.

Eine angemessene Rundung der Beträge ist zur besseren Übersicht zweckmässig.

Jahresbericht

34 **Lage und Ausblick**

Der Jahresbericht, der durch das verantwortliche Organ erstellt wird, enthält mindestens Aussagen über folgende Aspekte:

– Umfeld
  Skizzierung des wirtschaftlichen Umfelds (z. B. Marktentwicklung und Branchentrends, Konkurrenz, massgebende Rahmenbedingungen wie Konjunkturlage, Gesetzesänderungen) des vergangenen Jahres und die Zukunftserwartungen bezüglich des wirtschaftlichen Umfelds.
– Geschäftsjahr
  Kommentierung der Bestandteile der Jahresrechnung anhand wesentlicher Bilanz- und Erfolgskennzahlen und deren Entwicklung.

– Ausblick

Kommentierung der weiteren Entwicklung der Organisation, insbesondere des folgenden Geschäftsjahres, vor allem auch bezüglich Risiken und Chancen.

Der Jahresbericht ist nicht Gegenstand der Wirtschaftsprüfung.

Grundlagen

Überarbeitet: 2009
In Kraft gesetzt: 1. Januar 2009

Verfahren

Die «Fachkommission für Empfehlungen zur Rechnungslegung» besteht aus Persönlichkeiten, welche die Anwender, Empfänger, Prüfer, Regulatoren, Forschung und die Lehre vertreten.
Die interessierten Behörden werden eingeladen, die Arbeiten der Fachkommission zu beobachten und zu begleiten.
Ein Ausschuss der Fachkommission erarbeitet Entwürfe einer Fachempfehlung. Die Fachkommission beurteilt und verabschiedet die Fachempfehlungen unter Beachtung der Ergebnisse von Vernehmlassungen.
Die Fachempfehlungen werden in deutscher, französischer, italienischer und englischer Sprache veröffentlicht. Für die Auslegung ist die deutsche Version massgebend.
Die Swiss GAAP FER umfassen ein Konzept anerkannter Grundsätze der Rechnungslegung in der Schweiz.

---

1. Zweck

Die Rechnungslegung nach Swiss GAAP FER erhöht die Transparenz. Diese Transparenz wird durch den Grundsatz der True & Fair View sowie durch die Regelungen in den einzelnen Fachempfehlungen erzielt. Die Rechnungslegung nach Swiss GAAP FER beruht auf betriebswirtschaftlichen Kriterien und bildet deshalb eine wichtige Grundlage für unternehmerische Entscheide. Durch den Erwerb der Kenntnisse nach Swiss GAAP FER wird ein professionelles Verständnis für die Rechnungslegung gefördert.
Die Swiss GAAP FER streben für die Erst- und Folgeanwendung ein günstiges Verhältnis von Nutzen und Kosten an. Sie unterstützen einen verhältnismässigen Ressourceneinsatz für eine betriebswirtschaftliche Rechnungslegung als Entscheidungsgrundlage.
Die Rechnungslegung nach Swiss GAAP FER schafft Vertrauen und kann eine Verminderung der Finanzierungskosten bewirken.

2. Aufbau

Grundsätzlich ist das gesamte Regelwerk, die Swiss GAAP FER, einzuhalten. Kleinere Organisationen, die zwei der nachstehenden Kriterien in zwei aufeinanderfolgenden Jahren nicht überschreiten, können sich auf die Anwendung der Kern-FER beschränken:
a)   Bilanzsumme von CHF 10 Millionen
b)   Jahresumsatz von CHF 20 Millionen
c)   50 Vollzeitstellen im Jahresdurchschnitt.

Die Kern-FER umfassen die folgenden Swiss GAAP FER:
– Rahmenkonzept
– Grundlagen (Swiss GAAP FER 1)
– Bewertung (Swiss GAAP FER 2)
– Darstellung und Gliederung (Swiss GAAP FER 3)
– Geldflussrechnung (Swiss GAAP FER 4)
– Ausserbilanzgeschäfte (Swiss GAAP FER 5)
– Anhang (Swiss GAAP FER 6).
Die Einhaltung der Kern-FER vermittelt ein den tatsächlichen Verhältnissen entsprechendes Bild der Vermögens-, Finanz- und Ertragslage (True & Fair View). Es sind nicht alle Anforderungen an die Bemessung und Offenlegung zu erfüllen, wie sie bei einem Abschluss nach Swiss GAAP FER verlangt werden.

Konzerne haben zusätzlich Swiss GAAP FER 30 anzuwenden. Kotierte Publikumsgesellschaften haben zusätzlich Swiss GAAP FER 31 anzuwenden. Die Bestimmungen dieser Fachempfehlung gehen für kotierte Unternehmen denjenigen des Rahmenkonzepts und der weiteren Fachempfehlungen vor. Die ausschliessliche Anwendung der Kern-FER ist für kotierte Unternehmen nicht zugelassen.

3.   Empfänger der Swiss GAAP FER-Jahresrechnung

Die Swiss GAAP FER-Jahresrechnung richtet sich an die Organe der Organisationen, die effektiven und potenziellen Kapitalgeber (Eigentümer und Gläubiger, insb. Banken), Donatoren, Versicherte sowie weitere Interessierte.

4.   Grundsätze von Swiss GAAP FER

Die Rechnungslegung nach Swiss GAAP FER wird auf dem Konzept folgender Grundsätze entwickelt:
– Förderung einer aussagekräftigen Rechnungslegung
– True & Fair View als Fundament
– Prinzipienorientierte Fachempfehlungen mit einem generell gültigen Rahmenkonzept

- Gewährung von Wahlrechten; Offenlegung der gewählten Methoden
- Schaffung günstiger Voraussetzungen für einen allfälligen Übergang zu internationalen Standards.

Offene Fragen in der Rechnungslegung nach Swiss GAAP FER sind im Sinne des Rahmenkonzepts zu lösen. Regelungen neuer Fachempfehlungen gehen denjenigen in älteren Fachempfehlungen vor.

---

5. Struktur der einzelnen Fachempfehlungen

Für die Rechnungslegung nach Swiss GAAP FER sind die einzelnen Fachempfehlungen vollumfänglich verbindlich. Sie sind wie folgt aufgebaut:
- Einleitung
- Empfehlung
- Erläuterungen
- Anhang (Beispiele und Grafiken).

---

6. Verhältnis zum Steuerrecht

Steuerlich massgeblich ist der handelsrechtliche Abschluss. Die Swiss GAAP FER-Jahresrechnung, welche auf der Grundlage der True & Fair View beruht, unterscheidet sich in der Regel von der handelsrechtlichen Jahresrechnung.

---

7. Umsetzung

Die Organisationen sorgen dafür, dass die Fachpersonen, welche mit der Erstellung der Jahresrechnung betraut sind, über die notwendigen Kenntnisse bezüglich Swiss GAAP FER verfügen. Die Organisationen legen bei den Grundsätzen der Rechnungslegung offen, dass die Jahresrechnung in Übereinstimmung mit Swiss GAAP FER erstellt wird. Dabei bringen sie klar zum Ausdruck, ob das Konzept gemäss Swiss GAAP FER oder der Kern-FER umgesetzt wird.

Bewertung

Überarbeitet: 2012
In Kraft gesetzt: 1. Januar 2013

Empfehlung

Generell

1 Die in der Jahresrechnung angewendeten Bewertungsrichtlinien stellen die Einheitlichkeit und Stetigkeit der Bewertung sicher.

2 Die Bewertungsgrundsätze der einzelnen Bilanzpositionen orientieren sich an folgenden Bewertungsgrundlagen:
   - Historische Anschaffungs- oder Herstellungskosten beziehungsweise
   - Aktuelle Werte.

3 Die Bewertung hat innerhalb der einzelnen Bilanzpositionen einheitlich zu erfolgen. Für die Bewertung sachlich zusammenhängender Einzelpositionen ist in jedem Fall von einer einheitlichen Bewertungsgrundlage auszugehen. Abweichungen von der für eine Bilanzposition gewählten Bewertungsgrundlage sind möglich, sofern sie sachlich begründet und im Anhang offengelegt sind.

4 Die Bewertungsgrundsätze für die einzelnen Bilanzpositionen müssen, entsprechend der angewendeten Bewertungsgrundlage, die systematische Ermittlung und Erfassung der Abschreibungen sowie der Wertbeeinträchtigungen vorsehen. Die Änderungen aktueller Werte sind in der Erfolgsrechnung zu erfassen. Die Erfassung von Änderungen im Eigenkapital ist nur zulässig, falls dies bei anderen Fachempfehlungen zu spezifischen Themen vorgegeben ist.

5 Für die Berichts- und die Vorperiode sind die gleichen Bewertungsgrundlagen und die gleichen Bewertungsgrundsätze für die Einzelpositionen anzuwenden.

6 Die Bewertungsgrundlage für die Jahresrechnung und die Bewertungsgrundsätze für die Einzelpositionen sind im Anhang offenzulegen, insbesondere die Bewertungsgrundsätze für:

- Wertschriften (des Umlaufvermögens)
- Forderungen
- Vorräte
- Sachanlagen
- Finanzanlagen (inkl. Wertschriften des Anlagevermögens)
- Immaterielle Anlagen
- Verbindlichkeiten
- Rückstellungen
- weitere Positionen, welche für die Jahresrechnung wesentlich sind.

Bewertungsgrundsätze der einzelnen Bilanzpositionen

7 Wertschriften des Umlaufvermögens sind zu aktuellen Werten zu bewerten. Liegt kein aktueller Wert vor, sind sie höchstens zu Anschaffungskosten abzüglich allfälliger Wertbeeinträchtigungen zu bewerten.

8 Forderungen werden zum Nominalwert unter Abzug allfälliger Wertbeeinträchtigungen bewertet.

9 Die Bewertung der Vorräte erfolgt zu Anschaffungs- oder Herstellungskosten oder – falls dieser tiefer ist – zum Netto-Marktwert (Niederstwertprinzip).

10 Sofern die Voraussetzungen gemäss Ziffer 27 erfüllt sind, können langfristige Aufträge nach der Percentage of Completion-Methode (POCM) erfasst werden. Bei der POCM wird nebst den Anschaffungs- und Herstellungskosten sowie weiteren auftragsbezogenen Aufwendungen auch ein allfälliger Gewinn anteilsmässig berücksichtigt, sofern dessen Realisierung mit genügender Sicherheit feststeht.

11 Sachanlagen, die zur Nutzung für die Herstellung von Gütern oder die Erbringung von Dienstleistungen bestimmt sind, werden zu Anschaffungs- bzw. Herstellungskosten abzüglich notwendiger Abschreibungen bilanziert. Nicht betriebliche Sachanlagen, die ausschliesslich zu Renditezwecken gehalten werden, können auch zu aktuellen Werten erfasst werden.

12 Finanzanlagen werden zu Anschaffungskosten unter Abzug allfälliger Wertbeeinträchtigungen bewertet. In den Finanzanlagen ausgewiesene Wertschriften können auch zu aktuellen Werten bilanziert werden.

13 Immaterielle Anlagen werden zu Anschaffungs- (bei erworbenen immateriellen Werten) oder Herstellungskosten (bei selbst erarbeiteten immateriellen Werten) unter Abzug notwendiger Abschreibungen bewertet.

14 Verbindlichkeiten werden in der Bilanz in der Regel zum Nominalwert erfasst.

15 Rückstellungen stellen rechtliche oder faktische Verpflichtungen dar. Sie sind auf jeden Bilanzstichtag auf Basis der wahrscheinlichen Mittelabflüsse zu bewerten.

Wertbeeinträchtigungen

16 Bei allen Aktiven ist auf jeden Bilanzstichtag zu prüfen, ob Anzeichen dafür bestehen, dass der Buchwert des Aktivums den erzielbaren Wert übersteigt (Wertbeeinträchtigung). Falls eine Wertbeeinträchtigung vorliegt, ist der Buchwert auf den erzielbaren Wert zu reduzieren, wobei die Wertbeeinträchtigung dem Periodenergebnis zu belasten ist.

Fremdwährungsumrechnung

17 Die Umrechnung von Positionen, die in Fremdwährung geführt werden, erfolgt nach der Stichtagskurs-Methode. Sämtliche Vermögenswerte und Verbindlichkeiten werden zum Tageskurs des Bilanzstichtags umgerechnet. Transaktionen in fremder Währung werden zum Tageskurs der Transaktion oder zum Durchschnittskurs des Monats, in dem die Transaktion stattgefunden hat, umgerechnet. Die Effekte aus Fremdwährungsanpassungen sind im Periodenergebnis zu erfassen.

Latente Ertragssteuern

18 Durch die Anwendung von nach True & Fair View ermittelten Werten entstehen im Vergleich zu den steuerrechtlich massgebenden Werten Bewertungsdifferenzen. Darauf sind latente Ertragssteuern zu berücksichtigen.

Erläuterungen

zu Ziffer 2

19 Unterschieden werden einerseits die Bewertungsgrundlage im Sinne des Konzepts für die gesamte Jahresrechnung und andererseits Bewertungsgrundsätze für die Einzelpositionen.

zu Ziffer 3

20 Aus sachlichen Gründen kann es angezeigt sein, für die Bewertung von Einzelpositionen von der gewählten Bewertungsgrundlage abzuweichen oder Bewertungsgrundlagen zu kombinieren. So ist es z.B. sachlich begründet, Wertschriften des Umlaufvermögens, die zu aktuellen Werten in der Bilanz zu erfassen sind, zu

Anschaffungskosten abzüglich allfälliger Wertbeeinträchtigungen zu bilanzieren, wenn für sie keine aktuellen Werte vorhanden sind.

21 Unter sachlich zusammenhängenden Einzelpositionen sind Positionen zu verstehen, welche abhängig von einer anderen Position errechnet werden bzw. als Bezugsgrösse für die Berechnung einer anderen Position dienen. So sind Abschreibungen auf Sachanlagen in der Erfolgsrechnung (bzw. in den Angaben in der Geldflussrechnung) von den Sachanlagen hergeleitet.

zu Ziffer 4

22 Abschreibungen und Wertbeeinträchtigungen sind für die Jahresrechnung nach betriebswirtschaftlichen Grundsätzen zu ermitteln und zu erfassen. So sind z. B. Abschreibungen nicht nach steuerlichen Gesichtspunkten, sondern auf der Basis der Nutzungsdauer oder vergleichbarer Kriterien zu ermitteln. Abschreibungen widerspiegeln die systematische Verteilung des gesamten Abschreibungsvolumens eines Vermögenswerts über dessen geschätzte Nutzungsdauer, wobei es sich beim Abschreibungsvolumen um die Anschaffungs- oder Herstellungskosten eines Vermögenswerts abzüglich seines Restwerts handelt. Die Methode für die Ermittlung der Abschreibungen und Wertbeeinträchtigungen ist im Anhang offenzulegen.

zu Ziffer 8

23 Forderungen von Bedeutung sind einzeln zu bewerten.
24 Der verbleibende Bestand an Forderungen kann pauschal wertberichtigt werden. Die Annahmen für die Berechnung pauschaler Wertberichtigungen sind im Anhang offenzulegen. Die pauschale Wertberichtigung auf Forderungen hat auf Erfahrungswerten der jeweiligen Organisation zu basieren.

zu Ziffer 9

25 Die Anschaffungs- oder Herstellungskosten der Vorräte umfassen sämtliche – direkten und indirekten – Aufwendungen, um die Vorräte an ihren derzeitigen Standort bzw. in ihren derzeitigen Zustand zu bringen (Vollkosten). Zur Ermittlung der Anschaffungs- und Herstellungskosten der Vorräte sind grundsätzlich die tatsächlich angefallenen Kosten massgebend. Die Berechnung der Kosten kann auch mittels einer Annäherungsrechnung erfolgen.
26 Bei der Bestimmung des Netto-Marktwerts wird vom aktuellen Marktpreis auf dem Absatzmarkt ausgegangen.

zu Ziffer 10

27 Die kumulativ zu erfüllenden Voraussetzungen für die Anwendung der POCM sind:
– das Vorliegen einer vertraglichen Grundlage
– eine hohe Wahrscheinlichkeit, dass die vertraglich vereinbarten Leistungen durch den Hersteller und den Auftraggeber erfüllt werden
– eine für die Abwicklung des langfristigen Auftrags geeignete Auftragsorganisation
– eine zuverlässige Ermittlung aller mit dem Auftrag in Zusammenhang stehenden Auftragserlöse, Auftragsaufwendungen sowie des Fertigstellungsgrads.

28 Für bei Vertragsabschluss erkennbare Verluste sind sofort Rückstellungen zu bilden, auch wenn noch keine Aufwendungen angefallen sind. Zeichnen sich im Verlauf eines langfristigen Auftrags Verluste ab, sind – unabhängig vom Fertigstellungsgrad – in vollem Umfang Wertberichtigungen zu bilden.

29 Erhaltene Anzahlungen werden erfolgsneutral bilanziert.

zu Ziffer 11

30 Investitionen in Sachanlagen sind zu aktivieren, wenn sie während mehr als einer Rechnungsperiode genutzt werden und die Aktivierungsuntergrenze übersteigen. Die Aktivierungsuntergrenze einer Sachanlage wird von einer Organisation im Rahmen ihrer Wesentlichkeitsbetrachtungen selbst bestimmt und legt die kleinste zu aktivierende Wert-/Mengeneinheit fest.

31 Die Abschreibung erfolgt planmässig (zeit- oder leistungsproportional) über die Nutzungsdauer der Sachanlage. Abschreibungen werden vom tatsächlichen Beginn der betrieblichen Nutzung an vorgenommen. Die Methode der Abschreibung und die Abschreibungsdauer sind offenzulegen.

32 Bei Land und Boden erfolgt grundsätzlich keine planmässige Abschreibung, da von einer unbegrenzten Nutzungsdauer ausgegangen werden kann.

zu Ziffer 12

33 Werden Wertschriften der Finanzanlagen zu aktuellen Werten bilanziert, sind die Wertänderungen im Periodenergebnis zu erfassen.

zu Ziffer 13

34 Erworbene immaterielle Werte sind zu bilanzieren, wenn sie über mehrere Jahre einen für die Organisation messbaren Nutzen bringen werden.

35 Selbst erarbeitete immaterielle Werte können nur aktiviert werden, falls sie im Zeitpunkt der Bilanzierung die folgenden Bedingungen kumulativ erfüllen:
   – Der selbst erarbeitete immaterielle Wert ist identifizierbar und steht in der Verfügungsgewalt der Organisation
   – Der selbst erarbeitete immaterielle Wert wird einen für die Organisation messbaren Nutzen über mehrere Jahre bringen
   – Die zur Schaffung des selbst erarbeiteten immateriellen Werts angefallenen Aufwendungen können separat erfasst und gemessen werden
   – Es ist wahrscheinlich, dass die zur Fertigstellung und Vermarktung oder zum Eigengebrauch des immateriellen Werts nötigen Mittel zur Verfügung stehen oder zur Verfügung gestellt werden.

36 Die Aktivierung von Aufwendungen für allgemeine Forschungstätigkeiten ist nicht zulässig. Die Aktivierung von Entwicklungskosten ist zulässig, sofern die Bedingungen in Ziffer 35 erfüllt sind.

37 Bei der Bilanzierung immaterieller Werte ist die zukünftige Nutzungsdauer vorsichtig zu schätzen und der Wert systematisch (normalerweise linear) über diese Nutzungsdauer dem Periodenergebnis zu belasten. Sofern die Nutzungsdauer nicht eindeutig bestimmt werden kann, erfolgt die Abschreibung in der Regel über einen Zeitraum von fünf Jahren, in begründeten Fällen höchstens über 20 Jahre. Bei personenbezogenen immateriellen Werten darf die Nutzungsdauer fünf Jahre nicht überschreiten. Die geschätzte Nutzungsdauer sowie die Methode der Abschreibung der immateriellen Werte sind im Anhang offenzulegen.

38 Gründungs- und Organisationskosten stellen keine immateriellen Werte dar und können nicht aktiviert werden.

---

zu Ziffer 15

39 Die Rückstellungen sind aufgrund der jährlichen Neubeurteilung zu erhöhen, beizubehalten oder aufzulösen.

---

zu Ziffer 16

40 Nur bei der Anwendung von historischen Anschaffungs- oder Herstellungskosten ist zu überprüfen, ob Wertbeeinträchtigungen vorliegen. Bei der Anwendung aktueller Werte erfolgt eine laufende Anpassung der Werte (Zu- bzw. Abnahme).

41 Als erzielbarer Wert gilt der höhere von Netto-Marktwert und Nutzwert.

Darstellung und Gliederung

Überarbeitet: 2014
In Kraft gesetzt: 1. Januar 2016
(Eine frühere Anwendung ist gestattet)

Empfehlung

1 Die Empfehlung regelt die Mindestgliederung von Bilanz, Erfolgsrechnung und Eigenkapitalnachweis. Die Darstellung kann in der nachstehenden oder einer anderen, sachgerechten Form erfolgen.

2 In der Bilanz sind die folgenden Positionen gesondert auszuweisen:

Aktiven

A Umlaufvermögen
   - Flüssige Mittel
   - Wertschriften
   - Forderungen aus Lieferungen und Leistungen
   - Sonstige kurzfristige Forderungen
   - Vorräte
   - Rechnungsabgrenzungen
B Anlagevermögen
   - Sachanlagen
   - Finanzanlagen
   - Immaterielle Anlagen

Passiven

C Kurzfristige Verbindlichkeiten
   - Kurzfristige Finanzverbindlichkeiten
   - Verbindlichkeiten aus Lieferungen und Leistungen
   - Sonstige kurzfristige Verbindlichkeiten
   - Kurzfristige Rückstellungen
   - Rechnungsabgrenzungen
D Langfristige Verbindlichkeiten
   - Langfristige Finanzverbindlichkeiten
   - Sonstige langfristige Verbindlichkeiten
   - Langfristige Rückstellungen
E Eigenkapital
   - Kapital der Organisation
   - Nicht einbezahltes Kapital der Organisation (Minusposten)
   - Kapitalreserven

- Eigene Aktien/eigene Anteile am Kapital der Organisation (Minusposten)
- Gewinnreserven bzw. kumulierte Verluste

3 Die nachstehenden Positionen sind in der Bilanz oder im Anhang gesondert auszuweisen:

Bei den Forderungen
- Gegenüber nahe stehenden Organisationen oder Personen

Bei den Sachanlagen
- Unbebaute Grundstücke
- Grundstücke und Bauten
- Anlagen und Einrichtungen
- Sachanlagen im Bau
- Übrige Sachanlagen

Bei den Finanzanlagen
- Wertschriften
- Aktive latente Ertragssteuern
- Beteiligungen
- Gegenüber nahe stehende Organisationen oder Personen
- Übrige Finanzanlagen

Bei den immateriellen Anlagen
- Erworbene immaterielle Werte
- Selbst erarbeitete immaterielle Werte (insbesondere auch aktivierte Entwicklungskosten)

Bei den Verbindlichkeiten
- Gegenüber nahe stehenden Organisationen oder Personen

Bei den Rückstellungen
- Steuerrückstellungen (für latente Ertragssteuern)
- Rückstellungen aus Vorsorgeverpflichtungen
- Restrukturierungsrückstellungen
- Sonstige Rückstellungen

Beim Eigenkapital
- Beträge der einzelnen Titelkategorien des Kapitals der Organisation

Weitere wesentliche Positionen sind separat auszuweisen.

4 Die Veränderungen der einzelnen Positionen des Eigenkapitals zwischen Beginn und Ende der Berichtsperiode sind im Eigenkapitalnachweis gesondert auszuweisen.

5 Wertberichtigungen auf Positionen des Umlaufvermögens und der Finanzanlagen sind im Anhang auszuweisen. Bei der indirekten Methode sind die kumulierten Wertberichtigungen auf Positionen des Sachanlagevermögens unter den entsprechenden Aktiven oder im Anhang jeweils gesondert auszuweisen.

6   Die Erfolgsrechnung kann entweder nach dem Gesamtkostenverfahren (Produktionserfolgsrechnung) oder nach dem Umsatzkostenverfahren (Absatzerfolgsrechnung) aufgestellt werden.

7   Die Erfolgsrechnung nach dem Gesamtkostenverfahren wird wie folgt gegliedert:
     Nettoerlöse aus Lieferungen und Leistungen
     Andere betriebliche Erträge
     Bestandesänderungen an unfertigen und fertigen Erzeugnissen sowie an unverrechneten Lieferungen und Leistungen
     Materialaufwand
     Personalaufwand
     Abschreibungen auf Sachanlagen
     Abschreibungen auf immateriellen Anlagen
     Andere betriebliche Aufwendungen
     = Betriebliches Ergebnis
     Finanzergebnis
     = Ordentliches Ergebnis
     Betriebsfremdes Ergebnis
     Ausserordentliches Ergebnis
     = Gewinn/Verlust vor Ertragssteuern
     Ertragssteuern
     = Gewinn/Verlust

8   Die Erfolgsrechnung nach dem Umsatzkostenverfahren wird wie folgt gegliedert:
     Nettoerlöse aus Lieferungen und Leistungen
     Anschaffungs- oder Herstellungskosten der verkauften Produkte und Leistungen
     Verwaltungsaufwand
     Vertriebsaufwand
     Andere betriebliche Erträge
     Andere betriebliche Aufwendungen
     = Betriebliches Ergebnis
     Finanzergebnis
     = Ordentliches Ergebnis
     Betriebsfremdes Ergebnis
     Ausserordentliches Ergebnis
     = Gewinn/Verlust vor Ertragssteuern
     Ertragssteuern
     = Gewinn/Verlust

9 Die nachstehenden Positionen sind in der Erfolgsrechnung oder im Anhang je gesondert auszuweisen und im Anhang zu erläutern:
 – Finanzaufwand und Finanzertrag
 – Betriebsfremde Aufwendungen und Erträge
 – Ausserordentliche Aufwendungen und Erträge
10 Die nachstehenden Positionen sind bei der Wahl des Umsatzkostenverfahrens im Anhang je gesondert auszuweisen:
 – Personalaufwand
 – Abschreibungen auf Sachanlagen
 – Abschreibungen auf immateriellen Werten

Erläuterungen

---

zu Ziffer 2

11 In der Jahresrechnung können auch branchenübliche Bezeichnungen gewählt werden, falls dadurch die Aussagekraft erhöht wird. Weitere Untergliederungen sind zulässig.

12 Als Form der Darstellung gilt die Konto- oder Staffelform (Berichtsform). Dabei ist es unerheblich, ob mit dem Umlauf- oder Anlagevermögen bzw. mit den Verbindlichkeiten oder dem Eigenkapital begonnen wird.

13 Unter Kapitalreserven sind nur einbezahlte Reserven (Agio, Zuschüsse von Anteilhabern usw.) auszuweisen. Die Gewinnreserven setzen sich aus den einbehalten Gewinnen und der Neubewertungsreserve zusammen.

---

zu Ziffer 3

14 Sachanlagen: Fahrzeuge und Mobilien gehören zum übrigen Sachanlagevermögen.

15 Finanzanlagen: Anteile am Kapital anderer Organisationen von mindestens 20 Prozent gehören zu den Beteiligungen.

16 Eigenkapital: Titelkategorien sind beispielsweise Namen- und Inhaberaktien, Vorzugs- und Stammaktien oder Partizipationsscheine.

---

zu den Ziffern 7 und 8

17 Als Nettoerlöse aus Lieferungen und Leistungen gelten diejenigen Erlöse, welche aus der gewöhnlichen Geschäftstätigkeit resultieren.

18 Nettoerlöse umfassen den Wert der erbrachten Leistung, nach Abzug von Erlösminderungen wie Skonti und Rabatten.

19 Bei Vermittlungsgeschäften ist nur der Wert der selbst erbrachten Leistung als Nettoerlös auszuweisen.

20 Die (Zwischen-)Ergebnisse sind sachgerecht zu bezeichnen.

----

zu Ziffer 9

21 Zum betriebsfremden Ergebnis gehören Aufwendungen und Erträge, die aus Ereignissen oder Geschäftsvorfällen entstehen, welche sich klar von der betrieblichen Geschäftstätigkeit der Organisation unterscheiden. Dazu gehören auch die Aufwendungen und Erträge aus nicht betrieblichen Sachanlagen.

22 Als ausserordentlich gelten solche Aufwendungen und Erträge, welche im Rahmen der ordentlichen Geschäftstätigkeit äusserst selten anfallen und die nicht voraussehbar waren. Ausserordentliche Aufwendungen und Erträge sind nach denselben Kriterien zu definieren.

Geldflussrechnung

Überarbeitet: 2009
In Kraft gesetzt: 1. Januar 2009

Empfehlung

1 Die Geldflussrechnung stellt die Veränderung der flüssigen Mittel der Organisation infolge Ein- und Auszahlungen aus
   – Betriebstätigkeit
   – Investitionstätigkeit und
   – Finanzierungstätigkeit
   während der Berichtsperiode dar.

2 Der Geldfluss aus Betriebstätigkeit kann sowohl nach der direkten wie auch nach der indirekten Methode dargestellt werden. Falls die direkte Methode verwendet wird, ist im Anhang eine Überleitung des Periodenergebnisses (oder evtl. des Betriebsergebnisses) auf den Geldfluss aus Betriebstätigkeit darzustellen.

3 Die Zusammensetzung des Fonds ist aufzuzeigen. Die Anfangs- und Endbestände des Fonds stimmen mit den Bilanzpositionen überein. Zulässig sind die Fonds «Flüssige Mittel» oder «Netto-flüssige Mittel».

4 Flüssige (liquide) Mittel umfassen Bargeld (Kassenbestände) und Sichtguthaben bei Banken und sonstigen Finanzinstituten (Fonds flüssige Mittel). Dazu gehören auch geldnahe Mittel, die als Liquiditätsreserve gehalten werden; dies sind kurzfristige, äusserst liquide Finanzmittel, die jederzeit in flüssige Mittel umgewandelt werden können und nur unwesentlichen Wertschwankungen unterliegen.

5 Kurzfristige, jederzeit fällige Bankverbindlichkeiten (Kontokorrente) dürfen von den flüssigen und geldnahen Mitteln abgezogen werden, sofern sie zu den Zahlungsmitteln und Zahlungsmitteläquivalenten gehören (Fonds-Netto-flüssige Mittel).

6 Nichtliquiditätswirksame Investitions- und Finanzierungstätigkeiten sind nicht in die Geldflussrechnung aufzunehmen. Sie werden im Anhang der Jahresrechnung erläutert.

Erläuterungen

---

zu den Ziffern 1 und 2

7   Die Geldflussrechnung stellt die Ein- und Auszahlungen für einen abgegrenzten Fonds während eines Zeitabschnitts – in der Regel das Geschäftsjahr – dar.

8   Die Geldflussrechnung vermittelt, zusätzlich zur Bilanz und zur Erfolgsrechnung, ergänzende Informationen über die Investitions- und Finanzierungsvorgänge und die Entwicklung der Finanzlage der Organisation aus Betriebstätigkeit.

9   Der Geldfluss aus Betriebstätigkeit kann nach der direkten Methode ermittelt werden und umfasst Einzahlungen und Auszahlungen aus der Betriebstätigkeit. Er ist wie folgt zu gliedern:

   +   Einzahlungen von Kunden für den Verkauf von Fabrikaten, Waren und Dienstleistungen (Lieferungen und Leistungen)

   –   Auszahlungen an Lieferanten (Lieferungen und Leistungen)

   –   Auszahlungen an Mitarbeitende

   +   Sonstige Einzahlungen

   –   Sonstige Auszahlungen

   =   Geldzu-/Geldabfluss aus Betriebstätigkeit (operativer Cash Flow)

10 Der Geldfluss aus Betriebstätigkeit kann nach der indirekten Methode ermittelt werden. Diese Methode geht vom Periodenergebnis aus und korrigiert dieses um die nicht fonds- bzw. geldwirksamen Aufwendungen und Erträge. Der Geldfluss aus Betriebstätigkeit ist wie folgt zu gliedern:

      Gewinn/Verlust

  +/– Abschreibungen/Zuschreibungen (erfolgswirksame Aufwertungen) des Anlagevermögens

  +/– Verluste aus Wertbeeinträchtigungen/Wegfall von Wertbeeinträchtigungen

  +/– Zunahme/Abnahme von fondsunwirksamen Rückstellungen (inkl. latenter Ertragssteuern)

  +/– sonstige fondsunwirksame Aufwendungen/Erträge

  +/– Verlust/Gewinn aus Abgängen des Anlagevermögens

  +/– Abnahme/Zunahme der Forderungen aus Lieferungen und Leistungen

  +/– Abnahme/Zunahme von Vorräten

  +/– Abnahme/Zunahme von übrigen Forderungen und aktiven Rechnungsabgrenzungen

  +/– Zunahme/Abnahme der Verbindlichkeiten aus Lieferungen und Leistungen

  +/– Zunahme/Abnahme von übrigen kurzfristigen Verbindlichkeiten und passiven Rechnungsabgrenzungen

   =   Geldzu-/Geldabfluss aus Betriebstätigkeit (operativer Cash Flow)

11 Der Investitionsbereich umfasst Zu- und Abgänge von Sach- und Finanzanlagen, Erwerb und Veräusserungen von Organisationen sowie von immateriellen Vermögenswerten. Er ist wie folgt zu gliedern:

- Auszahlungen für Investitionen (Kauf) von Sachanlagen
+ Einzahlungen aus Devestition (Verkauf) von Sachanlagen
- Auszahlungen für Investitionen (Kauf) von Finanzanlagen
  (inkl. Darlehen, Beteiligungen, Wertschriften usw.)
+ Einzahlungen aus Devestition (Verkauf) von Finanzanlagen
  (inkl. Darlehen, Beteiligungen, Wertschriften usw.)
- Auszahlungen für Investitionen (Kauf) von immateriellen Anlagen
+ Einzahlungen aus Devestition (Verkauf) von immateriellen Anlagen
= Geldzu-/Geldabfluss aus Investitionstätigkeit

12 Vorgänge im Finanzierungsbereich sind Veränderungen der Finanzverbindlichkeiten und des einbezahlten Eigenkapitals sowie die Gewinnausschüttung. Diese sind wie folgt zu gliedern:

+ Einzahlungen aus Kapitalerhöhungen (inkl. Agio)
- Auszahlungen für Kapitalherabsetzungen mit Mittelfreigabe
- Gewinnausschüttung an Anteilhaber
-/+ Kauf/Verkauf von eigenen Aktien/eigener Anteile am Kapital der Organisation
+ Einzahlungen aus Aufnahme von Anleihen
- Rückzahlungen von Anleihen
+/- Aufnahme/Rückzahlungen von kurzfristigen Finanzverbindlichkeiten
+/- Aufnahme/Rückzahlungen von langfristigen Finanzverbindlichkeiten
= Geldzu-/Geldabfluss aus Finanzierungstätigkeit

---

zu Ziffer 4

13 Geldnahe Mittel haben eine Restlaufzeit ab Bilanzstichtag von höchstens 90 Tagen.

---

zu Ziffer 6

14 Beispiele für nichtliquiditätswirksame Investitions- und Finanzierungsvorgänge sind:
- Erwerb von Vermögenswerten gegen Ausgabe von eigenen Aktien/eigenen Anteilen am Kapital der Organisation bzw. durch Kapitalerhöhung (z. B. Sacheinlage)
- Erwerb einer Organisation durch Ausgabe eigener Aktien/eigenen Anteilen am Kapital der Organisation (z. B. Fusion)
- Ausgabe von Gratisaktien
- Umwandlung von Finanzverbindlichkeiten in Eigenkapital (z. B. Wandelanleihen oder Forderungsverzichte)
- Erwerb von Vermögensgegenständen im Finanzierungsleasing.

Ausserbilanzgeschäfte

Herausgegeben: 2007
In Kraft gesetzt: 1. Januar 2007

Empfehlung

1 Zu den Ausserbilanzgeschäften zählen:
   - Eventualverpflichtungen
   - Weitere, nicht zu bilanzierende Verpflichtungen.

2 Zu den Eventualverpflichtungen gehören Bürgschaften, Garantieverpflichtungen und Pfandbestellungen zugunsten Dritter sowie alle weiteren Verpflichtungen mit Eventualcharakter. Zu den weiteren, nicht zu bilanzierenden Verpflichtungen gehören unwiderrufliche Zahlungsverpflichtungen aus nicht passivierungspflichtigen Verträgen und anderen festen Lieferungs- und Abnahmeverpflichtungen (z. B. Investitionsverpflichtungen, Gewährleistungsverpflichtungen, unwiderrufliche Kreditzusagen, langfristige Mietverträge, Verpflichtungen aus nicht bilanzierten Leasingverbindlichkeiten).

3 Die Eventualverpflichtungen und weitere, nicht zu bilanzierende Verpflichtungen sowie deren Bewertungsgrundsätze sind im Anhang offenzulegen. Die ausgewiesenen Beträge sind wie folgt zu gliedern:
   - Bürgschaften, Garantieverpflichtungen und Pfandbestellungen zugunsten Dritter
   - Weitere quantifizierbare Verpflichtungen mit Eventualcharakter
   - Weitere, nicht zu bilanzierende Verpflichtungen.

   Von der Offenlegung ausgenommen sind im Rahmen der ordentlichen Geschäftstätigkeit übernommene, nicht zu bilanzierende kurzfristige Verpflichtungen mit einer Gesamtlaufzeit bis zu einem Jahr oder Verpflichtungen, die innert 12 Monaten gekündigt werden können.

4 Eventualverpflichtungen und weitere, nicht zu bilanzierende Verpflichtungen sind zu bewerten. Wenn Eventualverpflichtungen und weitere nicht bilanzierte Verpflichtungen zu einem Mittelabfluss ohne nutzbaren Mittelzufluss führen werden und dieser Mittelabfluss wahrscheinlich und abschätzbar ist, ist eine Rückstellung zu bilden.

Erläuterungen

---

zu Ziffer 1

5   Zu den Eventualverpflichtungen gehören beispielsweise auch Indossamentsver-
    pflichtungen, aufgrund interner Regressverhältnisse nicht bilanzierte Anteile an
    Solidarschulden (z. B. einfache Gesellschaft) oder rechtlich verpflichtende Patronats-
    erklärungen.

---

zu Ziffer 3

6   Zu den im Rahmen der ordentlichen Geschäftstätigkeit nicht zu bilanzierenden und
    nicht offenzulegenden Verpflichtungen gehören z. b. unterjährige Arbeits- und
    Mietverträge, Einkaufsverpflichtungen sowie Bestellungen.

7   Organisationen, zu deren Geschäftszweck die Gewährung von Krediten gehört,
    haben Kreditzusagen auszuweisen, soweit deren zeitliche Bindung die gesetzliche
    Kündigungsfrist überschreitet.

---

zu Ziffer 4

8   Die Bewertung erfolgt gemäss der Höhe der zukünftigen einseitigen Leistungen
    und Kosten. Allfällige zugesicherte Gegenleistungen (z. B. Versicherungsdeckun-
    gen) sind zu berücksichtigen.

Anhang

Überarbeitet: 2014
In Kraft gesetzt: 1. Januar 2016
(Eine frühere Anwendung ist gestattet)

Empfehlung

1 Der Anhang ist Bestandteil der Jahresrechnung. Er ergänzt und erläutert die Bilanz, Erfolgsrechnung, Geldflussrechnung sowie den Eigenkapitalnachweis.

2 Der Anhang legt offen:
   - Angewendete Rechnungslegungsgrundsätze (insbesondere die angewendeten Bewertungsgrundlagen und Bewertungsgrundsätze)
   - Erläuterungen zu den anderen Bestandteilen der Jahresrechnung
   - Weitere Angaben, die in den anderen Teilen der Jahresrechnung noch nicht berücksichtigt worden sind.

3 Als weitere Angaben sind mindestens offenzulegen:
   - Aussergewöhnliche schwebende Geschäfte und Risiken (z.B. Rechtsfälle)
   - Ereignisse nach dem Bilanzstichtag.

4 Der Anhang enthält im Weiteren alle Sachverhalte, deren Offenlegung von anderen anzuwendenden Fachempfehlungen verlangt wird.

Erläuterungen

---

zu Ziffer 1

5 Der Anhang soll die anderen Bestandteile der Jahresrechnung von Detailangaben entlasten.

---

zu den Ziffern 2 und 3

6 Die Grundsätze zur Rechnungslegung umfassen die Bewertungsrichtlinien. Die diesbezüglichen Offenlegungen beinhalten mindestens:
   - Bewertungsgrundlage
   - Bewertungsgrundsätze für die einzelnen Bilanzpositionen

- Bei Abweichungen von der gewählten Bewertungsgrundlage:
  Sachliche Begründung
- Bei Änderungen eines Grundsatzes: Begründung, Art und finanzielle
  Auswirkung
- Bei Fehlern in früheren Jahresrechnungen: Erläuterung und Quantifizierung
- Änderungen von Schätzungen.

7   Die Offenlegungen zur Bilanz umfassen:
- Belastete Aktiven sowie Art der Belastung
- Offenlegungen über langfristige Verbindlichkeiten, inklusive Art und Form
  der geleisteten Sicherheiten.

8   Die Offenlegungen zur Erfolgsrechnung umfassen:
  Die wichtigsten Erlösquellen und deren Erfassung sind zu erläutern.

Immaterielle Werte

Herausgegeben: 2007
In Kraft gesetzt: 1. Januar 2007

Swiss GAAP FER 10

Empfehlung

Definition

1 Immaterielle Werte sind nicht-monetär und ohne physische Existenz. Sie können erworben oder selbst erarbeitet sein. Die immateriellen Werte können, sofern identifizier- und aktivierbar, als immaterielle Anlagen bezeichnet werden.

2 Falls wesentlich, sind die immateriellen Werte in der Bilanz oder im Anhang aufzugliedern unter Verwendung der folgenden Kategorien:
   - Lizenzen/Franchising
   - Patente und technisches Know-how
   - Marken und Verlagsrechte
   - Software
   - Entwicklungskosten
   - Übrige immaterielle Werte.

Die übrigen immateriellen Werte sind weiter aufzugliedern, falls wesentliche zusätzliche Kategorien bestehen.

Aktivierung

3 Erworbene immaterielle Werte sind zu bilanzieren, wenn sie über mehrere Jahre einen für die Organisation messbaren Nutzen bringen werden.

4 Selbst erarbeitete immaterielle Werte können nur aktiviert werden, falls sie im Zeitpunkt der Bilanzierung die folgenden Bedingungen kumulativ erfüllen:
   - Der selbst erarbeitete immaterielle Wert ist identifizierbar und steht in der Verfügungsgewalt der Organisation
   - Der selbst erarbeitete immaterielle Wert wird einen für die Organisation messbaren Nutzen über mehrere Jahre bringen
   - Die zur Schaffung des selbst erarbeiteten immateriellen Werts angefallenen Aufwendungen können separat erfasst und gemessen werden

- Es ist wahrscheinlich, dass die zur Fertigstellung und Vermarktung oder zum Eigengebrauch des immateriellen Werts nötigen Mittel zur Verfügung stehen oder zur Verfügung gestellt werden.

5   Aufwendungen für identifizierbare, aber nicht aktivierbare immaterielle Werte sind dem Periodenergebnis zu belasten.

6   Dem Periodenergebnis belastete Aufwendungen für selbst erarbeitete immaterielle Werte können nachträglich nicht aktiviert werden.

Bewertung

7   Der aktivierbare und identifizierbare immaterielle Wert darf höchstens zu Anschaffungs- oder Herstellungskosten erfasst werden. Sind die Aufwendungen höher als der zu diesem Zeitpunkt ermittelte erzielbare Wert, so ist dieser massgebend. Der Differenzbetrag zwischen den höheren Aufwendungen und dem erzielbaren Wert ist dem Periodenergebnis zu belasten. Als erzielbarer Wert gilt der höhere von Netto-Marktwert und Nutzwert.

8   Bei der Bilanzierung immaterieller Werte ist die zukünftige Nutzungsdauer vorsichtig zu schätzen und der Wert systematisch (normalerweise linear) über diese Nutzungsdauer dem Periodenergebnis zu belasten. Sofern die Nutzungsdauer nicht eindeutig bestimmt werden kann, erfolgt die Abschreibung in der Regel über einen Zeitraum von fünf Jahren, in begründeten Fällen höchstens über 20 Jahre. Bei personenbezogenen immateriellen Werten darf die Nutzungsdauer fünf Jahre nicht überschreiten.

9   Die geschätzte Nutzungsdauer sowie die Methode der Abschreibung der immateriellen Werte sind im Anhang offenzulegen.

10 Eine nachträgliche Veränderung der einmal bestimmten Nutzungsdauer ist im Anhang offenzulegen und ihr Einfluss auf Bilanz und Erfolgsrechnung zu quantifizieren.

11 Immaterielle Werte sind an jedem Bilanzstichtag auf ihre Werthaltigkeit zu prüfen. Es gelten die Bestimmungen zur Wertbeeinträchtigung von Aktiven.

Offenlegung

12 Die Informationen zum Anlagespiegel der immateriellen Werte erfolgen im Anhang in Tabellenform.

13 Der Anlagenspiegel der immateriellen Werte hat folgenden Inhalt je Kategorie:

Anschaffungswerte
- Bruttowerte zu Beginn der Rechnungsperiode
- Zugänge von immateriellen Werten
- Abgänge von immateriellen Werten
- Reklassifikationen
- Bruttowert am Ende der Rechnungsperiode
Kumulierte Wertberichtigungen
- Wertberichtigungen zu Beginn der Rechnungsperiode
- Planmässige Abschreibungen
- Wertbeeinträchtigungen
- Abgänge
- Reklassifikationen
- Wertberichtigungen am Ende der Rechnungsperiode
Nettobuchwerte
- Nettobuchwerte zu Beginn und am Ende der Rechnungsperiode

Erläuterungen

---

zu Ziffer 1

14 Erworbene immaterielle Werte können auch aus Akquisitionen von Geschäftsteilen (z. B. Vermögensübertragungen, Fusionen) stammen.

---

zu Ziffer 2

15 Die übrigen immateriellen Werte können umfassen:
- Rezepte
- Kontingente, Konzessionen, Urheberrechte
- Vertragsrechte, Muster, Modelle, Pläne
- Rechte (Nutzungsrechte, Schürfrechte)
- Kundenstamm.
16 Immaterielle Werte, die zur Vermarktung bestimmt sind, werden wie Vorräte behandelt.

zu Ziffern 3 und 4

17 Die zur Schaffung von immateriellen Werten mit unbestimmter Lebensdauer anfallenden Kosten sind im Allgemeinen nicht von den übrigen Kosten der Geschäftstätigkeit unterscheidbar und lassen sich nicht einzelnen identifizierbaren immateriellen Werten zuordnen. Sie erfüllen demnach die Kriterien der Aktivierungsfähigkeit nicht.

18 Ein messbarer Nutzen besteht für die zur Vermarktung bestimmten immateriellen Werte, wenn ein entsprechender Markt existiert.

19 Beispiele für nicht aktivierbare immaterielle Werte sind:
    – selbst erarbeiteter Goodwill
    – Aus- und Weiterbildungskosten
    – Restrukturierungskosten
    – Kosten für Grundlagen- und angewandte Forschung
    – Gründungs- und Organisationskosten.

----

zu Ziffer 8

20 Die Regeln einer systematischen Abschreibung gelten nicht für immaterielle Werte, welche als Umlaufvermögen ausgewiesen werden und zur Vermarktung bestimmt sind.

Ertragssteuern

Herausgegeben: 2007
In Kraft gesetzt: 1. Januar 2007

Empfehlung

1 Aktuelle und zukünftige ertragssteuerliche Auswirkungen sind im Jahresabschluss angemessen zu berücksichtigen. Dabei ist zwischen der Ermittlung der laufenden Ertragssteuern sowie der Abgrenzung von latenten Ertragssteuern zu unterscheiden.

Laufende Ertragssteuern

2 Die laufenden Ertragssteuern auf dem entsprechenden Periodenergebnis sind in Übereinstimmung mit den jeweiligen steuerlichen Gewinnermittlungsvorschriften zu ermitteln.
3 Der laufende Ertragssteueraufwand ist in der Jahresrechnung auszuweisen.
4 Verpflichtungen aus laufenden Ertragssteuern sind unter den passiven Rechnungsabgrenzungen oder den sonstigen kurzfristigen Verbindlichkeiten auszuweisen.

Latente Ertragssteuern

5 Durch die Anwendung von nach True & Fair View ermittelten Werten entstehen im Vergleich zu den steuerrechtlich massgebenden Werten Bewertungsdifferenzen. Darauf sind latente Ertragssteuern zu berücksichtigen.
6 Die jährliche Abgrenzung der latenten Ertragssteuern basiert auf einer bilanzorientierten Sichtweise und berücksichtigt grundsätzlich alle zukünftigen ertragssteuerlichen Auswirkungen.
7 Die jährlich abzugrenzenden latenten Ertragssteuern sind in jeder Geschäftsperiode und für jedes Steuersubjekt getrennt zu ermitteln. Aktive und passive latente Ertragssteuern dürfen nur saldiert werden, soweit sie das gleiche Steuersubjekt betreffen.
8 Die Berechnung der jährlich abzugrenzenden latenten Ertragssteuern erfolgt aufgrund der massgebenden Steuersätze. Massgebend sind die tatsächlich zu erwartenden oder – sofern diese nicht bekannt sind – die im Zeitpunkt der Bilanzierung gültigen Steuersätze.

9 Der Ausweis passiver latenter Ertragssteuern hat unter den Steuerrückstellungen, der Ausweis allfälliger aktiver latenter Ertragssteuern unter den Finanzanlagen je gesondert zu erfolgen.

10 Der latente Ertragssteueraufwand (-ertrag) resultiert aus der periodischen Veränderung der abgegrenzten latenten Ertragssteuern und ist in der Jahresrechnung auszuweisen.

Offenlegung

11 Im Anhang zur Jahresrechnung ist ein latenter Ertragssteueranspruch für noch nicht genutzte steuerliche Verlustvorträge offenzulegen.

Erläuterungen

zu Ziffer 1

12 Laufende Ertragssteuern sind wiederkehrende, in der Regel jährliche Gewinnsteuern.

13 Latente Ertragssteuern entstehen, wenn für die Erstellung der Jahresrechnung andere als die steuerrechtlich relevanten Bewertungsgrundsätze angewendet werden, d. h. wenn die in der Bilanz ausgewiesenen Werte der Aktiven und Verbindlichkeiten von den steuerrechtlich relevanten Werten abweichen.

zu Ziffer 2

14 Sonstige öffentliche Abgaben und Gebühren sind keine Ertragssteuern.

zu Ziffer 5

15 Für die Erstellung der Jahresrechnung ist die wirtschaftliche und nicht die steuerrechtliche Betrachtungsweise zugrunde zu legen. Dies führt zu Differenzen zwischen den nach Swiss GAAP FER Grundsätzen und den nach steuerrechtlichen Grundsätzen ermittelten Werten von Bilanzpositionen.

16 Zeitlich befristete Differenzen sind Differenzen zwischen den nach Swiss GAAP FER Grundsätzen und den nach steuerrechtlichen Grundsätzen ermittelten Werten von Bilanzpositionen, welche im Zeitpunkt ihres zukünftigen Ausgleichs zu steuerbaren oder steuerlich abzugsfähigen Beträgen führen. So führt beispielsweise die Anwendung von nach wirtschaftlichen Gesichtspunkten ermittelten Abschreibungen zu

einem anderen Periodenergebnis als eine nach steuerrechtlichen Methoden durchgeführte Berechnung.

17 Sofern im Rahmen der Neubewertung zeitlich befristete Differenzen entstehen und entsprechende latente Ertragssteuern abzugrenzen sind, sind diese als Steuerrückstellungen erfolgsneutral zu behandeln und im Anhang gesondert offenzulegen.

18 Durch die Berücksichtigung dieser auf die zeitlich befristeten Differenzen entfallenden Ertragssteuereffekte wird der ausgewiesene Steuerbetrag mit dem gemäss Swiss GAAP FER Grundsätzen ermittelten Erfolg in Übereinstimmung gebracht.

19 Für nicht ertragssteuerwirksamen Aufwand beziehungsweise Ertrag sind keine latenten Ertragssteuern zu berücksichtigen.

zu Ziffer 6

20 Die zeitlich befristeten Differenzen zwischen der nach Swiss GAAP FER Grundsätzen erstellten Bilanz und den einzelnen Positionen der Steuerbilanz (nach steuerrechtlichen Grundsätzen erstellte Bilanz) bilden die Basis für die Ermittlung der latenten Ertragssteuern. Sie entstehen aus einer bilanzorientierten Betrachtungsweise, und die Erfolgsrechnung wird nicht als Grundlage für die Ermittlung latenter Ertragssteuern verwendet. Sie haben den Charakter von zukünftig steuerbaren (passive zeitlich befristete Differenzen) bzw. zukünftig abzugsfähigen (aktive zeitlich befristete Differenzen) Beträgen.

21 Die Erfassung aller zukünftigen ertragssteuerlichen Auswirkungen bei der Berechnung der jährlichen latenten Ertragssteuern bedingt den Einbezug aller zeitlich befristeten Differenzen.

zu Ziffer 7

22 Bei der Ermittlung von zeitlich befristeten Differenzen können allfällige steuerliche Verlustvorträge zusammen mit übrigen aktiven zeitlich befristeten Differenzen in die Ermittlung der latenten Ertragssteuern einfliessen und mit passiven zeitlich befristeten Differenzen verrechnet werden.

23 Aktive latente Ertragssteuern auf zeitlich befristeten Differenzen sowie auf steuerlichen Verlustvorträgen dürfen nur dann bilanziert werden, wenn wahrscheinlich ist, dass sie in Zukunft durch genügend steuerliche Gewinne realisiert werden können.

zu Ziffer 8

24 Für die Berechnung des latenten Ertragssteuerpostens ist grundsätzlich der tatsächlich zu erwartende Steuersatz je Steuersubjekt anzuwenden.

25 Veränderungen der abgegrenzten latenten Ertragssteuern, die sich in der Jahresrechnung infolge von Fremdwährungsänderungen ergeben, sind nicht Bestandteil des latenten Ertragssteueraufwands (-ertrags).

Leasinggeschäfte

Herausgegeben: 2007
In Kraft gesetzt: 1. Januar 2007

Empfehlung

1   Bei Leasinggeschäften werden bestimmte Güter einem Leasingnehmer gegen Entgelt zum Gebrauch überlassen.

2   Bei Leasinggeschäften wird zwischen Finanzierungsleasing und operativem Leasing unterschieden. Die Abgrenzung erfolgt nach wirtschaftlichen Kriterien.

3   Ein Finanzierungsleasing liegt in der Regel vor, wenn
   – bei Vertragsabschluss der Barwert der Leasingraten sowie einer allfälligen Restzahlung in etwa dem Anschaffungs- bzw. Netto-Marktwert des Leasingguts entspricht, oder
   – die erwartete Leasingdauer nicht wesentlich abweicht von der wirtschaftlichen Nutzungsdauer des Leasingguts, oder
   – das Leasinggut am Ende der Leasingdauer ins Eigentum des Leasingnehmers übergehen soll, oder
   – eine allfällige Restzahlung am Ende der Leasingdauer wesentlich unter dem dannzumaligen Netto-Marktwert liegt.

4   Finanzierungsleasing wird in der Bilanz erfasst und ist separat auszuweisen. Der Buchwert der durch Finanzierungsleasing aktivierten Leasinggüter sowie der Gesamtbetrag der damit verbundenen Verbindlichkeiten sind in der Bilanz oder im Anhang offenzulegen.

5   Operatives Leasing wird nicht bilanziert. Operative Leasingverpflichtungen, die nicht innerhalb eines Jahres gekündigt werden können, sind im Anhang offenzulegen.

6   Ein Gewinn aus dem Verkauf von Sachanlagen verbunden mit der Rücknahme durch ein Finanzierungsleasing ist in der Jahresrechnung abzugrenzen und über die Dauer des Leasingvertrags aufzulösen. Ein Verlust aus dem Verkauf von Sachanlagen durch ein Finanzierungsleasing ist sofort dem Periodenergebnis zu belasten.

Erläuterungen

---

zu Ziffer 2

7 Die wirtschaftliche Betrachtungsweise stellt die Substanz eines Vertrags über dessen rechtliche Form. Somit werden nicht das juristische Eigentum, sondern die mit der wirtschaftlichen Nutzung des Leasingguts verbundenen Rechte und Risiken berücksichtigt.

---

zu Ziffer 3

8 Für die Berechnung des Barwerts der Leasingraten können die anteiligen Kosten für Unterhalt, Versicherungen, Garantien usw. abgesetzt werden. Für die Diskontierung ist jener Zinssatz zu wählen, der dem Leasingvertrag zugrunde liegt.

9 Alle Leasinggeschäfte, welche nicht als Finanzierungsleasing zu qualifizieren sind, gelten als operatives Leasing.

---

zu Ziffer 4

10 Zu Vertragsbeginn werden der Anschaffungs- bzw. Netto-Marktwert des Leasingguts und der Barwert der zukünftigen Leasingzahlungen bestimmt. Der tiefere der beiden Werte wird bilanziert. In den Folgeperioden wird das Aktivum nach betriebswirtschaftlichen Kriterien abgeschrieben. Die jeweiligen Leasingzahlungen sind in Zins- und in Rückzahlungskomponenten aufzuteilen. Die Zinskomponente schliesst auch die übrigen laufenden Kosten mit ein. Die Rückzahlungskomponenten (Tilgungszahlungen) sind mit der Leasingschuld zu verrechnen und die Zins- und übrigen Kostenkomponenten sind im Periodenergebnis zu erfassen.

---

zu Ziffer 5

11 Die Mindestangaben beinhalten den Totalbetrag der zukünftigen Leasingzahlungen und deren Fälligkeitsstruktur.

Konzernrechnung von Versicherungsunternehmen

Überarbeitet: 2001
In Kraft gesetzt: 1. Januar 2002
Ausserkraftsetzung: 31. Dezember 2020

Grundsatz (Einleitung)

In Ergänzung und teilweiser Abänderung der Fachempfehlungen (Swiss GAAP FER) gelten für die Konzernrechnung von Versicherungsunternehmen die nachstehenden besonderen Empfehlungen.

I. Darstellung und Gliederung der Konzernrechnung

Empfehlung

1   Die Konzernrechnung von Versicherungsgesellschaften umfasst Bilanz, Erfolgsrechnung (Gewinn- und Verlustrechnung), Mittelflussrechnung (Geldflussrechnung) sowie Anhang.

2   Die Empfehlung beschränkt sich auf eine Mindestgliederung der Bilanz und der Erfolgsrechnung sowie auf den Mindestinhalt der Mittelflussrechnung und des Anhangs. Die Darstellung kann in der nachstehenden oder in einer andern sachgerechten Form erfolgen. In der Erfolgsrechnung erfolgt die Aufteilung mindestens in Nichtleben- und Lebengeschäft.

3   In der Konzernbilanz sind die folgenden Positionen gesondert auszuweisen:

Aktiven
– Kapitalanlagen
– Kapitalanlagen für Rechnung und Risiko von Inhabern
  von Lebensversicherungspolicen
– Immaterielle Anlagen
– Übrige Aktiven/Sachanlagen
– Forderungen
– Flüssige Mittel
– (Aktive) Rechnungsabgrenzung

Passiven

Eigenkapital
- Gesellschaftskapital
- Kapitalreserven
- Nicht einbezahltes Gesellschaftskapital (Minusposten)
- Eigene Aktien (Minusposten)
- Neubewertungsreserven
- Gewinnreserven
- Gewinn/Verlust
- Minderheitsanteile

Verbindlichkeiten
- Versicherungstechnische Rückstellungen
- Versicherungstechnische Rückstellungen für anteilgebundene Lebensversicherungen
- Rückstellung für die künftige Überschussbeteiligung der Versicherten
- Nichttechnische (finanzielle) Rückstellungen
- Depotverbindlichkeiten aus dem abgegebenen Geschäft
- Nachrangige Verbindlichkeiten
- Anleihen
- Übrige langfristige Verbindlichkeiten
- Übrige kurzfristige Verbindlichkeiten
- (Passive) Rechnungsabgrenzung

4   Die nachstehenden Positionen sind in der Bilanz oder im Anhang gesondert auszuweisen:

Bei den Forderungen
- gegenüber Versicherungsnehmern
- gegenüber Agenten und Vermittlern
- gegenüber Versicherungsgesellschaften
- gegenüber nicht konsolidierten Beteiligungen und anderen nahe stehenden Unternehmen und Personen

Bei den immateriellen Anlagen
- Goodwill (Geschäfts- oder Firmenwert)

Bei den Kapitalanlagen und Kapitalanlagen für Rechnung und Risiko von Inhabern von Lebensversicherungspolicen
- Grundstücke und Bauten
- Beteiligungen
- Darlehen an nicht konsolidierte Beteiligungen und andere nahe stehende Unternehmen und Personen
- Aktien
- Eigene Aktien
- Festverzinsliche Wertschriften und Schuldscheindarlehen
- Hypotheken
- Festgelder und ähnliche Kapitalanlagen

- Übrige Kapitalanlagen
- Depotforderungen aus dem übernommenen Rückversicherungsgeschäft
Unter Übrigen Aktiven werden ausgewiesen:
- Aufwendungen für die Errichtung und Erweiterung des Unternehmens
Beim Gesamtbetrag der versicherungstechnischen Rückstellungen
- Bruttobetrag
- Anteil der Rückversicherer
- Betrag für eigene Rechnung
Bei den versicherungstechnischen Rückstellungen für eigene Rechnung zusätzlich
- Prämienüberträge
- Deckungskapital
- Schadenrückstellung
- Aufsichtsrechtlich vorgeschriebene Schwankungsrückstellung
- Gutgeschriebene Überschussanteile der Versicherten
Bei den nichttechnischen (finanziellen) Rückstellungen
- Ertragssteuern
- Personalvorsorge
Bei den langfristigen Verbindlichkeiten
- Gegenüber nicht konsolidierten Beteiligungen und anderen nahe stehenden Unternehmen und Personen
Bei den kurzfristigen Verbindlichkeiten
- Aus dem Versicherungsgeschäft
- Gegenüber nicht konsolidierten Beteiligungen und anderen nahe stehenden Unternehmen und Personen
Beim Gesellschaftskapital
- die Beträge der einzelnen Titelkategorien des Gesellschaftskapitals
5   In der Konzernerfolgsrechnung sind die folgenden Positionen gesondert auszuweisen:
Versicherungstechnische Erfolgsrechnung Nichtlebengeschäft
- Gebuchte Brutto-Prämien
- Abgegebene Rückversicherungsprämien
- Veränderung der Prämienüberträge für eigene Rechnung
- Technischer Zinsertrag
- Übriger versicherungstechnischer Ertrag
- Bezahlte Versicherungsleistungen
- Veränderung der Schadenrückstellung
- Aufwand für Überschussbeteiligung der Versicherten
- Technische Kosten
- Übriger versicherungstechnischer Aufwand
- Versicherungstechnisches Ergebnis des Nichtlebengeschäfts

Versicherungstechnische Erfolgsrechnung Lebengeschäft
- Gebuchte Brutto-Prämien
- Abgegebene Rückversicherungsprämien
- Veränderung der Prämienüberträge für eigene Rechnung
- Übriger versicherungstechnischer Ertrag
- Bezahlte Versicherungsleistungen
- Veränderung der Schadenrückstellung
- Veränderung des Deckungskapitals
- Technische Kosten
- Übriger versicherungstechnischer Aufwand
- Aufwand für Überschussbeteiligung der Versicherten
- Ertrag aus Kapitalanlagen
- Aufwand für Kapitalanlagen
- Übertrag Erfolg aus Kapitalanlagen von/an nichtversicherungstechnische Rechnung
- Nicht realisierte Gewinne aus Kapitalanlagen für Rechnung und Risiko von Inhabern von Lebensversicherungspolicen
- Nicht realisierte Verluste aus Kapitalanlagen für Rechnung und Risiko von Inhabern von Lebensversicherungspolicen
- Versicherungstechnisches Ergebnis des Lebengeschäfts
Nichtversicherungstechnische (finanzielle) Erfolgsrechnung
- Ertrag aus Kapitalanlagen
- Aufwand für Kapitalanlagen
- Übertrag Erfolg aus Kapitalanlagen von/an versicherungstechnische Rechnung Lebengeschäft
- Technischer Zinsaufwand für Nichtlebengeschäft
- Übriger finanzieller Ertrag
- Übriger finanzieller Aufwand
- Ausserordentlicher Ertrag
- Ausserordentlicher Aufwand
- Gewinn/Verlust vor Ertragssteuern
- Ertragssteuern
- Minderheitsanteil am Gewinn/Verlust
- Gewinn/Verlust

6 Die nachstehenden Positionen sind in der Erfolgsrechnung oder im Anhang gesondert auszuweisen:
Bei der Veränderung des Prämienübertrags, den bezahlten Versicherungsleistungen, der Veränderung der Schadenrückstellung, der Veränderung des Deckungskapitals und den technischen Kosten je
- Bruttobetrag
- Anteil der Rückversicherer
- Betrag für eigene Rechnung

Beim Ertrag aus Kapitalanlagen
- Ertrag aus Grundstücken und Bauten
- Ergebnis aus nicht konsolidierten Beteiligungen
- Ertrag aus Darlehen an nicht konsolidierte Beteiligungen und anderen nahe stehenden Unternehmen und Personen
- Wertschriftenertrag
- Übriger Kapitalertrag
- Depotzinsertrag
- Ertrag aus Zuschreibungen
- Gewinn aus Veräusserung von Kapitalanlagen

Beim Aufwand für Kapitalanlagen
- Aufwand für Verwaltung
- Aufwand für Zinsen
- Abschreibung auf Kapitalanlagen
- Verlust aus Veräusserung von Kapitalanlagen

Zum allfälligen Übertrag Erfolg aus Kapitalanlagen von bzw. an die nichtversicherungstechnische Rechnung/Rechnung Leben- bzw. Nichtlebengeschäft sind die Grundlagen im Anhang anzugeben.

7 Das in Rückversicherung übernommene (indirekte) Lebengeschäft kann in der versicherungstechnischen Rechnung des Nichtlebengeschäfts ausgewiesen werden, sofern die übernehmende Gesellschaft kein direktes Lebengeschäft betreibt.

8 Der Bruttobetrag der technischen Kosten ist nach angemessenen Kriterien (z.B. Entstehungsbereiche, Funktionen oder Kostenarten) zu unterteilen.

9 Abgegrenzte bzw. aktivierte Abschlussaufwendungen sind im Anhang auszuweisen.

10 Die selbst genutzten Gebäude sind gesondert auszuweisen, sofern keine angemessene Eigenmiete verrechnet wird.

11 Konzerne, welche sowohl das Leben- als auch das Nichtlebengeschäft betreiben, können den Erfolg aus Kapitalanlagen ausschliesslich in der nichtversicherungstechnischen Rechnung erfassen. In diesem Fall ist zumindest der auf die versicherungstechnische Rechnung des Lebengeschäftes entfallende Anteil gesamthaft zu übertragen (Übertrag Erfolg aus Kapitalanlagen) und die Aufteilung auf das Leben- und das Nichtlebengeschäft im Anhang darzustellen.

12 Im Anhang wird im Sinne eines Anlagenspiegels die Entwicklung der Bruttowerte folgender Positionen offengelegt: Immaterielle Anlagen, Grundstücke und Bauten sowie nicht konsolidierte Beteiligungen und Darlehen an andere nahe stehende Unternehmen und Personen.

13 Der Anhang enthält eine Aufgliederung der Bruttoprämien nach Versicherungszweigen und nach geographischen Bereichen. Die Angabe der Bruttoprämien erfolgt getrennt nach folgenden Versicherungszweigen:
Nichtleben
- Unfall- und Krankenversicherung
- Motorfahrzeugversicherung
- See- und Transportversicherung, Luftfahrtversicherung
- Feuer- und übrige Sachversicherungen
- Haftpflichtversicherung
- Kredit- und Kautionsversicherung
- Sonstige Versicherungen
Leben
- Lebensversicherung
- Lebensversicherung, bei der das Kapitalanlagerisiko von den Inhabern von Lebensversicherungspolicen getragen wird
Übernommenes Geschäft
- Lebensversicherung
- Nichtlebensversicherung

Erläuterungen zu I.

---

zu Ziffer 1

14 Zum Geltungsbereich der Empfehlung gehören auch Gesellschaften (Holdinggesellschaften), deren hauptsächlicher Zweck darin besteht, Beteiligungen zu halten, sofern es sich bei diesen Tochtergesellschaften entweder ausschliesslich oder hauptsächlich um Versicherungsunternehmen handelt.

15 Die Erfolgsrechnung besteht aus einem technischen und einem nichttechnischen (finanziellen) Teil. Der technische Teil umfasst die Versicherungstechnische Erfolgsrechnung Nichtlebengeschäft und die Versicherungstechnische Erfolgsrechnung Lebengeschäft.

---

zu Ziffer 4

16 Allfällige Rückstellungen für Drohverluste und Alterungsrückstellungen des Nichtlebengeschäfts sind den Prämienüberträgen zuzurechnen oder separat auszuweisen. Rückstellungen für Spätschäden sind der Schadenrückstellung zugeordnet.

17 Insofern eine oder mehrere Konzerngesellschaften nach aufsichtsrechtlichen Vorschriften eine Schwankungsrückstellung zu bilden haben, ist diese in der Konzernbilanz oder im Anhang gesondert auszuweisen.

18 Ist eine Trennung der Forderungen gegenüber Versicherungsnehmern von denjenigen gegenüber Agenten und Vermittlern praktisch nicht möglich, so sind letztere bei den Forderungen gegenüber Versicherungsnehmern auszuweisen; der Posten ist entsprechend zu bezeichnen.

---

zu Ziffer 5

19 Differenzen aus Fremdwährungsumrechnungen sind unter der Position Übriger finanzieller Ertrag bzw. Übriger finanzieller Aufwand auszuweisen.
20 Die Position Übriger finanzieller Ertrag kann beispielsweise Zinsertrag auf Kontokorrentguthaben enthalten.

---

zu Ziffer 6

21 Der Ertrag aus Zuschreibungen umfasst Buchgewinne aus nicht mehr notwendigen Wertberichtigungen.

II. Bewertung

Empfehlung

22 Die Bewertung in der Konzernrechnung von Versicherungsgesellschaften kann wahlweise von historischen oder aktuellen Werten ausgehen. Erfolgt die Bewertung der Kapitalanlagen zu aktuellen Werten, so sind im Anhang für die einzelnen Positionen die historischen Werte offenzulegen. Die Bewertung der Kapitalanlagen kann auch auf der Grundlage historischer Werte (Anschaffungs- und Herstellungswerte) erfolgen, wobei im Anhang für die einzelnen Positionen die aktuellen Werte (Marktwerte oder Wiederbeschaffungswerte) offenzulegen sind.
23 Aktuelle Werte für Grundstücke und Bauten sind nach allgemein anerkannten Bewertungsverfahren zu ermitteln.
24 Aktuelle Werte für Aktien von Immobiliengesellschaften, die nicht als Beteiligungen bilanziert werden, sind nach allgemein anerkannten Bewertungsverfahren zu ermitteln (Marktwert).
25 Aktuelle Werte für Wertschriften sind aufgrund des Marktkurses zum Bilanzstichtag zu ermitteln (Marktwert).
26 Ergibt die Bewertung der Kapitalanlagen zu aktuellen Werten einen Mehrwert gegenüber ihrem historischen Wert, so ist dieser Mehrwert erfolgsneutral den Neubewertungsreserven zuzuweisen. Im Zeitpunkt der Realisation einer Kapitalanlage ist ein allfälliger Mehrwert (verglichen mit dem histori-

schen Wert) als Gewinn aus der Veräusserung von Kapitalanlagen auszuweisen. Sinkt der Wert einer Kapitalanlage bei Bewertung zu aktuellen Werten unter den historischen Wert, so ist die entsprechende Wertberichtigung, für jene Titel, bei denen die Voraussetzungen einer Wertbeeinträchtigung gegeben sind, als Aufwand für Kapitalanlagen in der Erfolgsrechnung auszuweisen. Wurde für diese Kapitalanlage in einer früheren Rechnungsperiode durch Bewertung zu aktuellen Werten ein Mehrwert (verglichen mit dem historischen Wert) ausgewiesen, so ist die Wertberichtigung in Höhe der Differenz zwischen früherem aktuellem Wert und historischem Wert den Neubewertungsreserven zu belasten.

Für Titel, bei denen keine Voraussetzungen einer Wertbeeinträchtigung gegeben sind und bei denen keine Absicht des Handels besteht, darf bei Bewertung zu aktuellen Werten die entsprechende Wertberichtigung unter den historischen Wert erfolgsneutral zulasten der Neubewertungsreserven im Eigenkapital erfasst werden. Spätere Werterhöhungen müssen ebenfalls erfolgsneutral den Neubewertungsreserven zugewiesen werden. Im Falle der Realisierung eines Mehrwerts durch Veräusserung muss zuerst ein früher erfolgsneutral erfasster Minderwert ausgeglichen werden; darüber hinausgehende Mehrerlöse sind erfolgswirksam zu erfassen. Sofern im Falle einer Veräusserung ein früher erfolgsneutral erfasster Minderwert nicht durch Realisierung eines Mehrwerts ausgeglichen werden kann, muss der verbleibende (früher erfolgsneutral erfasste) Minderwert erfolgswirksam erfasst werden.

Die Beurteilung, ob keine Wertbeeinträchtigung besteht, ist aufgrund schriftlich festgehaltener Kriterien je Titel durchzuführen und zu dokumentieren. Wird das Vorliegen einer Wertbeeinträchtigung verneint, obwohl der Kurswert unter dem Anschaffungswert liegt, muss die Differenz zwischen dem aktuellen Marktwert und dem Anschaffungswert erfolgswirksam erfasst werden, falls der Kurswert dieses Titels auch nach zwölf Monaten noch unter dem Anschaffungswert liegt.

Die erfolgsneutral erfasste Wertberichtigung (negative Veränderung der Neubewertungsreserve) auf Kapitalanlagen sowie die im Zusammenhang mit Veräusserungen aufgelösten negativen Neubewertungen sind je separat offenzulegen.

Diese Regelung gilt auch für Zwischenabschlüsse.

27 Bei festverzinslichen Werten (Wertschriften, Schuldscheindarlehen, Darlehen) kann auch die so genannte Kostenamortisationsmethode angewandt werden. Dabei wird die Differenz zwischen Anschaffungswert und Rückzahlungsbetrag systematisch über die Restlaufzeit aufgeteilt. Der zeitanteilige Differenzbetrag ist der Position Wertschriftenerträge (Korrektur Zinsertrag) zuzuweisen. Der Marktwert für diese Kapitalanlagen ist zusätzlich im Anhang aufzuführen.

28 Wertberichtigungen, Abschreibungen oder andere Bewertungskorrekturen auf Kapitalanlagen, welche am Bilanzstichtag nicht mehr notwendig sind, müssen aufgelöst werden. Der entsprechende Mehrwert ist in der Erfolgsrechnung als Ertrag auszuweisen, falls und soweit in einem vorherigen Geschäftsjahr die Bewertungskorrektur der Erfolgsrechnung als Aufwand belastet wurde.

29 Technische Rückstellungen wie Prämienüberträge, Deckungskapitalien,- Schadenrückstellungen oder Gewinnanteilrückstellungen (Rückstellung für gutgeschriebene Überschussanteile) sind grundsätzlich einzeln, d. h. je Versicherungsvertrag oder Versicherungsfall zu berechnen. Statistische oder mathematische Berechnungsmethoden sind zulässig, sofern diese den jeweiligen aufsichtsrechtlichen Vorschriften entsprechen und anzunehmen ist, dass sie zu annähernd den gleichen Ergebnissen wie die Einzelberechnungen führen.

Erläuterungen zu II.

zu den Ziffern 23 und 24

30 Im Vordergrund steht eine Beurteilung aufgrund des Ertragswerts. Allenfalls kann auch der Preis, der zum Zeitpunkt der Bewertung aufgrund einer Veräusserung an einen unabhängigen Dritten erzielt werden könnte, als aktueller Wert verwendet werden.

zu Ziffer 26

31 Mehr- oder Minderwerte auf Kapitalanlagen verglichen mit den historischen Werten (so genannte nicht realisierte Gewinne oder Verluste) für Kapitalanlagen für Rechnung und Risiko von Inhabern von Lebensversicherungspolicen werden durch eine entsprechende Veränderung der versicherungstechnischen Rückstellungen für diese Lebensversicherungen neutralisiert; sie verändern weder die Neubewertungsreserven noch den Periodenerfolg.

32 Die Anschaffungswerte sind unter Berücksichtigung allfälliger Absicherungen auf der Basis von Durchschnittswerten zu bestimmen.

zu Ziffer 29

33 Verbindlichkeiten (und damit zusammenhängende andere Positionen der Konzernrechnung), welche aufgrund aufsichtsrechtlicher Vorschriften zu ermitteln sind,

müssen – weil diese Vorschriften von Land zu Land verschieden sein können – nicht für den ganzen Konzern einheitlich bewertet werden. Gleiches gilt für abgegrenzte (aktivierte) Abschlussaufwendungen. Auf die Anwendung unterschiedlicher Grundsätze ist im Anhang hinzuweisen.

34 Allfällige Diskontierungen von Schadenrückstellungen aus dem Nichtlebengeschäft sind im Anhang offenzulegen.

III. Mittelflussrechnung

Empfehlung

35 Der Mittelfluss aus Geschäftstätigkeit ist zu definieren und hat, falls er nach der indirekten Methode (aufgrund der Konzernrechnung) berechnet wird, zumindest gesondert auszuweisen
 – die Abschreibungen und Wertberichtigungen auf Kapitalanlagen, insbesondere auf Grundstücken und Bauten, nicht konsolidierte Beteiligungen und Darlehen an andere nahe stehende Unternehmen und Personen, sowie auf immateriellen Anlagen
 – die Zu- und Abnahme (Nettoveränderung) folgender Posten:
   – Versicherungstechnische Rückstellungen
   – Gutgeschriebene Überschussanteile im Lebengeschäft
   – Rückstellung für künftige Überschussbeteiligung im Lebengeschäft
   – Forderungen aus dem Versicherungsgeschäft
   – Verbindlichkeiten aus dem Versicherungsgeschäft
   – Nichttechnische (finanzielle) Rückstellungen
   – Aktive Rechnungsabgrenzung
   – Passive Rechnungsabgrenzung

36 Der Mittelfluss aus Vorgängen im Investitionsbereich ist gesondert auszuweisen, insbesondere für Grundstücke und Bauten sowie für nicht konsolidierte Beteiligungen und Darlehen an andere nahe stehende Unternehmen und Personen sowie immaterielle Anlagen. Zu- und Abnahmen dieser Positionen können als Nettoposition ausgewiesen werden.

37 Im Finanzierungsbereich sind die Zu- oder Abnahmen von Finanzverbindlichkeiten einzeln und brutto auszuweisen.

38 Die Versicherungsgesellschaften haben als Fonds die flüssigen Mittel auszuweisen.

39 Differenzen aus Fremdwährungsumrechnungen sind nicht gesondert aufzuzeigen und nicht im Anhang zu erläutern.

Erläuterungen zu III.

40 Zu- oder Abnahmen im Investitionsbereich können als Nettoposition ausgewiesen werden.

41 Die Vorgänge im Finanzierungsbereich werden brutto gezeigt.

IV. Zwischenberichterstattung

Empfehlung

42 Sofern eine Versicherungsgesellschaft, die einen konsolidierten Jahresabschluss veröffentlicht, den Zwischenbericht nicht auf konsolidierter Basis erstellen kann, muss sie die Basis offenlegen, auf der die Angaben und Erläuterungen ermittelt werden.

43 Versicherungsgesellschaften müssen, sofern sie keine vollumfänglich abgegrenzten Prämien- und Ergebniszahlen ausweisen, zumindest die gebuchten Brutto-Prämien getrennt nach Nichtlebengeschäft sowie Lebengeschäft und nach den wichtigsten geographischen Märkten ausweisen. Ebenso sind Angaben und Erläuterungen über den versicherungstechnischen Aufwand, insbesondere Versicherungsleistungen und technische Kosten und über die nichtversicherungstechnische Rechnung (Erträge und Aufwand aus Kapitalanlagen) zu machen.

Glossar

Bezahlte Versicherungsleistungen
In der Geschäftsperiode (Geschäftsjahr) erfolgte Zahlungen für Versicherungsfälle aus der Geschäftsperiode als auch aus Vorjahren.

Depotforderungen aus dem übernommenen Geschäft bzw.
Depotverbindlichkeiten aus dem abgegebenen Geschäft
In der Rückversicherung oder im Retrozessionsgeschäft beim Zedenten hinterlegte Depots zur Sicherstellung der vom Rückversicherer eingegangenen Verpflichtungen. Beim Rückversicherer entstehen entsprechend Depotforderungen gegenüber dem Zedenten aus dem von diesem in Rückdeckung übernommenen Geschäft.

Drohverlustrückstellung
Die Rückstellung für Drohverluste dient dazu, einem erkennbaren, nicht kalkulierten tendenziellen Anstieg des Risikos oder Aufwands Rechnung zu tragen, soweit eine Anpassung der Prämien vertraglich nicht vorgesehen oder eine Vertragsänderung nicht möglich ist.

Eigene Rechnung

Dieser Saldo entsteht auf der Aufwand- und Ertragsseite aus folgender Subtraktion: Beim Erstversicherer brutto gebuchte Beträge abzüglich der an den Rückversicherer abgegebenen Beträge (wie z. B. Prämien bzw. übernommene Schäden) = Betrag auf eigene Rechnung.

Kapitalanlagen für Rechnung und Risiko von Inhabern von Lebensversicherungspolicen

Die Versicherungsnehmer beteiligen sich bei dieser Art von Policen, besonders in der kapitalbildenden Versicherung, auf ihre Rechnung und ihr Risiko am Erfolg bzw. an der Wertveränderung der Kapitalanlagen, wobei die Versicherungsnehmer keine Rechte an den Kapitalanlagen haben.

Nichttechnische (finanzielle) Rückstellungen

Alle Rückstellungen, die nicht versicherungsspezifisch sind, z. B. für Währungsrisiken.

Prämienübertrag

Nicht in der Geschäftsperiode verdiente Prämien bzw. Teile der einbezahlten Prämien, die für die Geschäftsperiode oder die nachfolgenden Jahre vorausbezahlt wurden, bzw. auf die Risikoperiode nach dem Bilanzstichtag entfallen.

Technische Kosten

Alle mit der Police des Versicherungsnehmers bei Abschluss, Führung und Erneuerung entstehenden Betriebsaufwendungen wie Abschluss- und Erneuerungskosten (Provisionen und Verwaltungsaufwand).

Schwankungsrückstellung

In der Regel aufsichtsrechtlich verlangte technische Rückstellungen zum Ausgleich ungewöhnlich hoher Schwankungen im Schadenverlauf und für besondere Risiken.

Überschussbeteiligung der Versicherten

Vertraglich vereinbarte Beteiligung der Versicherungsnehmer am Gewinn bzw. Überschuss des Erstversicherers.

Verdiente Prämien

Dieser Saldo entsteht im Nichtleben- und Lebengeschäft als Ergebnis aus den drei ersten Positionen der Erfolgsrechnung:

Laufende in der Geschäftsperiode verbuchte Prämien
– Abgegebene Rückversicherungsprämien
+/– Veränderung der Prämienüberträge für eigene Rechnung
= Verdiente Prämien für eigene Rechnung.

Versicherungstechnische (technische) Rückstellungen

Gesamtheit des Prämienübertrags, des Deckungskapitals (Leben), der Schadenrückstellung für verursachte, aber noch nicht abgewickelte Versicherungsfälle (Schäden) sowie der Rückstellung für Überschussbeteiligung zugunsten der Versicherungsnehmer und weitere versicherungstechnische Rückstellungen.

Transaktionen mit nahe stehenden Personen

Überarbeitet: 2009
In Kraft gesetzt: 1. Januar 2009

Empfehlung

1   Unter Transaktionen werden der Transfer von Aktiven oder Verbindlichkeiten sowie das Erbringen von Leistungen und das Eingehen von Verpflichtungen und Eventualverpflichtungen verstanden.

2   Als nahe stehende Person (natürliche oder juristische) wird betrachtet, wer direkt oder indirekt einen bedeutenden Einfluss auf finanzielle oder operative Entscheidungen der Organisation ausüben kann. Organisationen, welche direkt oder indirekt ihrerseits von den selben nahe stehenden Personen beherrscht werden, gelten ebenfalls als nahe stehend.

3   Alle wesentlichen Transaktionen sowie daraus resultierende Guthaben oder Verbindlichkeiten gegenüber nahe stehenden Personen sind in der Jahresrechnung offenzulegen.

Erläuterungen

Allgemein

4   Transaktionen mit nahe stehenden Personen können nicht automatisch mit denjenigen unabhängiger Dritter verglichen werden, da durch die speziellen Beziehungen Transaktionen nicht zwingend zu marktüblichen Bedingungen auszuführen sind. Kenntnisse über wesentliche Transaktionen mit nahe stehenden Personen sind deshalb für die Adressaten der Jahresrechnung wichtig.

---

zu Ziffer 1

5   Auch Transaktionen ohne Preis, z. B. das zur Verfügung stellen von Know-how oder der Transfer von Forschung und Entwicklung, sind Transaktionen im Sinne dieser Fachempfehlung.

6   Einen bedeutenden Einfluss übt aus, wer die Möglichkeit hat, auf finanzielle oder operative Entscheide der Organisation einzuwirken oder diese mitzubestimmen. Dieser bedeutende Einfluss hat dazu zu führen, dass bei einer Transaktion eine Seite in der Lage ist, die andere Seite zu einem bestimmten Verhalten zu führen. Für die Beurteilung/Festlegung eines bedeutenden Einflusses ist nicht die rechtliche Form, sondern das eigentliche Wesen der Beziehung massgebend; d. h. die wirtschaftliche Betrachtungsweise ist entscheidend.

7   Beispiele nahe stehender Personen und Organisationen sind:
  – Verwaltungsräte und Geschäftsleitungsmitglieder
  – Organisationen, an denen die berichterstattende Organisation massgeblich beteiligt ist
  – Anteilshaber der berichterstattenden Organisation, welche direkt oder indirekt, allein oder zusammen mit anderen einen bedeutenden Einfluss ausüben. Als bedeutender Einfluss werden grundsätzlich Stimmrechtsanteile von 20% oder mehr verstanden
  – Organisationen, welche von nahe stehenden Personen kontrolliert werden
  – Vorsorgeeinrichtungen.
  Zwei von öffentlich-rechtlichen Körperschaften beherrschte Organisationen gelten aufgrund ihrer öffentlich-rechtlichen Beherrschung nicht als nahe stehend. Vorbehalten bleibt jedoch ein anderweitiger massgeblicher Einfluss.

8   Die folgenden Personen gelten nicht als nahe stehend, sofern nicht weitere Gründe auf einen massgeblichen Einfluss hinweisen:
  – zwei Organisationen, nur weil sie gemeinsame Verwaltungsrats- oder Geschäftsleitungsmitglieder haben
  – Gewerkschaften, Behörden und öffentliche Monopolbetriebe
  – einzelne Kunden oder Lieferanten mit enger oder dominierender Beziehung
  – Versicherungen und Banken im Rahmen ihrer normalen Geschäftstätigkeit mit Kunden.

---

zu Ziffer 3

9   Beispiele von Transaktionen, welche zu einer Offenlegung führen können, sind:
  – Käufe und Verkäufe (einschliesslich solcher des Anlagevermögens)
  – Kommissionen und Lizenzvereinbarungen
  – Finanzierungen
  – Erbringung oder Beanspruchung von Dienstleistungen und Know-how
  – Miet- oder Leasinggeschäfte
  – Transfer von Forschung und Entwicklung
  – Garantien und Sicherheiten
  – Liegenschaftentransaktionen mit eigenen Vorsorgeeinrichtungen.

Als wesentlich im Sinne von Ziffer 3 gelten namentlich auch Transaktionen, welche ausserhalb der normalen Geschäftstätigkeit der Organisation liegen oder der Form oder Sache nach ungewöhnlich sind.

10 Nicht als Transaktionen mit nahe stehenden Personen offenzulegen sind:
   – ordentliche Bezüge nahe stehender Personen aus ihrer Tätigkeit als Angestellte oder Organe
   – ordentliche Beiträge an Vorsorgeeinrichtungen.

11 Folgende Angaben sind offenzulegen:
   – Beschreibung der Transaktion
   – Volumen der Transaktion (in der Regel Betrag oder Verhältniszahl)
   – die wesentlichen übrigen Konditionen.

Die Identität der nahe stehenden Person ist nur offenzulegen, wenn dies für das Verständnis der Transaktion notwendig ist.

Gleichartige Transaktionen und Guthaben/Verbindlichkeiten (auch mit verschiedenen nahe stehenden Personen) können in Kategorien zusammengefasst werden, solange deren separate Offenlegung nicht für das Verständnis der Jahresrechnung notwendig ist; allerdings gilt das Bruttoprinzip. Sind Transaktionen und Guthaben/ Verbindlichkeiten mit einer einzelnen Person von ausschlaggebender Bedeutung, so sind diese separat offenzulegen.

Vorsorgeverpflichtungen

Überarbeitet: 2010
In Kraft gesetzt: 1. Januar 2011

Einleitung

Diese Fachempfehlung behandelt die Rechnungslegung über die tatsächlichen wirtschaftlichen Auswirkungen von Vorsorgeverpflichtungen auf die Organisation (Arbeitgeber). Unter Vorsorgeverpflichtungen werden alle Verpflichtungen aus Vorsorgeplänen und Vorsorgeeinrichtungen verstanden, welche Leistungen für Ruhestand, Todesfall oder Invalidität vorsehen. Da in der Schweiz die Personalvorsorge verselbstständigt sein muss, wird in der Empfehlung zur Vereinfachung der Begriff Vorsorgeeinrichtung verwendet. Die Fachempfehlung richtet sich nicht an die Vorsorgeeinrichtungen selbst. Mit der Erfassung der tatsächlichen wirtschaftlichen Auswirkungen der Vorsorgeeinrichtungen durch die Organisation ist keine rechtsverbindliche Wirkung zu Gunsten oder zu Lasten einer Vorsorgeeinrichtung verbunden.

Die Darstellung der tatsächlichen wirtschaftlichen Auswirkungen aus Vorsorgeverpflichtungen bedingt die Klärung, ob im Zeitpunkt des Bilanzstichtages zusätzlich zu den berücksichtigten Beitragsleistungen der Organisation und den damit zusammenhängenden Abgrenzungen, weitere Aktiven (wirtschaftlicher Nutzen) oder Verbindlichkeiten (wirtschaftliche Verpflichtungen) bestehen. Die Fachempfehlung verlangt die Erfassung der Differenz zwischen den jährlich ermittelten wirtschaftlichen Nutzen bzw. Verpflichtungen im Periodenergebnis. Seit dem 1.1.2005 erstellen schweizerische Personalvorsorgeeinrichtungen ihre Jahresrechnung gemäss Swiss GAAP FER 26. Diese Jahresrechnungen weisen vorhandene Über- und Unterdeckungen sowie gesondert bestehende Arbeitgeberbeitragsreserven von Organisationen aus und bilden zusammen mit vertraglichen Regelungen eine geeignete Grundlage für die notwendigen Beurteilungen. Zusätzliche Berechnungen seitens der Organisation sind deshalb nicht notwendig, können jedoch im Sinne einer Option entsprechend international anerkannter Regelwerke erstellt und verwendet werden.

Empfehlung

1   In dieser Fachempfehlung werden die wirtschaftlichen Auswirkungen aus Vorsorgeverpflichtungen auf eine Organisation behandelt. Unter Vorsorge-verpflichtungen werden alle Pläne, Einrichtungen und Dispositionen verstanden, welche Leistungen für mindestens eine der Eventualitäten Ruhestand (Alter), Tod und Invalidität vorsehen.

2   Wirtschaftliche Auswirkungen aus Vorsorgeeinrichtungen (und patronalen Fonds) auf die Organisation sind entweder wirtschaftlicher Nutzen oder wirtschaftliche Verpflichtungen. Wirtschaftlicher Nutzen und wirtschaftliche Verpflichtungen werden auf den Bilanzstichtag berechnet und gleichwertig behandelt. Wirtschaftlicher Nutzen und wirtschaftliche Verpflichtungen leiten sich für die Organisation einerseits direkt aus vertraglichen, reglementarischen oder gesetzlichen Grundlagen ab (z.B. vorausbezahlte oder geschuldete Beiträge). Andererseits bestehen wirtschaftlicher Nutzen und wirtschaftliche Verpflichtungen in der Möglichkeit der Organisation, infolge einer Überdeckung in der Vorsorgeeinrichtung eine positive Auswirkung auf den künftigen Geldfluss auszuüben (z.B. Beitragssenkung) oder wegen einer Unterdeckung in der Vorsorgeeinrichtung eine negative Auswirkung auf den künftigen Geldfluss zu haben, indem die Organisation an der Finanzierung mitwirken will oder muss (z.B. Sanierungsbeiträge).

3   Für die Erfassung der wirtschaftlichen Auswirkungen aus Vorsorgeeinrichtungen gilt:

   a)   In der Erfolgsrechnung werden die auf die Periode abgegrenzten Beiträge als Personalaufwand dargestellt. In der Bilanz werden die entsprechenden aktiven oder passiven Abgrenzungen bzw. Forderungen und Verbindlichkeiten erfasst, die sich aufgrund von vertraglichen, reglementarischen oder gesetzlichen Grundlagen ergeben.

   b)   Es wird jährlich beurteilt, ob aus einer Vorsorgeeinrichtung (und einem patronalen Fonds) aus Sicht der Organisation ein wirtschaftlicher Nutzen oder eine wirtschaftliche Verpflichtung besteht. Als Basis dienen Verträge, Jahresrechnungen der Vorsorgeeinrichtungen, welche in der Schweiz nach Swiss GAAP FER 26 erstellt werden, und andere Berechnungen, welche die finanzielle Situation, die bestehende Über- bzw. Unterdeckung für jede Vorsorgeeinrichtung entsprechend den tatsächlichen Verhältnissen darstellen. Davon ausgehend wird für jede Vorsorgeeinrichtung der wirtschaftliche Nutzen oder die wirtschaftliche Verpflichtung ermittelt und bilanziert. Die Differenz zum entsprechenden Wert der Vorperiode wird je Vorsorgeeinrichtung (zusammen mit dem auf die Periode abgegrenzten Aufwand) im Periodenergebnis als Personalaufwand erfasst.

Die Bilanzierung eines wirtschaftlichen Nutzens erfolgt unter den langfristigen Finanzanlagen mit der Bezeichnung «Aktiven aus Vorsorgeeinrichtungen». Für wirtschaftliche Verpflichtungen erfolgt die Bilanzierung unter den langfristigen Verbindlichkeiten.

4 Arbeitgeberbeitragsreserven oder vergleichbare Posten werden als Aktivum erfasst. Sofern die Organisation der Vorsorgeeinrichtung einen bedingten Verwendungsverzicht eingeräumt hat oder kurz nach dem Bilanzstichtag einzuräumen gedenkt, wird das Aktivum aus der Arbeitgeberbeitragsreserve wertberichtigt. Jener Teil der Unterdeckung, der durch die Wertberichtigung der Arbeitgeberbeitragsreserve in der Bilanz der Organisation bereits berücksichtigt ist, muss nicht mehr als wirtschaftliche Verpflichtung aus einer Unterdeckung angerechnet werden.

Die Bilanzierung erfolgt unter den langfristigen Finanzanlagen mit der Bezeichnung «Aktiven aus Arbeitgeberbeitragsreserven». Die Differenz zum entsprechenden Wert der Vorperiode wird im Periodenergebnis als Personalaufwand erfasst.

Im Anhang wird für die Arbeitgeberbeitragsreserven in tabellarischer Form und wo notwendig gesondert für

– Patronale Fonds/patronale Vorsorgeeinrichtungen
– Vorsorgeeinrichtungen

folgendes offengelegt:

– Nominalwert der Arbeitgeberbeitragsreserve am Bilanzstichtag
– Höhe eines allfälligen Verwendungsverzichts am Bilanzstichtag
– Bildung der Arbeitgeberbeitragsreserve
– Stand des Aktivums am aktuellen sowie am Vorjahres-Bilanzstichtag
– Ergebnis aus Arbeitgeberbeitragsreserven, deren wichtigste Einflussgrössen – als Teil des Personalaufwands – für das Berichts- sowie für das Vorjahr. Das Ergebnis aus Arbeitgeberbeitragsreserve des Berichtsjahres ergibt sich als Differenz zwischen dem Stand des Aktivums am aktuellen und am Vorjahres-Bilanzstichtag unter Berücksichtigung einer allfälligen Bildung. Falls im Ergebnis aus Arbeitgeberbeitragsreserve Zinsertrag oder -aufwand enthalten ist, kann dieser separat im Finanzergebnis offengelegt werden.

(Vgl. das Offenlegungs-Beispiel im Anhang zu Swiss GAAP FER 16)

5 Im Anhang werden folgende Informationen in tabellarischer Form je gesondert für

– Patronale Fonds/patronale Vorsorgeeinrichtungen
– Vorsorgeeinrichtungen ohne Über-/Unterdeckung
– Vorsorgeeinrichtungen mit Überdeckung
– Vorsorgeeinrichtungen mit Unterdeckung
– Vorsorgepläne ohne eigene Aktiven

offengelegt:

– Höhe der Über- bzw. Unterdeckung am Bilanzstichtag

- Wirtschaftlicher Nutzen bzw. wirtschaftliche Verpflichtung am aktuellen sowie am Vorjahres-Bilanzstichtag
- Veränderung des wirtschaftlichen Nutzens bzw. der wirtschaftlichen Verpflichtung als Differenz zwischen den beiden offengelegten Bilanzstichtagen
- Die auf die Periode abgegrenzten Beiträge (einschliesslich Ergebnis aus Arbeitgeberbeitragsreserve) mit Angabe von ausserordentlichen Beiträgen im Falle von geltenden, zeitlich befristeten Massnahmen zur Behebung von Deckungslücken
- Der Vorsorgeaufwand mit den wesentlichen Einflussfaktoren – als Teil des Personalaufwands – für das Berichts- sowie für das Vorjahr. Der Vorsorgeaufwand des Berichtsjahres ergibt sich als Summe aus der Veränderung des wirtschaftlichen Nutzens bzw. der wirtschaftlichen Verpflichtung und den auf die Periode abgegrenzten Beiträgen (einschliesslich Ergebnis aus Arbeitgeberbeitragsreserve).

(Vgl. das Offenlegungs-Beispiel im Anhang zu Swiss GAAP FER 16)
Der bilanzielle Einbezug eines wirtschaftlichen Nutzens bzw. einer wirtschaftlichen Verpflichtung wird erläutert.

Erläuterungen

---

zu Ziffer 1

6 Diese Fachempfehlung betrifft die wirtschaftlichen Auswirkungen von Vorsorgeeinrichtungen auf die Rechnungslegung (in der Regel die Jahresrechnung) des Arbeitgebers bzw. der Organisation, und zwar ausschliesslich aus der Sicht der Organisation. Die Fachempfehlung ist insbesondere nicht unmittelbar auf die Rechnungslegung von Vorsorgeeinrichtungen (für welche in der Schweiz Swiss GAAP FER 26 gilt) und andere Formen von Vorsorgeplänen anwendbar.
Von den Vorsorgeverpflichtungen ausgenommen sind nicht mit der Altersvorsorge im engeren Sinne verbundene Aufwendungen wie Dienstaltersgeschenke und Jubiläumszuwendungen, welche aufgrund der Anstellungsdauer ausgerichtet werden, sowie Abfindungssummen usw. Ebenso fallen Aufwendungen im Zusammenhang mit wesentlichen und besonderen Massnahmeplänen im Personalbereich (z. B. Sozialpläne bei Teilschliessung der Organisation) nicht unter diese Empfehlung. Sie sind als Rückstellungen bzw. übriger Personalaufwand zu erfassen.

7 Bei allen Umsetzungsentscheiden und Berechnungen nach dieser Empfehlung gilt Folgendes:
   – Massgebend für die Bilanzierung ist die Wahrscheinlichkeit und Verlässlichkeit einer wirtschaftlichen Auswirkung.
   – Bei der Bemessung von wirtschaftlichem Nutzen und wirtschaftlichen Verpflichtungen wird von möglichst objektiven, markt- und wirklichkeitsnahen Annahmen ausgegangen.

Die Ermittlung der wirtschaftlichen Auswirkungen erfolgt grundsätzlich auf der Basis der finanziellen Situation jeder Vorsorgeeinrichtung gemäss letztem Jahresabschluss, dessen Abschlussdatum nicht länger als 12 Monate zurückliegen darf. Bestehen Anzeichen, die darauf hindeuten, dass sich seit dem letzten Jahresabschluss wesentliche Entwicklungen (z. B. Wertschwankungen, Teilliquidationen usw.) ergeben haben, sind deren Auswirkungen zu berücksichtigen und im Anhang offenzulegen.

Bei einer Unterdeckung besteht dann eine wirtschaftliche Verpflichtung, wenn die Bedingungen für die Bildung einer Rückstellung erfüllt sind. Bei einer Überdeckung besteht ein wirtschaftlicher Nutzen, wenn es zulässig und beabsichtigt ist, diese zur Senkung der Arbeitgeberbeiträge einzusetzen, aufgrund der lokalen Gesetzgebung dem Arbeitgeber zurückzuerstatten oder ausserhalb von reglementarischen Leistungen für einen andern wirtschaftlichen Nutzen des Arbeitgebers zu verwenden.

8 Anschlüsse an Gemeinschafts- und Sammeleinrichtungen sind grundsätzlich gleich zu behandeln wie selbstständige oder unselbstständige Vorsorgeeinrichtungen der Organisation. In der Schweiz sind Gemeinschafts- und Sammeleinrichtungen verpflichtet, die gesetzlichen Transparenzvorschriften bis auf die Stufe des einzelnen Anschlusses bzw. Vorsorgewerks umzusetzen. Wenn beispielsweise die Anlagerisiken nicht rückversichert sind oder wenn die gesetzlichen Leistungsgarantien (Minimalverzinsung, Umwandlungssatz usw.) von der Einrichtung getragen werden, ist die Vorsorgeeinrichtung Risikoträger. Daraus kann sich bei einer Unterdeckung der Gemeinschafts- oder Sammeleinrichtung eine Nachschusspflicht für die Organisation ergeben. Wenn eine Vorsorgeeinrichtung nicht Risikoträger ist (z. B. bei einer Vollversicherung im Rahmen eines Kollektivlebensversicherungsvertrags), ist dies im Anhang offenzulegen.

Wenn bei einem Anschluss an eine Gemeinschaftseinrichtung aufgrund der umfassenden Solidaritäten innerhalb des Teilnehmerkreises die offenzulegenden Informationen nicht auf Basis des individuellen Anschlussvertrags bestimmt werden können, ist dies zusammen mit dem Deckungsgrad der Gemeinschaftseinrichtung im Anhang offenzulegen.

9 Die Ermittlung der finanziellen Situation, die Ermittlung einer allfällig bestehenden Überdeckung bzw. einer Unterdeckung erfolgt für jede Vorsorgeeinrichtung nach einer anerkannten und für die betreffende Vorsorgeeinrichtung angemessenen Methode:

– Zu den anerkannten und angemessenen Methoden zählen statische Modelle, wie z. B. die am schweizerischen Gesetz (BVG/FZG) orientierten Verfahren. Die Über- bzw. Unterdeckung kann deshalb der Bilanz der Vorsorgeeinrichtung entnommen werden (z. B. in der Schweiz nach Swiss GAAP FER 26). Anwendbar sind auch die in internationalen Rechnungslegungsstandards beschriebenen dynamischen Modelle (z. B. Methode der laufenden Einmalprämie).

– Die technischen Grundlagen, die anerkannt und allgemein zugänglich sein müssen, sowie die für die Umsetzung einer Methode notwendigen Annahmen müssen in einem sachlogischen Zusammenhang stehen. Zinssätze müssen marktgerecht sein. Eine für eine Vorsorgeeinrichtung gewählte Methode muss stetig beibehalten werden, bei einer Änderung muss die Auswirkung der Änderung im Anhang erläutert und beziffert werden.

– Vorsorgeeinrichtungen mit vergleichbarer Ausgangslage werden grundsätzlich gleich behandelt, es müssen aber nicht alle Vorsorgeeinrichtungen nach der gleichen Methode behandelt werden.

Die Organisation ermittelt basierend auf diesen Grundlagen und vertraglichen Regelungen je Vorsorgeeinrichtung den wirtschaftlichen Nutzen bzw. die wirtschaftliche Verpflichtung. Die Bestimmung des wirtschaftlichen Nutzens bzw. der wirtschaftlichen Verpflichtung erfolgt für einen Zeitraum, der sich aufgrund der konkreten Sachlage, beispielsweise aufgrund eines bekannten oder angenommenen Konzepts für die Sanierung einer Vorsorgeeinrichtung, ergibt. Wenn hinsichtlich des Zeitraums keine angemessene Annahme getroffen werden kann, so erfolgt die Bestimmung für einen Zeitraum von 5 Jahren. Wo wesentlich, wird in der Bilanz der Barwert eingestellt.

10 Aktiven und Verbindlichkeiten aus Vorsorgeeinrichtungen werden so bemessen, dass am Bilanzstichtag ein wirtschaftlich gerechtfertigter Zusammenhang zur finanziellen Lage der jeweiligen Vorsorgeeinrichtung besteht. Ein Aktivum (wirtschaftlicher Nutzen) bedeutet, dass die Organisation mindestens im vorgesehenen Umfang von der Überdeckung profitieren kann. Eine Verbindlichkeit (wirtschaftliche Verpflichtung) beziffert den wahrscheinlichen Mittelabfluss zur Behebung von Unterdeckungen in den Vorsorgeeinrichtungen. Beurteilung, Berechnung oder Offenlegung erfolgen entsprechend den Vorgaben für Rückstellungen.

Die bilanzierten Beträge können von Bilanzstichtag zu Bilanzstichtag in der Höhe schwanken. Die Schwankungen werden im Periodenergebnis erfasst. Die Einflussfaktoren sind die folgenden:

– Wertveränderungen bei den Aktiven und den Verbindlichkeiten der Vorsorgeeinrichtungen

– neue oder weggefallene Vorsorgeeinrichtungen

– Anpassungen in den Vorsorgeeinrichtungen (z. B. Änderungen von reglementarischen Leistungszusagen)

– Änderungen technischer Grundlagen und weiterer den Berechnungen zu Grunde liegenden Annahmen

– Entwicklung der versicherten Bestände und der versicherten Löhne

- Abweichung der tatsächlichen Entwicklung gegenüber den für die Bilanzierung getroffenen Annahmen
- Neue Vertragsregelungen (z. B. mit Versicherungsgesellschaften), Änderung der Rechtslage.

11 Für Vorsorgeeinrichtungen in der Schweiz, die für die Ermittlung der Über- oder Unterdeckung nach Swiss GAAP FER 26 behandelt werden, gelten folgende Besonderheiten:

- Grundlage für die Ermittlung des wirtschaftlichen Nutzens oder der wirtschaftlichen Verpflichtungen bilden die in der Vorsorgeeinrichtung ausgewiesenen Freien Mittel bzw. die ausgewiesene Unterdeckung. Die von der Vorsorgeeinrichtung aufgrund ihrer stetigen Praxis ausgewiesenen Wertschwankungsreserven können nicht Teil des wirtschaftlichen Nutzens der Organisation sein.
- Eine ausschliesslich von der Organisation finanzierte Vorsorgeeinrichtung, die ausser Ermessensleistungen auch einen Finanzierungszweck verfolgt (patronaler Wohlfahrtsfonds), wird in die Ermittlung des wirtschaftlichen Nutzens für die Organisation einbezogen. Wird in dieser Vorsorgeeinrichtung eine explizite Arbeitgeberbeitragsreserve geführt, ergeben sich zwei aktive Posten in der Bilanz der Organisation: Einerseits die zu aktivierende Arbeitgeberbeitragsreserve und anderseits der nach den Regeln von Swiss GAAP FER 16 bestimmte wirtschaftliche Nutzen an den Freien Mitteln.
- Die Ermittlung der wirtschaftlichen Verpflichtung der Organisation im Falle einer Unterdeckung in der Vorsorgeeinrichtung soll mit den im Rahmen der Sanierung vorgesehenen oder getroffenen Massnahmen und den Annahmen der Vorsorgeeinrichtung übereinstimmen, d. h. die Organisation bilanziert so, wie sie in der Vorsorgeeinrichtung agiert hat oder zu agieren beabsichtigt.
- Bei einer Aktivierung von wirtschaftlichem Nutzen sind die vorsorge- und stiftungsrechtlichen Gegebenheiten und Vorgaben zu klären und zu beachten. Dies gilt insbesondere auch für die Zulässigkeit von Beitragsreduktionen und Beitragsbefreiungen.

zu Ziffer 4

12 Arbeitgeberbeitragsreserven der Organisation, die sie jederzeit als Beiträge einset-
zen kann und die von der Vorsorgeeinrichtung als Arbeitgeberbeitragsreserven aus-
geschieden sind, werden im Umfang des wirtschaftlichen Nutzens (zum Barwert)
aktiviert, auch wenn in der handelsrechtlichen Jahresrechnung die Aktivierung
unterbleiben kann. Die konsequente Aktivierung der Arbeitgeberbeitragsreserve
bewirkt die Aufwandwirksamkeit im Zeitpunkt der Verwendung statt im Zeitpunkt
der Bildung. Der auf die Periode abgegrenzte Aufwand nach Swiss GAAP FER 16
umfasst deshalb die von der Organisation für die Periode insgesamt bezahlten Beiträge, unabhängig davon, ob sie Beiträge direkt oder über die Verwendung der
Arbeitgeberbeitragsreserve entrichtet.

13 Eine Organisation kann der Vorsorgeeinrichtung einen bedingten Verwendungsverzicht einräumen. Das Ziel der Organisation besteht in der Regel darin, eine Unterdeckung in der Vorsorgeeinrichtung wirtschaftlich zu verkleinern bzw. zu beseitigen
oder die für eine in der Vorsorgeeinrichtung gewählte Anlagestrategie erforderliche
Risikofähigkeit zu unterstützen. Solange ein Verwendungsverzicht formell besteht,
kann auf dem entsprechenden Teil der Arbeitgeberbeitragsreserve (mindestens in
Höhe der Unterdeckung) nicht gleichzeitig ein aktivierungsfähiger wirtschaftlicher
Nutzen abgeleitet werden.

zu Ziffer 5

14 Diese Fachempfehlung geht den Offenlegungsvorschriften der Swiss GAAP FER 23
zu den «Rückstellungen aus Vorsorgeverpflichtungen» vor.

Beispiel

Das Beispiel ist rein illustrativ. Die Absicht des Beispiels ist es, die Anwendung der Empfehlung zu veranschaulichen und ihre Bedeutung zu klären.

Beispiel für die Offenlegung im Anhang gemäss FER 16, Ziffern 4+5:

Vorsorgeeinrichtungen

Arbeitgeberbeitrags-reserve (AGBR)[1] in CHF 1'000	Nominalwert 31.12. 20x2	Verwendungs-verzicht pro 20x2	Bilanz 31.12.20x2	Bildung pro 20x2	Bilanz 31.12.20x1	Ergebnis aus AGBR im Personalaufwand 20x2	20x1
Patronale Fonds/patronale Vorsorgeeinrichtungen	5'177	−1'600	3'577	0	5'166	1'589[2]	−
Vorsorgeeinrichtungen	1'000	0	1'000	200	800	−	−
Total	6'177	−1'600	4'577	200	5'966	1'589	−

Wirtschaftlicher Nutzen/wirtschaftliche Verpflichtung und Vorsorgeaufwand in CHF 1'000	Über-/Unterdeckung gemäss 31.12.20x2	Wirtschaftlicher Anteil der Organisation 31.12.20x2	31.12.20x1	Veränderung zum VJ bzw. erfolgswirksam im GJ	Auf die Periode abgegrenzt Beiträge	Vorsorgeaufwand im Personalaufwand 20x2	20x1
Patronale Fonds/patronale Vorsorgeeinrichtunge	100	0	0	0	0	1'589[3]	0
Vorsorgepläne ohne Über-/Unterdeckungen					638	638	674
Vorsorgepläne mit Überdeckung	17'286	1'735	1'321	−414	1'010	596	1'216
Vorsorgepläne mit Unterdeckung	−2'644	−620	−918	−298	926	628	991
Vorsorgeeinrichtungen ohne eigene Aktiven		−500	−480	20	32	52	48
Total	14'742	615	−77	−692	2'606	3'503[4]	2'929

1) Falls die Arbeitgeberbeitragsreserve erst in weiterer Zukunft verwendet wird, kann der Nominalbetrag diskontiert und die Diskontierung in einer separaten Kolonne der Tabelle offen gelegt werden.
2) Im laufenden Jahr wurde ein Verwendungsverzicht von TCHF 1'600 gewährt; die Arbeitgeberbeitragsreserve wurde mit TCHF 11 verzinst (TCHF 1'589 = TCHF 1'600 − TCHF 11). Der Zinsertrag von TCHF 11 kann auch separat als Finanzertrag offen gelegt werden.
3) Einschliesslich Ergebnis aus Arbeitgeberbeitragsreserve.
4) Einschliesslich Ergebnis aus Arbeitgeberbeitragsreserve (TCHF 3'503 = TCHF −692 + TCHF 2'606 + TCHF 1'589).

Glossar

Überdeckung

Die Überdeckung besteht aus dem positiven Stiftungskapital, bzw. den positiven freien Mitteln und dem Ertragsüberschuss gemäss Ziffer 7 J+Z Swiss GAAP FER 26.

Unterdeckung

Die Unterdeckung besteht aus dem negativen Stiftungskapital, bzw. den negativen freien Mitteln/Unterdeckung und dem Aufwandüberschuss gemäss Ziffer 7 J+Z Swiss GAAP FER 26.

Wirtschaftlicher Anteil der Organisation (siehe oben stehende Tabelle)

Der wirtschaftliche Anteil der Organisation ist der wirtschaftliche Nutzen bzw. die wirtschaftliche Verpflichtung am Bilanzstichtag. Bei schweizerischen Vorsorgeeinrichtungen ergibt sich ein wirtschaftlicher Anteil, wenn es – kumulativ – zulässig und beabsichtigt ist, aus einer Überdeckung Nutzen zu ziehen bzw. wenn die Bedingungen für die Bildung einer Rückstellung nach Swiss GAAP FER 23 bei einer Unterdeckung erfüllt sind.

Vorräte

Überarbeitet: 2012
In Kraft gesetzt: 1. Januar 2013

Empfehlung

1 Die Vorräte umfassen:
  - Güter, die im ordentlichen Geschäftsverlauf zur Veräusserung gelangen, inkl. Waren/Fabrikate in Arbeit, oder bei der Herstellung von Gütern und der Erbringung von Dienstleistungen verbraucht werden
  - erbrachte, noch nicht fakturierte Dienstleistungen.

2 Erhaltene Anzahlungen von Kunden für Vorräte können vom Bestand der Vorräte in Abzug gebracht werden, sofern für sie kein Rückforderungsanspruch besteht. Geleistete Anzahlungen für die Lieferung von Vermögensgegenständen des Vorratsvermögens werden zweckmässig unter den Vorräten ausgewiesen. Alternativ ist ein separater Ausweis im Umlaufvermögen möglich.

3 Die Bewertung der Vorräte erfolgt zu Anschaffungs- oder Herstellungskosten oder – falls dieser tiefer ist – zum Netto-Marktwert.

4 Die Anschaffungs- oder Herstellungskosten der Vorräte umfassen sämtliche – direkten und indirekten – Aufwendungen, um die Vorräte an ihren derzeitigen Standort bzw. in ihren derzeitigen Zustand zu bringen (Vollkosten).
  Zur Ermittlung der Anschaffungs- und Herstellungskosten der Vorräte sind grundsätzlich die tatsächlich angefallenen Kosten massgebend (Istkosten). Die Ermittlung der Anschaffungs- oder Herstellungskosten der Vorräte erfolgt individuell für jeden einzelnen Artikel bzw. Auftrag (Einzelbewertung) oder mittels vereinfachter Bewertungsverfahren wie z.B. Kostenfolgeverfahren, den Verbrauchsfolgeverfahren, der Standard- oder Plankostenrechnung sowie durch Rückrechnung vom Verkaufspreis. Gleichartige Vorratspositionen können zusammen bewertet werden (Gruppenbewertung).

5 Die Wertberichtigung auf den tieferen Netto-Marktwert ist dem Periodenergebnis zu belasten. Wenn sie nicht mehr benötigt wird, ist sie dem Periodenergebnis gutzuschreiben.

6 In der Bilanz oder im Anhang sind für die Vorräte offenzulegen:
  - Aufgliederung des Bilanzwerts in die für die Geschäftstätigkeit wesentlichen Positionen
  - Bewertungsgrundsätze und -methoden

Erläuterungen

---

zu Ziffer 1

7   Ob ein Vermögenswert den Vorräten und damit zum Umlaufvermögen (anstatt zum Anlagevermögen) zuzurechnen ist, richtet sich danach, ob der Vermögenswert zur Veräusserung im Rahmen der operativen Geschäfte bestimmt ist.

8   Hilfs- und Betriebsmittel, die nur indirekt bei der Herstellung von Vorräten verbraucht werden (z. B. Schmiermittel, Heizöl, Verbrauchsmaterial), dürfen als Vorräte ausgewiesen werden, obwohl sie nicht primär zur Weiterveräusserung bestimmt sind. Sofern ihr Bestand wesentlich ist, sind sie in der Bilanz oder im Anhang separat auszuweisen.

9   Ersatzteile für langlebige Güter (z. b. Ersatzteile in der Flugzeug- und Maschinenindustrie) können unter Umständen als Anlagevermögen ausgewiesen werden.

---

zu Ziffer 2

10   Durch die Verrechnung der Anzahlungen von Kunden mit den Vorräten wird eine wirtschaftliche Betrachtungsweise vorgenommen. Die Vorräte beinhalten diejenigen Bestände nicht mehr, die – wirtschaftlich betrachtet – bereits dem Kunden zustehen. Anzahlungen, die effektiv noch zurückgefordert werden können, sind von der Verrechnung ausgenommen. Das Bestehen eines Rückforderungsanspruchs hängt in der Regel von der vertraglichen Abmachung ab und besteht namentlich dann, wenn mit der Leistungserstellung noch nicht begonnen worden ist.

11   Bei Verrechnung der erhaltenen Anzahlungen von Kunden für Vorräte ist der Betrag der verrechneten Anzahlungen im Anhang offenzulegen oder in der Bilanz in einer Vorkolonne von der sachlich richtigen Position in Abgrenzung zu bringen.

---

zu Ziffer 3

12   Es ist eine Vergleichsrechnung zwischen den Anschaffungs- und Herstellungskosten einerseits und dem Netto-Marktwert andererseits anzustellen. Der niedrigere der beiden Werte ist einzusetzen (Niederstwertprinzip).

13   Die Vergleichsrechnung erfolgt grundsätzlich auf der Basis einer Einzelbewertung. Bei gleichartigen und gleichwertigen Vorräten gleicher Fertigungsstufen ist eine Gruppenbetrachtung vertretbar, sofern die Vorräte marktgängig sind. Unumgänglich ist eine Einzelbewertung bei Halb- und Fertigfabrikaten und Aufträgen in Arbeit, die nach speziellen Kundenwünschen gefertigt worden sind.

14 Bei der Bestimmung des Netto-Marktwerts wird vom aktuellen Marktpreis auf dem Absatzmarkt ausgegangen. Von diesem sind die üblichen Erlösschmälerungen, Vertriebs- sowie noch anfallende Verwaltungsaufwendungen in Abzug zu bringen. Bei unfertigen Erzeugnissen, die keinen Marktpreis haben, sind zudem vom Marktpreis des fertigen Produkts die noch anfallenden Aufwendungen für die Fertigstellung sowie die Bruttomarge abzuziehen.

15 Wenn für Vorräte bereits entsprechende Verkaufskontrakte bestehen, ist für die entsprechende Menge als Marktwertvergleich der Kontraktpreis heranzuziehen.

16 Übersteigen die Anschaffungs- oder Herstellungskosten den Netto-Marktwert, so sind Wertberichtigungen in der Höhe der Differenz zu bilden.

zu Ziffer 4

17 Die Anschaffungskosten beinhalten den Anschaffungspreis inklusive Anschaffungsnebenkosten (wie Transportkosten, Speditions- und Abladekosten, Eingangszölle, Provisionen usw.) nach Abzug von Anschaffungspreisminderungen (wie Rabatte, Rückvergütungen usw.).

18 Skonti (im Sinne eines Abschlags für die rasche Zahlung) können entweder als Anschaffungspreisminderungen oder als Finanzertrag betrachtet werden. Im Anhang ist offenzulegen, welche Variante gewählt wird.

19 Die Herstellungskosten umfassen nebst den Einzelkosten des Materials- und Fertigungsbereichs (inkl. Sondereinzelkosten) auch die Materialgemeinkosten, Fertigungsgemeinkosten und die anteiligen Verwaltungskosten des Herstellungsbereichs, unabhängig davon ob sie variabel oder periodenfix sind.

20 Bei der Ermittlung der Gemeinkostenzuschläge wird von einer normalen Produktionskapazität ausgegangen. Normale Produktionskapazität bedeutet diejenige Kapazität, welche die Organisation durchschnittlich über mehrere Perioden erreicht, unter Abzug von üblichen Leerstandzeiten. Bei der Berücksichtigung von kalkulatorischen Abschreibungen ist mit realistischen Abschreibungssätzen zu rechnen.
Eine Berücksichtigung von Fremdkapitalzinsen kann in speziellen Fällen gerechtfertigt sein, insbesondere im Zusammenhang mit langfristigen Fertigungsaufträgen. Ein Eigenkapitalzinsanteil ist in keinem Fall aktivierungsfähig.

21 Zu den Kostenfolgeverfahren zählt die Durchschnittsmethode. Bei dieser Methode werden die Abgänge und der Endbestand zum Durchschnittspreis aus Anfangsbestand und Zugängen bewertet. Dabei wird der Durchschnitt laufend oder periodisch (z. B. monatlich, aufgrund der letzten 30 Tage) ermittelt.

22 Um marktnahe Bewertungen zu gewährleisten, sind bei den Verbrauchsfolgeverfahren FIFO und ähnliche Verfahren zugelassen. LIFO gewährleistet keine marktnahe Bewertung.

23 Die Anwendung der Standard- oder Plankostenmethode zur Ermittlung der Anschaffungs- oder Herstellungskosten ist zulässig, wenn sie zu einer vertretbaren Annäherung an die effektiven Anschaffungs- bzw. Herstellungskosten führt. Die der Planung zugrunde liegende Produktionskapazität ist periodisch zu überprüfen.

24 Bei der Rückrechnung werden die Anschaffungskosten durch den Abzug der Bruttomarge ausgehend von den Verkaufspreisen ermittelt. (Damit entfällt in der Regel der Vergleich zwischen Anschaffungskosten und Veräusserungswert.) Die dabei angewendete Marge hat allfällige Verkaufspreisreduktionen zu berücksichtigen. Die Verwendung einer durchschnittlichen Marge je Vorratsgruppe ist erlaubt, wenn diese eine weitgehend einheitliche Marge hat. Die Rückrechnung darf nicht zu einer Bewertung über den tatsächlichen Anschaffungskosten führen.

25 Eine Gruppenbewertung ist nicht erlaubt, wenn Teile der Gruppe nicht mehr marktgängig sind. Für diese nicht marktgängigen Teile ist eine Einzelbewertung angebracht.

---

zu Ziffer 5

26 Wertberichtigungen für Vorräte umfassen vor allem Wertverminderungen aus der Anwendung des Niederstwertprinzips. Sie sind auch notwendig für nicht kurante Vorräte oder Bestände, die den üblichen Absatz übersteigen (d. h. mit sehr tiefer Umschlagshäufigkeit bzw. Überreichweiten).

27 Die Veränderung der Wertberichtigungen sind grundsätzlich als Waren-/Materialaufwand bzw. als Bestandesänderung zu verbuchen.

---

zu Ziffer 6

28 Die Gliederung in der Bilanz oder im Anhang wird in die wichtigsten für die Geschäftstätigkeit relevanten Vorratspositionen vorgenommen (z. B. Rohmaterial, Hilfs- und Betriebsstoffe, Halbfabrikate, Fabrikate (Aufträge) in Arbeit, Fertigfabrikate, Handelswaren). Die Bezeichnung richtet sich nach den jeweiligen Branchenusanzen.

29 Anzahlungen an Lieferanten sind entweder den entsprechenden Unterkategorien zuzuordnen oder als Gesamtbetrag auszuweisen.

Sachanlagen

Überarbeitet: 2012
In Kraft gesetzt: 1. Januar 2013

Empfehlung

Definition

1   Sachanlagen bestehen körperlich und sind zur Nutzung für die Herstellung von Gütern, für die Erbringung von Dienstleistungen oder zu Anlagezwecken bestimmt. Sie können erworben oder selbst hergestellt sein.

2   Folgende Kategorien von Sachanlagen sind mindestens in der Bilanz oder im Anhang auszuweisen:
    – Unbebaute Grundstücke
    – Grundstücke und Bauten
    – Anlagen und Einrichtungen
    – Sachanlagen im Bau
    – Übrige Sachanlagen.
    Die Anlagen und Einrichtungen sowie übrige Sachanlagen sind weiter aufzugliedern, falls wesentliche zusätzliche Anlagekategorien bestehen. Anzahlungen auf Anlagen im Bau sind separat auszuweisen, wenn sie wesentlich sind.

Aktivierung

3   Investitionen in neue Sachanlagen sind zu aktivieren, wenn sie einen Netto-Marktwert oder Nutzwert (Geschäftswert) haben, während mehr als einer Rechnungsperiode genutzt werden und die Aktivierungsuntergrenze übersteigen.

4   Selbst hergestellte Sachanlagen sind zu aktivieren, wenn die zur Herstellung angefallenen Aufwendungen einzeln erfasst und gemessen werden können. Die erwartete Nutzungsdauer hat eine Rechnungsperiode zu übersteigen.
    Aktivierte Herstellungsaufwendungen dürfen den Nutzwert der Sachanlage nicht übersteigen und keine Verwaltungs-, Vertriebs- und andere nicht zurechenbare Aufwendungen sowie keine Gewinnanteile enthalten.

89

5   Investitionen in bestehende Sachanlagen sind zu aktivieren, wenn dadurch der Markt- oder Nutzwert nachhaltig erhöht oder die Lebensdauer wesentlich verlängert wird.

6   Sachanlagen werden zu Anschaffungs- oder Herstellungskosten erfasst.

7   Zinsaufwendungen während der Bauphase können als Anschaffungs- bzw. Herstellungskosten aktiviert werden, wenn sie folgende Bedingungen erfüllen:
    - Der Buchwert der Sachanlage einschliesslich des aktivierten Zinsaufwands ist nicht höher als der zu diesem Zeitpunkt realisierbare Nutzwert.
    - Die Zinsaktivierung erfolgt maximal auf dem durchschnittlichen Anlagewert zum durchschnittlichen Satz der verzinsbaren Verbindlichkeiten.
    - Der in der Periode aktivierte Betrag darf nicht höher sein als der Zinsaufwand vor der Aktivierung (vgl. die Beispiele 1a und 1b).

Bewertung von Sachanlagen, welche zur Nutzung gehalten werden

8   Bei der Folgebewertung werden Sachanlagen, welche zur Nutzung gehalten werden, zu Anschaffungs- bzw. Herstellungskosten, abzüglich der kumulierten Abschreibungen und Wertbeeinträchtigungen, bilanziert.

9   Die Abschreibung erfolgt planmässig (linear, degressiv oder leistungsproportional) über die Nutzungsdauer der Sachanlage. Abschreibungen werden vom tatsächlichen Beginn der betrieblichen Nutzung an vorgenommen.

10 Die Werthaltigkeit ist jährlich zu überprüfen. Allenfalls sind zusätzliche Wertbeeinträchtigungen zulasten des Periodenergebnisses vorzunehmen.

11 Falls sich bei der Überprüfung der Werthaltigkeit einer Sachanlage eine veränderte Nutzungsdauer ergibt, so wird der Restbuchwert planmässig über die neu festgelegte Nutzungsdauer abgeschrieben (vgl. die Beispiele 2 und 3).

12 Die planmässige erfolgswirksame Periodenabschreibung einer Sachanlage wird unter Berücksichtigung eines erwarteten Restwerts am Ende der Nutzungsperiode berechnet.

13 [gestrichen]

Bewertung von Sachanlagen, welche zu Renditezwecken gehalten werden

14 Sachanlagen, die ausschliesslich zu Renditezwecken gehalten werden (z. B. vermietete Wohnhäuser), sind bei der Folgebewertung zum aktuellen Wert oder zu Anschaffungs-/Herstellungskosten abzüglich Abschreibungen auszuweisen.
    Der aktuelle Wert wird durch Vergleich mit ähnlichen Objekten geschätzt, nach dem zu erwartenden Ertrag bzw. Geldfluss unter Berücksichtigung

eines risikogerechten Abzinsungssatzes bewertet oder nach einer anderen allgemein anerkannten Methode berechnet.

Aufwertungen oder Wiederaufwertungen sowie Abwertungen sind im Periodenergebnis zu erfassen. Planmässige Abschreibungen über die Nutzungsdauer der Sachanlage sind bei der Bewertung zu aktuellen Werten nicht zulässig. Bei der Bewertung zu Anschaffungswerten sind Abschreibungen unter den Anschaffungswert ausnahmslos dem Periodenergebnis zu belasten.

Mit der Absicht des Handels erworbene Anlagen sind Teil des Umlaufvermögens und entsprechend zu bewerten.

Offenlegung

15 Der Sachanlagenspiegel ist im Anhang auszuweisen. Die Darstellung des Sachanlagenspiegels erfolgt in Tabellenform.

16 Der Sachanlagenspiegel hat bei Bewertung zu Anschaffungs- bzw. Herstellungskosten mindestens folgenden Inhalt je Kategorie:
Anschaffungswerte
– Bruttowerte zu Beginn der Rechnungsperiode
– Zugänge von Anlagen
– Abgänge von Anlagen
– Reklassifikationen
– Bruttowert am Ende der Rechnungsperiode
Kumulierte Wertberichtigungen
– Wertberichtigungen zu Beginn der Rechnungsperiode
– Planmässige Abschreibungen
– Wertbeeinträchtigungen
– Abgänge
– Reklassifikationen
– Wertberichtigungen am Ende der Rechnungsperiode
Nettobuchwerte
– Nettobuchwerte zu Beginn und am Ende der Rechnungsperiode

17 Im Anhang sind Sachanlagen, die ausschliesslich zu Renditezwecken (und nicht zur Nutzung) gehalten werden, separat auszuweisen. Sie können auch den Finanzanlagen zugeordnet werden, wo sie ebenfalls separat auszuweisen sind.

18 Bei Bewertung zu aktuellen Werten sind im Sachanlagenspiegel für jede Anlagekategorie zusätzlich die Auf- und Abwertungen während der Periode offenzulegen sowie per Bilanzstichtag die Differenz zwischen den aktuellen Werten und den ursprünglichen Anschaffungs- bzw. Herstellungskosten.

19 Bei der Bewertung zu aktuellen Werten sind die Bewertungsgrundlagen und -grundsätze je Kategorie im Anhang offenzulegen.

20   Die Abschreibungsmethoden sowie die angewandten Bandbreiten für die vorgesehene Nutzungsdauer je Kategorie von Sachanlagen sind im Anhang offenzulegen. Falls die Bandbreiten relativ gross sind, so sind sie je Kategorie im Anhang zu erläutern. Wird eine einmal festgelegte Abschreibungsmethode durch eine andere ersetzt, ist dies im Anhang offenzulegen. Die Auswirkung des Methodenwechsels auf das Periodenergebnis ist für jede Anlagekategorie zu beziffern.

21   Der Gesamtbetrag der aktivierten Zinsaufwendungen der Rechnungsperiode sowie die Aktivierungsgrundlagen und -grundsätze sind im Anhang offenzulegen.

Erläuterungen

---

zu Ziffer 2

22   Eine weitere Unterteilung hat zu erfolgen, wenn einzelne Sachanlagen für die Organisation wesentlich sind, z. B.
      – Flugzeuge bei einem Luftfahrtunternehmen
      – Fahrzeuge bei einem Landtransportunternehmen
      – Mobilien, Büromaschinen und Informatik-Anlagen bei einem Dienstleistungsunternehmen oder, wenn
      – Sachanlagen zu Renditezwecken gehalten, aber nicht den Finanzanlagen zugeordnet werden
      Finanzierungsleasing ist beim Leasingnehmer in der Bilanz unter den Sachanlagen auszuweisen.
      Wenn für eine gekaufte Liegenschaft nur ein Preis für das Gesamtobjekt vorliegt, ist der Gebäudewert mit anerkannten Schätzungsmethoden zu ermitteln. Für die Wertermittlung des Grundstücks kann man sich auf Preise für ähnliche Grundstücke abstützen.

---

zu Ziffer 5

23   Aufwendungen für Unterhalt und Reparatur ohne Erhöhung des bisherigen Markt- bzw. Nutzwerts sind dem Periodenergebnis zu belasten.

right the mark at

zu Ziffer 9

24 Die planmässige Abschreibung kann nach drei Methoden erfolgen:
- Bei linearer Abschreibung wird in jährlich gleich bleibenden Teilbeträgen über die Nutzungsdauer abgeschrieben.
- Bei der degressiven Abschreibung ist der Abschreibungssatz (der höher zu wählen ist als bei der linearen Abschreibung) konstant, die Abschreibung wird jedoch vom jeweiligen Restbuchwert berechnet.
- Bei der leistungsproportionalen Abschreibung wird der Abschreibungsbetrag aufgrund des Verzehrs des Anlageguts (z. B. Kiesgrube) verteilt. Bei Investitionen in nicht erneuerbare Ressourcen ist ein leistungsproportionales Abschreibungsverfahren anzuwenden.

zu Ziffer 12

25 Der Restwert einer Sachanlage ist oft unbedeutend und deshalb meist zu vernachlässigen. Bei der Schätzung sind die Entsorgungsaufwendungen zu berücksichtigen. Falls solche Aufwendungen den Restwert übersteigen, ist eine entsprechende Rückstellung über die Nutzungsdauer zu bilden.

Anhang

Dieser Anhang ist rein illustrativ. Die Absicht des Anhangs ist es, die Anwendung der Empfehlung zu veranschaulichen und ihre Bedeutung zu klären. Der Sachanlagespiegel ist vollumfänglich auch für die Vorjahresperiode offenzulegen.

Sachanlagenspiegel

in Mio. CHF	Unbebaute Grundstücke	Grundstücke und Bauten	Anlagen und Einrichtungen	Anzahlungen und Anlagen im Bau	Übrige Sachanlagen	Total	Verweis auf die Ziffern von Swiss GAAP FER 18
Nettobuchwert 1.1.20x1	50	172	40	130	117	509	Ziff. 16
Anschaffungs-/Herstellungskosten oder aktuelle Bruttowerte							Ziff. 3–7, 23, Ziff. 8 + 16
Stand 1.1.20x1	50	422	60	130	253	915	
Zugänge			12	24		36	
Veränderung von aktuellen Werten		10				10	Ziff. 8, 13, 14, 18
Abgänge		−36				−36	
Reklassifikationen		36		−36		0	
Stand 31.12.20x1	50	432	72	118	253	925	
Kumulierte Wertberichtigungen							Ziff. 8 + 16
Stand 1.1.20x1	0	−250	−20		−136	−406	
Planmässige Abschreibungen		−10	−12		−53	−75	Ziff. 9, 12, 24
Wertbeeinträchtigungen		−20				−20	Ziff. 10 + 11
Abgänge		23				23	
Reklassifikationen						0	
Stand 31.12.20x1	0	−257	−32	0	−189	−478	
Nettobuchwerte 31.12.20x1:	50	175	40	118	64	447	Ziff. 16
Restbetrag der Aufwertung über die Anschaffungs-/Herstellungskosten hinaus		52				52	Ziff. 18

Kommentar zum Anlagespiegel:
Die Grundstücke und Bauten werden zu aktuellen Werten bewertet. Fertig gestellte Anlagen im Bau wurden inklusive kapitalisierter Zinsen auf die betrieblichen Gebäude umgebucht.
Dieses Jahr wurden Zinsen im Betrag von 5 aktiviert. (Ziffern 7, 21, Beispiele 1a + 1b).

Beispiele

Diese Beispiele (Seiten 95–96) sind rein illustrativ. Die Absicht der Beispiele ist es, die Anwendung der Empfehlung zu veranschaulichen und ihre Bedeutung zu klären.

Aktivierung von Bauzinsen

Beispiele zu Ziffer 7

1a **Es können Zinsen der Sachanlage im Bau zugeordnet werden**
Eine Organisation erstellt ein Bürogebäude und nimmt einen Baukredit auf. Die Baukosten in der Rechnungsperiode betragen CHF 1 Mio., die von der Bank dafür belasteten Bauzinsen CHF 0.05 Mio. Diese zuordnungsfähigen Zinsen dürfen aktiviert werden, sofern der Betrag von CHF 1.05 Mio. den realisierbaren Nutzwert nicht übersteigt.

1b **Ein Produktionsbetrieb erstellt zur eigenen Nutzung eine Grossanlage**
Die Zinskosten können diesem Werk nicht unmittelbar zugeordnet werden. Die Zinsen aus Finanzverbindlichkeiten können unter folgenden Voraussetzungen aktiviert werden:
– Der aktivierte Betrag ist nicht grösser als die Zinsaufwendungen der Rechnungsperiode vor der Aktivierung.
– Der realisierbare Nutzwert wird durch die Zinsaktivierung nicht überschritten.
– Die Zinsaktivierung erfolgt auf dem durchschnittlichen Wert der Anlage im Bau zum durchschnittlichen Satz der verzinsbaren Verbindlichkeiten.
Die Bilanzen präsentieren sich nach Aktivierung der Zinsen verkürzt wie folgt:

in Mio. CHF	20x1	20x2	20x3
Anlagen im Bau	0	4.1	5.81
Umlaufvermögen	12	12	14
Verbindlichkeiten aus Lieferungen und Leistungen	1	1	1
Rückstellungen	2	2	3
Verzinsliche Verbindlichkeiten	3	5	9
Eigenkapital	6	8.1	6.81

Die Konstruktion beginnt im Januar 20x2 und dauert 2 Jahre.

20x2 belaufen sich die Konstruktionskosten auf CHF 4 Mio., die als Sachanlage im Bau in der Bilanz erfasst werden. Die durchschnittliche Investitionssumme beträgt $(0+4)*1/2 =$ CHF 2 Mio. und die durchschnittlich verzinsbaren Verbindlichkeiten betragen $(3+5)*1/2$ CHF = 4 Mio. Die Zinskosten für dieses Werk können nicht unmittelbar festgestellt werden. Die im Rechnungsjahr bezahlten Zinsen belaufen sich auf CHF 0.2 Mio., das sind 5% von CHF 4 Mio. durchschnittlich verzinslichen Verbindlichkeiten. Folglich können auf der durchschnittlichen Investitionssumme

von CHF 2 Mio. CHF 0.1 Mio. aktiviert werden, sofern der Betrag von CHF 4.1 Mio. den realisierbaren Nutzwert nicht übersteigt.
20x3 belaufen sich die zusätzlichen Konstruktionskosten auf CHF 1.5 Mio. 20x3 beträgt die durchschnittliche Investitionssumme $(4.1+5.6)*1/2$ = CHF 4.85 Mio. und die durchschnittlich verzinsbaren Verbindlichkeiten $(5+9)*1/2$ = CHF 7 Mio. Die im Rechnungsjahr bezahlten Zinsen belaufen sich auf CHF 0.3 Mio., das sind 4.29% von CHF 7 Mio. durchschnittlich verzinslichen Verbindlichkeiten. Folglich können auf der durchschnittlichen Investitionssumme von CHF 4.85 Mio. rund CHF 0.21 Mio. aktiviert werden, sofern der Betrag von CHF 5.81 Mio. den realisierbaren Nutzwert nicht übersteigt.

Beispiele zu Ziffer 11

2   Verlängerung der Nutzungsdauer
Der Anschaffungswert einer Webmaschine beträgt CHF 1 Mio. Bei der Inbetriebnahme Ende 20x1 wird die Nutzungsdauer auf 10 Jahre geschätzt. Die Maschine soll linear bis auf einen Restwert von CHF 0.1 Mio. abgeschrieben werden. Bei einer periodischen Überprüfung der Nutzungsdauer in 20x7 formuliert die Betriebsleitung die Absicht, diese Webmaschine voraussichtlich 5 Jahre länger zu nutzen, der Restwert entfällt dann. Die Jahresabschreibung 20x7 beträgt CHF 0.055 Mio. (10% von CHF 0.55 Mio. Nettobuchwert des abzuschreibenden Betrags zum 1.1.20x7).

3   Verkürzung der Nutzungsdauer
Eine Dienstleistungsorganisation erwirbt im Januar 20x7 zum Anschaffungswert von CHF 2 Mio. eine komplette E-Mail-Lösung und schätzt deren Nutzungsdauer auf 5 Jahre. Bereits 20x8 wird der Geschäftsleitung klar, dass das System technisch überaltert ist und Ende 20x9 durch eine auf dem Internet basierende Technik ersetzt werden muss. Die Jahresabschreibung 20x8 beträgt CHF 0.8 Mio. (50% von CHF 1.6 Mio., Nettobuchwert der Anlage zum 1. Januar 20x8).

Wertbeeinträchtigungen

Herausgegeben: 2007
In Kraft gesetzt: 1. Januar 2007

Empfehlung

1   Die vorliegende Fachempfehlung gilt für alle Aktiven, soweit keine besonderen Bestimmungen in anderen Fachempfehlungen bestehen.

2   Auf jeden Bilanzstichtag ist zu prüfen, ob Aktiven in ihrem Wert beeinträchtigt sind. Diese Prüfung erfolgt aufgrund von Anzeichen, die darauf hindeuten, dass einzelne Aktiven von einer solchen Wertbeeinträchtigung betroffen sein könnten. Falls solche Anzeichen vorliegen, ist der erzielbare Wert zu bestimmen.

3   Ein Aktivum ist in seinem Wert beeinträchtigt, wenn sein Buchwert den erzielbaren Wert übersteigt.

Ermittlung des erzielbaren Werts

4   Als erzielbarer Wert gilt der höhere von Netto-Marktwert und Nutzwert. Übersteigt einer der beiden Werte den Buchwert, liegt keine Wertbeeinträchtigung vor.

5   Der Netto-Marktwert ist der zwischen unabhängigen Dritten erzielbare Preis abzüglich der damit verbundenen Verkaufsaufwendungen.

6   Der Nutzwert entspricht dem Barwert der zu erwartenden zukünftigen Geldzu- und Geldabflüsse aus der weiteren Nutzung des Aktivums einschliesslich eines allfälligen Geldflusses am Ende der Nutzungsdauer.

7   Die Diskontierung hat mit einem angemessenen Zinssatz zu erfolgen und insbesondere die gegenwärtigen Marktgegebenheiten und die spezifischen Risiken des Aktivums zu berücksichtigen.

8   Der erzielbare Wert ist grundsätzlich für jedes Aktivum (Einzelbewertung) zu bestimmen.

9   Generiert das Aktivum jedoch für sich allein keine unabhängigen Geldflüsse, so ist der erzielbare Wert für die kleinstmögliche Gruppe von Vermögenswerten zu bestimmen, zu welcher das betreffende Aktivum gehört.

Erfassung von Verlusten aus Wertbeeinträchtigungen

10 Falls eine Wertbeeinträchtigung vorliegt, ist der Buchwert auf den erziel-baren Wert zu reduzieren.

11 Wenn die Reduktion des Buchwerts auf Null nicht ausreicht, um die Folgen einer Wertbeeinträchtigung zu erfassen, ist eine Rückstellung in der Höhe der verbleibenden Differenz zu bilden.

12 Die Wertbeeinträchtigung ist dem Periodenergebnis zu belasten.

13 Wertbeeinträchtigungen von zu aktuellen Werten erfassten Vermögensge-genständen sind wie folgt zu behandeln:

 – Ist die Aufwertung über den Anschaffungswert erfolgsneutral erfolgt, ist die Wertbeeinträchtigung als Verminderung der Neubewertungsreserve zu erfassen. Falls der zu erfassende Betrag grösser als diese Neubewer-tungsreserve ist, ist die Differenz dem Periodenergebnis zu belasten.

 – Sind die Vermögensgegenstände erfolgswirksam aufgewertet worden, so ist die Wertbeeinträchtigung zulasten des Periodenergebnisses zu erfas-sen.

14 Bei einer Gruppe von Vermögenswerten wird der Verlust aus einer Wertbe-einträchtigung anteilmässig den übrigen Aktiven auf der Basis ihrer Buch-werte belastet.

Vorgehen bei (teilweisem) Wegfall einer Wertbeeinträchtigung

15 Wenn sich die bei der Ermittlung des erzielbaren Werts berücksichtigten Faktoren massgeblich verbessert haben, ist eine in früheren Berichtsperio-den erfasste Wertbeeinträchtigung teilweise oder ganz aufzuheben.

16 In diesem Fall ergibt sich der neue Buchwert aus dem tieferen von a) neu ermitteltem erzielbarem Wert oder b) dem Buchwert nach planmässiger Ab-schreibung, welcher ohne Erfassung eines solchen Verlusts resultiert hätte.

17 Eine Zuschreibung aus (teilweisem) Wegfall einer Wertbeeinträchtigung ist im Periodenergebnis zu erfassen.

18 Falls eine Wertbeeinträchtigung bei Aktiven aufgehoben wird, die zu aktu-ellen Werten erfasst werden, ist dieser Betrag der Neubewertungsreserve gutzuschreiben. Ist aber die Erfassung einer früheren Wertbeeinträchtigung desselben Aktivums über die Erfolgsrechnung erfolgt, wird die Zuschrei-bung aus (teilweisem) Wegfall einer Wertbeeinträchtigung ebenfalls im Periodenergebnis erfasst.

19 Bei einer kleinstmöglichen Gruppe von Vermögenswerten erfolgt die Zuschreibung aus (teilweisem) Wegfall einer Wertbeeinträchtigung des Überschusses des erzielbaren Werts über die Summe der betreffenden Buch-werte anteilmässig im Verhältnis der Buchwerte dieser Aktiven.

Der tiefere von erzielbarem Wert (falls feststellbar) und Buchwert nach planmässiger Abschreibung darf nicht überschritten werden.

Offenlegung

20 In der Erfolgsrechnung oder im Anhang sind wesentliche Wertbeeinträchtigungen und Zuschreibungen aus (teilweisem) Wegfall einer Wertbeeinträchtigung betragsmässig einzeln offenzulegen. Ereignisse und Umstände, die dazu geführt haben, sind zu erläutern.

Erläuterungen

zu Ziffer 1

21 Vornehmlich Sachanlagen und immaterielle Werte sind von dieser Fachempfehlung betroffen.

zu Ziffer 2

22 Solche Anzeichen sind beispielsweise:
    - eine negative Entwicklung von rechtlichen oder unternehmerischen Rahmenbedingungen, die den Wert des Aktivums wesentlich beeinflussen.
    - Hinweise, dass Geldflüsse aus der Berichtsperiode, der Vergangenheit und/oder der Budgets unter den Erwartungen liegen und somit auf eine verminderte wirtschaftliche Leistungsfähigkeit des Aktivums hindeuten.
    - eine wesentliche Änderung in der Art und Weise der Nutzung eines Aktivums oder Hinweise auf Veralten infolge technischer Neuerungen oder Beschädigungen eines Aktivums.
    - eine wesentliche Verminderung des Marktwerts eines Aktivums (z.B. Altlasten bei Liegenschaften).
    - gestiegenes Bonitätsrisiko von Forderungen und Finanzanlagen.
    - die für die Organisation relevanten, zukünftigen Zinssätze sind in einem Masse gestiegen, dass sie den Nutzwert, als Resultat der mit den Zinssätzen abdiskontierten Geldflüsse, wesentlich senken.
    - die aktivierten Kosten sind bedeutend höher als die ursprünglich geplanten Anschaffungs- oder Herstellungskosten eines Aktivums.
    - der Buchwert des Eigenkapitals der Organisation ist höher als dessen Börsenkapitalisierung.

zu Ziffer 6

23   Die Ermittlung dieser zukünftigen Geldflüsse soll auf verlässlichen und wahrschein-
      lichen Annahmen basieren. Falls bei der Ermittlung der zukünftigen Geldflüsse ent-
      weder betragsmässig oder zeitlich eine Bandbreite besteht, sind die möglichen Vari-
      anten gemäss ihrer Wahrscheinlichkeit zu berücksichtigen.

24   Der Geldfluss am Ende der Nutzungsdauer umfasst erzielbare Restwerte, aber auch
      Entsorgungsausgaben.

----

zu Ziffer 7

25   Ertragssteuereffekte und die Kapitalstruktur der Organisation sind bei der Diskon-
      tierung nicht zu berücksichtigen. Soweit das spezifische Risiko in den Geldflüssen
      bereits berücksichtigt ist, darf es im Diskontierungssatz nicht nochmals erfasst wer-
      den.

----

zu Ziffer 9

26   Die kleinstmögliche Gruppe ist die kleinste Einheit von Vermögenswerten, welche
      von anderen Aktiven unabhängige Geldzu- und Geldabflüsse erzeugt.

----

zu Ziffer 11

27   Sinkende Strombezugspreise und hohe Entsorgungsausgaben können im Zusam-
      menhang mit Wertbeeinträchtigungen beispielsweise bei Kernkraftwerken die Bil-
      dung einer diesbezüglichen Rückstellung nötig machen. Nicht zulässig ist dagegen
      eine Rückstellung für zukünftige Verluste aus Betriebstätigkeit.

Anhang

Die Anhänge (Seiten 101–102) sind rein illustrativ. Die Absicht des Anhangs ist es, die Anwendung der Empfehlung zu veranschaulichen und ihre Bedeutung zu klären.

Wertbeeinträchtigungen von Aktiven

A   Erstmalige Wertbeeinträchtigung

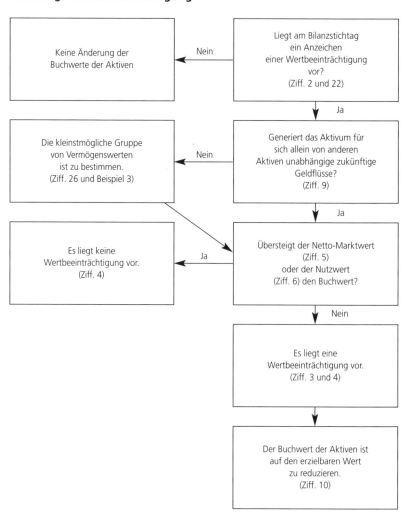

B Beurteilung nach einer Wertbeeinträchtigung

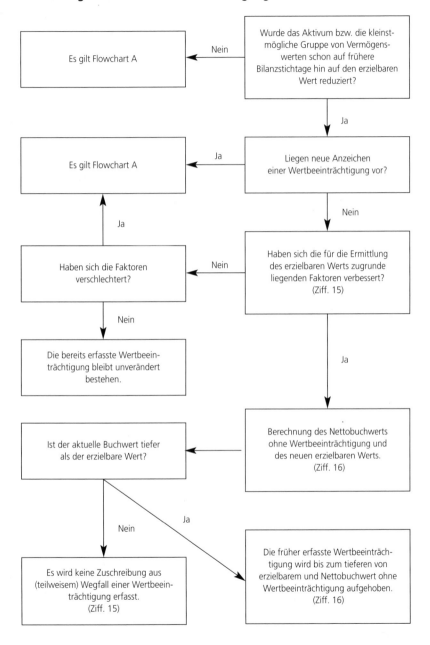

Es gilt Flowchart A

Nein

Wurde das Aktivum bzw. die kleinstmögliche Gruppe von Vermögenswerten schon auf frühere Bilanzstichtage hin auf den erzielbaren Wert reduziert?

Ja

Es gilt Flowchart A

Ja

Liegen neue Anzeichen einer Wertbeeinträchtigung vor?

Nein

Ja

Haben sich die Faktoren verschlechtert?

Nein

Haben sich die für die Ermittlung des erzielbaren Werts zugrunde liegenden Faktoren verbessert? (Ziff. 15)

Nein

Die bereits erfasste Wertbeeinträchtigung bleibt unverändert bestehen.

Ja

Ist der aktuelle Buchwert tiefer als der erzielbare Wert?

Berechnung des Nettobuchwerts ohne Wertbeeinträchtigung und des neuen erzielbaren Werts. (Ziff. 16)

Ja

Nein

Es wird keine Zuschreibung aus (teilweisem) Wegfall einer Wertbeeinträchtigung erfasst. (Ziff. 15)

Die früher erfasste Wertbeeinträchtigung wird bis zum tieferen von erzielbarem und Nettobuchwert ohne Wertbeeinträchtigung aufgehoben. (Ziff. 16)

Beispiele

Diese Beispiele (Seiten 103–107) sind rein illustrativ. Die Absicht der Beispiele ist es, die Anwendung der Empfehlung zu veranschaulichen und ihre Bedeutung zu klären.

---

zu den Ziffern 2 und 22

Im Folgenden sind Beispiele aufgeführt, in welchen Anzeichen einer Wertbeeinträchtigung vorliegen. Dagegen ist offen, ob tatsächlich eine Wertbeeinträchtigung besteht. Zur Abklärung des Vorhandenseins einer Wertbeeinträchtigung oder deren (teilweisem) Wegfall dienen auch die Flowcharts A und B am Anfang dieses Anhangs.

Beispiel 1: Marktwertminderung einer Liegenschaft

Einem mittelgrossen Produktionsunternehmen bot sich Ende der 80er Jahre die Gelegenheit, eine Betriebsliegenschaft käuflich zu erwerben. Die Liegenschaft liegt in einer gut erschlossenen Industriezone. Zum Zeitpunkt des Kaufs bestand eine grosse Nachfrage nach solchen Objekten. Heute stehen etliche Bauten in dieser Industriezone leer. Die Immobilienpreise sind gesunken und liegen markant unter denjenigen der 80er Jahre. Beurteilung: Die wesentliche Verminderung des Marktwerts der Betriebsliegenschaft stellt ein Anzeichen für das Vorliegen einer Wertbeeinträchtigung dar.

Beispiel 2: Bau eines Fabrikationsgebäudes: Höhere Herstellungskosten als geplant

Die ABC AG hat vor drei Jahren ein neues Fabrikationsgebäude geplant, das vor kurzem in Betrieb genommen werden konnte. Wegen Änderungen während der Bauphase und aufgrund von Einsprachen hat sich die Fertigstellung verzögert. Die effektiven Baukosten fallen daher wesentlich höher aus als geplant. Beurteilung: Die Tatsache, dass die aktivierten Kosten bedeutend höher als die ursprünglich geplanten Herstellungskosten sind, stellt ein Anzeichen für das Vorliegen einer Wertbeeinträchtigung dar.

---

zu den Ziffern 9 und 26

Beispiel 3: Kleinstmögliche Gruppe von Vermögenswerten

Sachverhalt

Eine Möbelfabrik produziert und verkauft verschiedenartige Büromöbel, u. a. die Produktelinien Rustic aus Holz sowie ein modulares Stahlmöbel-Programm, Vision Office. Die Produktionsprozesse und der Vertrieb der zwei Linien sind getrennt, Montage und Administration dagegen werden in denselben Abteilungen vorgenommen. Mittels internen

Berichtssystems ist für die getrennt geleiteten Linien eine getrennte Berichterstattung und ein getrennter Erfolgsnachweis möglich.

Die Möbelfabrik verzeichnet einen Absatzeinbruch, welcher darauf zurückzuführen ist, dass die Abnehmer nicht mehr Stahlmöbel, sondern Kunststoff-Möbel kaufen. Dagegen ist die Nachfrage nach den Holzmöbeln Rustic unverändert stabil. Es besteht somit ein Anzeichen für eine Wertbeeinträchtigung.

Fragestellung

Bilden die Linien Vision Office und Rustic zusammen die kleinstmögliche Gruppe von Vermögenswerten oder ist Vision Office eine eigene kleinstmögliche Gruppe von Vermögenswerten?

Beurteilung

Die Kundensegmente von Vision Office und Rustic sind verschieden. Deshalb sind trotz gemeinsamer administrativer Tätigkeiten und gemeinsamer Montage die Geldzuflüsse von Vision Office und Rustic getrennt. Vision Office und Rustic sind aus diesen Gründen als getrennte kleinstmögliche Gruppen von Vermögenswerten aufzufassen.

----

zu den Ziffern 10 bis 12

**Beispiel 4: Erfassung eines Verlusts aus Wertbeeinträchtigung –
Leistungen der Produktionsanlage unter den Erwartungen**

Die Organisation A, welche Fitness-Geräte herstellt, unterliegt seit dem letzten Jahr bedeutender Konkurrenz. Zudem sind die Herstellungsanlagen nicht effizient. Letztes Jahr ist ein Verlust angefallen, und gemäss Budget sind nur geringe Beiträge zum Periodenerfolg zu erwarten. A will nicht mehr investieren und die Marketingkosten reduzieren. Dennoch wünscht die Organisation, diese Krafttrainingsgeräte weiter herzustellen, da sie für die Vervollständigung der Produktpalette der Organisation zur Zeit nötig sind.

Weil die geplante Leistungsfähigkeit dieser Produktionsanlage schlechter ist, als erwartet, und kein Marktwert vorliegt, ist der Nutzwert gemäss Swiss GAAP FER 20/6 und 7 sowie Swiss GAAP FER 20/23 bis 25 zu ermitteln:
– die Wachstumsrate der zukünftigen Geldzuflüsse nimmt ab
– ohne grössere Zusatzinvestitionen kann die Anlage 5 Jahre genutzt werden.
  Mit einem Restwert ist nicht zu rechnen
– gemäss den Ziffern 7 und 25 wird ein Diskontsatz von 10% ermittelt.

Jahre	Wachstumsrate der Geldzuflüsse	Wert in CHF 1'000	Geld- abflüsse in CHF 1'000	Nettogeld- flüsse A–B in CHF 1'000	Diskontierte Nettogeldflüsse in CHF 1'000
		A	**B**	**C**	
1		18'000	18'300	–300	–273
2	1.05	18'900	18'800	100	83
3	1.04	19'656	19'400	256	192
4	1.04	20'442	19'700	742	507
5	1.03	21'056	20'100	956	594

Barwert-Summe der Nettogeldflüsse: Nutzwert	1'103
Buchwert	3'000
Verlust aus Wertbeeinträchtigung	**1'897**
(dem Periodenergebnis zu belasten)	

Erfassung: Der Nutzwert ist mit CHF 1'103 um CHF 1'897 geringer als der Buchwert. Deshalb ist eine Wertbeeinträchtigung von CHF 1'897 dem Periodenergebnis zu belasten. Für die verbale Offenlegung vgl. das Beispiel 6. (Diese Wertbeeinträchtigungen sind zudem gemäss Swiss GAAP FER 18/16 im Anlagespiegel offenzulegen.)

----

zu den Ziffern 15 bis 17

Beispiel 5a): Wegfall einer Wertbeeinträchtigung

Sachverhalt
Ein Gewerbebetrieb besitzt ein Grundstück in der Gewerbezone als Erweiterungsreserve für die Organisation. Im Jahre 20x3 findet eine Umzonung in die Freihaltezone statt. Das Grundstück war bisher mit seinem Anschaffungswert von CHF 400'000 ausgewiesen worden. Nun sinkt der Verkehrswert auf CHF 250'000.
Mit Hilfe eines Bauanwalts wird im Jahre 20x5 eine Rückzonung in die Gewerbezone erwirkt. Der Verkehrswert in dieser Gewerbezone hat sich seit 20x2 nicht geändert.

Erfassung der Wertbeeinträchtigung im Jahr 20x3
Es liegt eine Wertbeeinträchtigung von CHF 150'000 (400'000 – 250'000) vor, die dem Periodenergebnis zu belasten und im Anlagespiegel offenzulegen ist. Eine Nutzwertberechnung ist hier nicht sinnvoll. Die Ereignisse und Umstände, welche zur Wertbeeinträchtigung geführt haben, sind zu erläutern (Swiss GAAP FER 20/20).

Erfassung des Wegfalls der Wertbeeinträchtigung im Jahr 20x5
Die Wertbeeinträchtigung von CHF 150'000 ist aufzuheben (Swiss GAAP FER 20/15). Der Betrag von CHF 150'000 ist dem Periodenergebnis gutzuschreiben und im Anlagespiegel offenzulegen, ebenso sind die Ereignisse und Umstände, welche zur Zuschreibung aus Wegfall einer Wertbeeinträchtigung geführt haben, zu erläutern (Swiss GAAP FER 20/20).

Beispiel 5b): Zuschreibung aus (teilweisem) Wegfall einer Wertbeeinträchtigung mit Nachführen des Buchwerts bei planmässiger Abschreibung

Sachverhalt

Eine Anlage für die Produktion von Kontaktlinsen ist nach der linearen Abschreibung Ende 20x3 mit CHF 400'000 bewertet. Der Anschaffungswert vor 2 Jahren betrug CHF 600'000, die Nutzungsdauer wurde auf 6 Jahre geschätzt. Mit einem Restwert kann nicht gerechnet werden. Die Konkurrenz-Organisation arbeitet seit diesem Jahr mit einer Anlage, die neuartige Kontaktlinsen herstellt, die keiner besonderen Pflege und Reinigung bedürfen. Dadurch erlitten die Kontaktlinsen der erster Organisation einen Absatzeinbruch. Die Anlage hat durch die neue Technologie einen stark gesunkenen Marktwert. Der gesunkene Nutzwert wird deshalb Ende 20x3 auf CHF 240'000 geschätzt.

Erfassung der Wertbeeinträchtigung im Jahr 20x3

Dem Periodenergebnis ist zusätzlich eine Wertbeeinträchtigung von CHF 160'000 (400'000 – 240'000) zu belasten. Die Offenlegungsvorschriften gemäss Swiss GAAP FER 20/20 sind zu beachten.

Ende 20x4 zeigt es sich, dass die Konkurrenz-Linsen schwere Mängel aufweisen. Da sie die Augen übermässig reizen, haben die Augenärzte vom Tragen dieses Produkts abgeraten. Folgende neue Daten stehen in Bezug auf die Anlage der ersten Organisation zur Verfügung:

Nutzwert: CHF 380'000
Marktwert: CHF 350'000

Erfassung des Wegfalls der Wertbeeinträchtigung im Jahr 20x4

Um den Betrag der Zuschreibung aus (teilweisem) Wegfall einer Wertbeeinträchtigung zu ermitteln, ist der nachgeführte Buchwert (Buchwert nach planmässiger Abschreibung) zum Vergleich ebenfalls heranzuziehen, weil dieser Wert bei der Aufhebung der Wertbeeinträchtigung (gemäss Swiss GAAP FER 20/16) nicht überschritten werden darf.

Da der Buchwert nach ursprünglicher planmässiger Abschreibung mit CHF 300'000 (600'000/6x3) tiefer als der neu ermittelte erzielbare Wert von CHF 380'000 ist, ist ausser der angepassten planmässigen Abschreibung von CHF 60'000 (240'000/4 Jahre) die Zuschreibung aus (teilweisem) Wegfall einer Wertbeeinträchtigung gemäss Swiss GAAP FER 20/16 auf CHF 120'000 (300'000 – 3x60'000) zu begrenzen.

Zusammenfassung	Ende	planmässige Abschreibung in CHF 1'000	Wertbeeinträchtigung in CHF 1'000	Zuschreibung in CHF 1'000	Bestand in CHF 1'000
(Diese Zahlen gehören auch in den Sachanlagespiegel gemäss Swiss GAAP FER 18/16)	20x1				600'000
	20x2	–100'000			500'000
	20x3	–100'000	–160'000		240'000
planmässige Abschr. =	20x4	– 60'000		120'000	300'000
240'000/4	20x5	–100'000			200'000
	20x6	–100'000			100'000
	20x7	–100'000			0

Vom Jahr 20x5 an wird die jährliche Prüfung von Anzeichen fortgesetzt.

----

zu Ziffer 20

Beispiel 6: Offenlegung zum Beispiel 4

Wertbeeinträchtigung der Produktionsanlage

Wegen neuer Konkurrenzprodukte und zu hoher Produktionskosten beurteilt das Management den Absatz von Krafttrainings-Geräten als ungünstig. Deshalb ist dem Periodenergebnis ein Verlust aus Wertbeeinträchtigung von CHF 1'897'000 belastet worden.

Rechnungslegung für gemeinnützige Nonprofit-Organisationen

Überarbeitet: 2014
In Kraft gesetzt: 1. Januar 2016
(Eine frühere Anwendung ist gestattet)

Einleitung

In Ergänzung und in teilweiser Abänderung der übrigen Fachempfehlungen (Swiss GAAP FER) gelten für die Jahresrechnungen von gemeinnützigen Nonprofit-Organisationen die nachstehenden besonderen Empfehlungen. Die Bestimmungen dieser Fachempfehlung (wie z. B. Bestandteile der Jahresrechnung, Darstellung und Gliederung, Konsolidierung) gehen denjenigen der übrigen Fachempfehlungen vor.

Mit dieser Fachempfehlung wird angestrebt, die Aussagekraft und Vergleichbarkeit der Berichterstattung von gemeinnützigen Nonprofit-Organisationen (Jahresrechnung sowie konsolidierte Rechnung) zu erhöhen. Der Besonderheit der fehlenden Gewinnstrebigkeit und der Mittelbeschaffung von gemeinnützigen Nonprofit-Organisationen wird Rechnung getragen, indem die Jahresrechnung/konsolidierte Rechnung durch eine Rechnung über die Veränderung des Kapitals und einen Leistungsbericht ergänzt wird.

Als gemeinnützige Nonprofit-Organisationen im Sinne von Swiss GAAP FER 21 gelten ungeachtet der Rechtsform insbesondere Organisationen, die

- gemeinnützige, insbesondere soziale Leistungen unabhängig von einem Anspruch für Aussenstehende und/oder einer Mitgliedschaft im Interesse der Allgemeinheit erbringen und

- sich öffentlich an eine unbestimmte Zahl von Spendern wenden oder unentgeltliche Zuwendungen erhalten und/oder sich mehrheitlich mit Geldern der öffentlichen Hand finanzieren.

Wichtiges Merkmal einer gemeinnützigen Nonprofit-Organisation im Sinne dieser Fachempfehlung ist daher, dass sich der Kreis der Leistungsempfänger vom Kreis der Leistungserbringer (Spender, Stifter, Mitglieder, Gönner, Mitarbeitende usw.) unterscheidet.

Organisationen, die Swiss GAAP FER 21 befolgen, sollen dies im Anhang bei den Rechnungslegungsgrundsätzen zum Ausdruck bringen.

Als kleine gemeinnützige Nonprofit-Organisationen im Sinne der Ziffer 16 dieser Fachempfehlung gelten Organisationen, die an zwei aufeinanderfolgenden Bilanzstichtagen zwei der nachfolgenden drei Grössen nicht überschreiten:
- Bilanzsumme zwei Millionen Franken;
- Zuwendungen (Spenden, Legate), Beiträge der öffentlichen Hand (z.B. Leistungsentgelte) und Erlös aus Lieferungen und Leistungen; insgesamt eine Million Franken;
- zehn bezahlte Vollzeitstellen im Durchschnitt des Geschäftsjahres.

Konzeptionell sind die Bestimmungen von Swiss GAAP FER 21 wie folgt in das FER-Regelwerk eingebettet:
- Gemeinnützige Nonprofit-Organisationen, welche zwei der Grössenkriterien von FER 1, Ziffer 2 (Bilanzsumme von zehn Millionen Franken, Jahresumsatz von 20 Millionen Franken, 50 Vollzeitstellen im Jahresdurchschnitt) in zwei aufeinanderfolgenden Jahren nicht überschreiten, haben mindestens das Rahmenkonzept, Swiss GAAP FER 21 und die Kern-FER (Swiss GAAP FER 1 bis Swiss GAAP FER 6) anzuwenden. Handelt es sich zudem um eine konsolidierungspflichtige Organisation, ist zusätzlich Swiss GAAP FER 30 anzuwenden.
- Gemeinnützige Nonprofit-Organisationen, welche zwei der Grössenkriterien von FER 1, Ziffer 2 (Bilanzsumme von zehn Millionen Franken, Jahresumsatz von 20 Millionen Franken, 50 Vollzeitstellen im Jahresdurchschnitt) in zwei aufeinanderfolgenden Jahren überschreiten, haben das Rahmenkonzept, Swiss GAAP FER 21, die Kern-FER (Swiss GAAP FER 1 bis 6) und die weiteren Swiss GAAP FER (Swiss GAAP FER 10 bis 27) anzuwenden. Handelt es sich um eine konsolidierungspflichtige Organisation, ist zusätzlich Swiss GAAP FER 30 anzuwenden.

Empfehlung

Allgemein

1   Die Jahresrechnung hat ein den tatsächlichen Verhältnissen entsprechendes Bild der Vermögens-, Finanz- und Ertragslage (True & Fair View) zu vermitteln.
2   Eine gemeinnützige Nonprofit-Organisation hat andere Organisationen, die von ihr beherrscht werden, gemäss Swiss GAAP FER 30 zu konsolidieren.

Bestandteile der Jahresrechnung

3   Der Einzelabschluss und der konsolidierte Abschluss umfassen je fünf Bestandteile: Bilanz, Betriebsrechnung, Geldflussrechnung, Rechnung über die Veränderung des Kapitals, Anhang.
4   Der Leistungsbericht ist Teil des Geschäftsberichts und kann in den Jahresbericht integriert werden.

a) Bilanz
5   Aktiven aus Zuwendungen sind im Zeitpunkt des Erhalts zum Marktwert oder zum Nutzwert zu erfassen.
6   Aktiven, die einer Gebrauchs- oder Eigentumsbeschränkung unterliegen, sind in der Bilanz oder im Anhang gesondert auszuweisen.
7   Die Passiven gliedern sich in Verbindlichkeiten, Fondskapital und Organisationskapital.
8   Mittel, die einem von Dritten bestimmten und die Verwendung einschränkenden Zweck unterliegen, sind als zweckgebundene Fonds im Fondskapital auszuweisen.
9   Mittel ohne Verwendungsbeschränkung durch Dritte oder mit von der Organisation selbst auferlegten Verwendungszwecken sind im Organisationskapital auszuweisen.
10 Das Organisationskapital gliedert sich in Grundkapital, gebundenes Kapital und freies Kapital.

b) Betriebsrechnung
11 Die Betriebsrechnung nach dem Gesamtkostenverfahren wird mindestens wie folgt gegliedert:
Erhaltene Zuwendungen (z. B. Spenden, Legate, Gönnerbeiträge)
Beiträge der öffentlichen Hand
Erlöse aus Lieferungen und Leistungen
Entrichtete Beiträge und Zuwendungen
Personalaufwand
Sachaufwand

Abschreibungen
= Betriebsergebnis
Finanzergebnis
Betriebsfremdes Ergebnis
Ausserordentliches Ergebnis
= Ergebnis vor Veränderung des Fondskapitals
Veränderung des Fondskapitals
= Jahresergebnis (vor Zuweisungen an Organisationskapital)

12 Die Betriebsrechnung nach dem Umsatzkostenverfahren wird mindestens wie folgt gegliedert:

Erhaltene Zuwendungen (z. B. Spenden, Legate, Gönnerbeiträge)
Beiträge der öffentlichen Hand
Erlöse aus Lieferungen und Leistungen
Projekt- oder Dienstleistungsaufwand
Fundraising- und allgemeiner Werbeaufwand
Administrativer Aufwand
= Betriebsergebnis
Finanzergebnis
Betriebsfremdes Ergebnis
Ausserordentliches Ergebnis
= Ergebnis vor Veränderung des Fondskapitals
Veränderung des Fondskapitals
= Jahresergebnis (vor Zuweisungen an Organisationskapital)

13 Bei den erhaltenen Zuwendungen sind zweckgebundene Zuwendungen und freie Zuwendungen entweder in der Betriebsrechnung zu unterscheiden oder im Anhang gesondert auszuweisen.

14 Das Bruttoprinzip gilt auch für Aufwendungen und Erträge aus Aktivitäten zur Beschaffung von Zuwendungen aller Art (auch im Falle von organisatorisch ausgegliederten oder an Dritte übertragenen Aktivitäten).

c) Geldflussrechnung

15 Die Geldflussrechnung stellt die Veränderung der flüssigen Mittel der Organisation aufgrund von Ein- und Auszahlungen aus Betriebstätigkeit, Investitionstätigkeit und Finanzierungstätigkeit während der Berichtsperiode dar.

16 Kleine gemeinnützige Nonprofit-Organisationen (im Sinne dieser Fachempfehlung) können auf die Erstellung einer Geldflussrechnung verzichten.

d) Rechnung über die Veränderung des Kapitals

17 Die Rechnung über die Veränderung des Kapitals stellt die Bestände und die Veränderungen der Positionen des Fondskapitals und des Organisationskapitals brutto dar.

18   Die Zweckbestimmung der Positionen des Fondskapitals und des gebundenen Organisationkapitals ist anzugeben. Gleichartige Positionen können zusammengefasst werden.

19   Transfers zwischen zweckgebundenen Fonds sind einzeln auszuweisen und zu begründen.

e) Anhang

20   Der Anhang enthält die angewendeten Rechnungslegungsgrundsätze, die Erläuterungen zu den Positionen der Bilanz, Betriebsrechnung, Geldflussrechnung, Rechnung über die Veränderung des Kapitals sowie weitere, von den Fachempfehlungen verlangte Angaben.

21   Folgende Angaben sind in der Bilanz oder im Anhang gesondert offenzulegen: Bei Finanzanlagen der Marktwert der Wertschriften.

22   Folgende Angaben sind im Anhang gesondert offenzulegen, sofern sie nicht in der Betriebsrechnung ausgewiesen sind:
– administrativer Aufwand (inkl. Personalaufwand);
– Fundraising- und allg. Werbeaufwand (inkl. Personalaufwand);
– angewendete Methode zur Berechnung des administrativen Aufwands sowie des Fundraising- und allgemeinen Werbeaufwands.

23   Unentgeltlich erhaltene Zuwendungen in Form von Sachen, Dienstleistungen und Freiwilligenarbeit sind im Anhang offenzulegen.

24   Im Anhang offenzulegen sind:
– Gesamtbetrag aller Vergütungen, die an Mitglieder des obersten Leitungsorgans (z. B. Vorstand, Stiftungsrat) ausgerichtet worden sind;
– Gesamtbetrag aller Vergütungen, die an Personen ausgerichtet worden sind, die mit der Geschäftsführung betraut sind (Geschäftsleitung).

25   Transaktionen und daraus resultierende Guthaben und/oder Verpflichtungen gegenüber nahe stehenden, rechtlich selbstständigen Organisationen und Personen sind offenzulegen.

f) Leistungsbericht

26   Der Leistungsbericht beschreibt den Zweck, die Ziele und erläutert die in der Berichtsperiode erbrachten Leistungen der Organisation.

27   Zudem enthält der Leistungsbericht Angaben über: Mitglieder des obersten Leitungsorgans (z. B. Vorstand, Stiftungsrat), Mitglieder der Geschäftsleitung, Anzahl Vollzeitstellen sowie Verbindungen zu nahe stehenden Organisationen.

28   Der Leistungsbericht darf der Darstellung der wirtschaftlichen Lage in der Jahresrechnung nicht widersprechen, ist jedoch nicht Gegenstand der Revision.

Erläuterungen

---

zu Ziffer 2

29 Für die Konsolidierung gilt die Fachempfehlung Swiss GAAP FER 30 (Konzernrechnung).

30 Eine gemeinnützige Nonprofit-Organisation beherrscht eine andere Organisation insbesondere dann, wenn sie
 – eine Mehrheit des obersten Leitungsorgans bestellen kann oder faktisch inne hat,
 – aufgrund vertraglicher oder statutarischer Bestimmungen ein wesentliches Weisungsrecht hat.

---

zu Ziffern 5 ff.

31 Es gelten insbesondere die Fachempfehlungen Swiss GAAP FER 2 (Bewertung) und Swiss GAAP FER 3 (Darstellung und Gliederung).

32 Die Gliederung der Jahresrechnung kann in dieser oder einer anderen sachgerechten Form erfolgen. Aufgrund der Besonderheit der Tätigkeit von gemeinnützigen Nonprofit-Organisationen ist die Gliederung der Passiven in Verbindlichkeiten, Fondskapital und Organisationskapital üblich und für die Beurteilung der Vermögens-, Finanz- und Ertragslage durch Dritte wesentlich.

---

zu Ziffern 7 bis 10

33 Ein zweckgebundener Fonds entsteht entweder aus einer expliziten Bestimmung des Zuwenders oder aus den Umständen der Zuwendung, die eine Zweckbindung durch den Zuwender implizieren. Eine solche Zweckbindung besteht namentlich für Mittel, die aus einer Sammelaktion für einen spezifischen Zweck stammen. Wenn Gesetz und Reglement nichts anderes regeln, unterliegen Ergebnisse aus Anlagen von zweckgebundenen Fonds grundsätzlich der gleichen Bindung wie die entsprechenden Zuwendungen.

34 Innerhalb des Fondskapitals können zweckgebundene Fonds, deren Kapital langfristig erhalten bleiben muss, gesondert ausgewiesen werden.

35 Mittel, welchen die Organisation selbst einen Verwendungszweck auferlegt, sind als gebundenes Kapital innerhalb des Organisationskapitals auszuweisen.

zu Ziffern 11 und 12

36 Die Gliederung kann nach dem Gesamtkosten- oder Umsatzkostenverfahren oder einer anderen sachgerechten Form erfolgen.

37 Bei der Wahl des Umsatzkostenverfahrens sind im Anhang entrichtete Beiträge und Zuwendungen, Personalaufwand und Abschreibungen je gesondert auszuweisen.

38 Es gilt die Fachempfehlung Swiss GAAP FER 3 (Darstellung und Gliederung), insbesondere auch bezüglich der Definition des betriebsfremden und des ausserordentlichen Ergebnisses.

zu Ziffer 15 und 16

39 Es gilt insbesondere die Fachempfehlung Swiss GAAP FER 4 (Geldflussrechnung).

zu Ziffer 18

40 Die Zweckbestimmung eines Fonds ist durch eine aussagekräftige Bezeichnung anzugeben sowie nötigenfalls im Anhang zu erläutern.

41 Bei der Zusammenfassung einzelner Positionen sind die Grundsätze von Wesentlichkeit und Klarheit (gemäss Swiss GAAP FER Rahmenkonzept) zu berücksichtigen.

zu Ziffern 20 ff.

42 Es gelten insbesondere die Fachempfehlungen Swiss GAAP FER 5 (Ausserbilanzgeschäfte) und Swiss GAAP FER 6 (Anhang).

zu Ziffer 23

43 Offenzulegen sind Art und Umfang wichtiger unentgeltlicher Zuwendungen (auch von nahe stehenden Personen und Organisationen). Die Offenlegung hat mindestens in statistischer Form (Anzahl, Stunden usw.) zu erfolgen.

44 Der Betrag und der Bewertungsgrundsatz von in der Betriebsrechnung erfassten, unentgeltlichen Zuwendungen in Form von Sachen oder Dienstleistungen sind im Anhang anzugeben.

45 Wenn nur eine Person mit der Geschäftsführung betraut ist, kann auf die Offenlegung deren Vergütung verzichtet werden. Darauf ist im Anhang hinzuweisen.

zu Ziffer 25

46 Es gilt grundsätzlich die Fachempfehlung Swiss GAAP FER 15 (Transaktionen mit nahe stehenden Personen). In Ergänzung dazu gelten als nahe stehende Person von gemeinnützigen Nonprofit-Organisationen auch Organisationen, die einen mit der gemeinnützigen Nonprofit-Organisation koordinierten Zweck verfolgen.

47 Beispiele nahe stehender Personen von gemeinnützigen Nonprofit-Organisationen sind:
   – Aktuelle und ehemalige Mitglieder des obersten Leitungsorgans (z. B. Vorstand, Stiftungsrat) und der Geschäftsleitung;
   – Organisationen, die von Mitgliedern des obersten Leitungsorgans kontrolliert werden;
   – Organisationen, bei denen die gemeinnützige Nonprofit-Organisation einen bedeutenden Einfluss ausübt (z. B. durch Vertretung im obersten Leitungsorgan);
   – Mitglieder, Gönner, Stifter der Organisation, die einen bedeutenden Einfluss ausüben;
   – Förderverein der gemeinnützigen Nonprofit-Organisation;
   – Organisationen, mit denen ein gemeinsamer Marktauftritt besteht.
   Nicht als nahe stehend gelten einzelne Projektpartner, sofern nicht weitere Gründe auf einen massgeblichen Einfluss der gemeinnützigen Nonprofit-Organisation hinweisen.

zu Ziffern 26 bis 28

48 Die Angaben zu den erbrachten Leistungen müssen die gesamte Tätigkeit der Organisation umfassen.

49 Die im Rahmenkonzept enthaltenen, qualitativen Anforderungen an die Rechnungslegung wie Wesentlichkeit, Stetigkeit, Vergleichbarkeit, Verlässlichkeit oder Klarheit gelten auch für die Angaben des Leistungsberichts.

50 Für Mitglieder des obersten Leitungsorgans und der Geschäftsleitung sind ergänzende Angaben über Mandate und Verbindungen empfehlenswert.

51 Ausserdem sind im Leistungsbericht Angaben zu folgenden Themen empfehlenswert:
   a) Angaben darüber, wie die gesetzten Ziele erreicht und die Zielerreichung beurteilt werden
   b) aussagekräftige Kennzahlen und Vergleiche (z. B. Wirkung, Wirtschaftlichkeit)
   c) Risiken und Herausforderungen, denen die Organisation ausgesetzt ist, und allfällige Massnahmen.

Anhang
Swiss GAAP FER 21 – Beispiele

Die Anhänge sind rein illustrativ. Die Absicht des Anhangs ist es, die Anwendung der Empfehlung zu veranschaulichen und ihre Bedeutung zu erklären.

Das Beispiel stellt Bilanz, Betriebsrechnung, Geldflussrechnung und Rechnung über die Veränderung des Kapitals einer Nonprofit-Organisation mit einfachen Verhältnissen modellhaft dar. Die Jahresrechnung einer grossen Organisation mit komplexeren Verhältnissen enthält deshalb in der Regel zusätzliche Informationen.

Die im Beispiel dargestellte Organisation müsste nach Ziffer 16 keine Geldflussrechnung erstellen.

Bilanz

in CHF 1'000	20x2 CHF	20x1 CHF
Flüssige Mittel	1'031	1'291
Wertschriften	65	44
Forderungen aus Lieferungen und Leistungen	20	10
Sonstige kurzfristige Forderungen	60	120
Vorräte	15	22
Aktive Rechnungsabgrenzungen	12	8
Umlaufvermögen	*1'203*	*1'495*
Finanzanlagen	14	15
Sachanlagen	60	70
Immaterielle Anlagen	25	19
Anlagevermögen	*99*	*104*
Aktiven	**1'302**	**1'599**
Verbindlichkeiten aus Lieferungen und Leistungen	10	0
Übrige kurzfristige Verbindlichkeiten	6	14
Kurzfristige Rückstellungen	10	25
Passive Rechnungsabgrenzungen	35	22
Kurzfristige Verbindlichkeiten	*61*	*61*
Langfristige Finanzverbindlichkeiten	0	15
Langfristige Rückstellungen	10	10
Langfristige Verbindlichkeiten	*10*	*25*
Fondskapital	*696*	*908*
Grundkapital	70	70
Gebundenes Kapital	300	360
Freies Kapital	165	175
Organisationskapital	*535*	*605*
Passiven	**1'302**	**1'599**

Betriebsrechnung: Gesamtkostenverfahren

in CHF 1'000	20x2 CHF	20x1 CHF
Erhaltene Zuwendungen	1'590	1'892
davon zweckgebunden	*800*	*1'400*
davon frei	*790*	*492*
Beiträge der öffentlichen Hand	240	260
Erlöse aus Lieferungen und Leistungen	60	30
Betriebsertrag	*1'890*	*2'182*
Entrichtete Beiträge und Zuwendungen	1'600	1'520
Personalaufwand	470	445
Sachaufwand	110	80
Abschreibungen	16	17
Betriebsaufwand	*2'196*	*2'062*
Betriebsergebnis	**–306**	**120**
Finanzergebnis	4	2
Betriebsfremdes Ergebnis	20	20
Ausserordentliches Ergebnis	0	–5
Ergebnis vor Veränderung des Fondskapitals	**–282**	**137**
Veränderung des Fondskapitals	212	–196
Jahresergebnis (vor Zuweisungen an Organisationskapital)	**–70**	**–59**
Zuweisungen/Verwendungen		
Startfinanzierung für neue Projekte	*72*	*95*
25 Jahre Jubiläum 20x9	*–12*	*–10*
Freies Kapital	*10*	*–26*
	0	*0*

Anmerkungen:
– Der administrative Aufwand (inkl. Personalaufwand) sowie der Fundraising und allg. Werbeaufwand (inkl. Personalaufwand sind je gesondert im Anhang offenzulegen (FER 21, Ziffer 22).
– Die Angaben zu den Zuweisungen/Verwendungen sind freiwillig.

Betriebsrechnung: Umsatzkostenverfahren

in CHF 1'000	20x2 CHF	20x1 CHF
Erhaltene Zuwendungen	1'590	1'892
davon zweckgebunden	*800*	*1'400*
davon frei	*790*	*492*
Beiträge der öffentlichen Hand	240	260
Erlöse aus Lieferungen und Leistungen	60	30
Betriebsertrag	*1'890*	*2'182*
Projekt- oder Dienstleistungsaufwand	1'941	1'792
Fundraising- und allgemeiner Werbeaufwand	145	155
Administrativer Aufwand	110	115
Betriebsaufwand	*2'196*	*2'062*
Betriebsergebnis	**–306**	**120**
Finanzergebnis	4	2
Betriebsfremdes Ergebnis	20	20
Ausserordentliches Ergebnis	0	–5
Ergebnis vor Veränderung des Fondskapitals	**–282**	**137**
Veränderung des Fondskapitals	212	–196
Jahresergebnis (vor Zuweisungen an Organisationskapital)	**–70**	**–59**
Zuweisungen/Verwendungen		
Startfinanzierung für neue Projekte	*72*	*95*
25 Jahre Jubiläum 20x9	*–12*	*–10*
Freies Kapital	*10*	*–26*
	0	*0*

Anmerkungen:
- Entrichtete Beiträge und Zuwendungen, Personalaufwand sowie Abschreibungen sind je gesondert im Anhang auszuweisen (FER 21, Ziffer 37).
- Die Angaben zu den Zuweisungen/Verwendungen sind freiwillig.

Geldflussrechnung

in CHF 1'000	20x2 CHF	20x1 CHF
Jahresergebnis (vor Zuweisungen an Organisationskapital)	–70	–59
Veränderung des Fondskapitals	–212	196
Abschreibungen	16	17
(Abnahme)/Zunahme der Rückstellungen	–15	0
Abnahme/(Zunahme) der Wertschriften	–21	76
Abnahme/(Zunahme) der Forderungen	50	10
Abnahme/(Zunahme) der Vorräte	7	0
Abnahme/(Zunahme) der aktiven Rechnungsabgrenzungen	–4	16
(Abnahme)/Zunahme der kurzfristigen Verbindlichkeiten	2	0
(Abnahme)/Zunahme der passiven Rechnungsabgrenzungen	13	–4
Geldfluss aus Betriebstätigkeit	**–234**	**252**
(Investitionen) in Sachanlagen	–2	0
Devestitionen von Sachanlagen	0	0
(Investitionen) in Finanzanlagen	–2	–1
Devestitionen von Finanzanlagen	3	1
(Investitionen) in immaterielle Anlagen	–10	0
Devestitionen von immateriellen Anlagen	0	0
Geldfluss aus Investitionstätigkeit	**–11**	**0**
(Abnahme)/Zunahme der Finanzverbindlichkeiten	–15	0
Geldfluss aus Finanzierungstätigkeit	**–15**	**0**
Veränderung der Flüssigen Mittel	**–260**	**252**
Bestand Flüssige Mittel per 1.1.	1'291	1'039
Bestand Flüssige Mittel per 31.12.	1'031	1'291
Nachweis Veränderung der Flüssigen Mittel	**–260**	**252**

Rechnung über die Veränderung des Kapitals

20x2 in CHF 1'000	Bestand 1.1.	Zuweisungen	Interne Transfers	Verwendung	Zuweisung Finanzergebnis	Total Veränderung	Bestand 31.12.
Fondskapital							
zweckgebundene Fonds[a)]							
Velowerkstatt Luzern	80	30	40[b)]	150		–80	0
Soziale Integration Schweiz	382	370	–40[b)]	310		20	402
Projekt Fussballfans gegen Gewalt Kolumbien	70	20		60		–40	30
Unterstützung von Kleinbauern International	238	380		479		–99	139
Unterstützungsfonds für Klienten (Legat Meier)	138			15	2	–13	125
Total Fondskapital	**908**	**800**	**0**	**1'014**	**2**	**–212[c)]**	**696**
Organisationskapital							
Grundkapital	*70*						*70*
Stiftungskapital	70						70
Gebundenes Kapital[a)]	*360*	*12*	*0*	*72*		*–60*	*300*
Wertschwankungsreserve	10					0	10
Startfinanzierung für neue Projekte	300			72		–72	228
25 Jahre Jubiläum 20x9	50	12				12	62
Freies Kapital	*175*			*10*		*–10*	*165*
Total Organisationskapital	**605**	**12**	**0**	**82**		**–70[d)]**	**535**

Rechnung über die Veränderung des Kapitals

20x1
in CHF 1'000

	Bestand 1.1.	Zuweisungen	Interne Transfers	Verwendung	Zuweisung Finanzergebnis	Total Veränderung	Bestand 31.12.
Fondskapital							
zweckgebundene Fonds[a)]							
Velowerkstatt Luzern	54	176		150		26	80
Soziale Integration Schweiz	363	470		451		19	382
Projekt Fussballfans gegen Gewalt Kolumbien	0	154		84		70	70
Unterstützung von Kleinbauern International	158	600		520		80	238
Unterstützungsfonds für Klienten (Legat Meier)	137			0	1	1	138
Total Fondskapital	**712**	**1'400**	**0**	**1'205**	**1**	**196**[c)]	**908**
Organisationskapital							
Grundkapital	*70*						*70*
Stiftungskapital	70						70
Gebundenes Kapital[a)]	*445*	*10*	*0*	*95*		*–85*	*360*
Wertschwankungsreserve	10					0	10
Startfinanzierung für neue Projekte	395			95		–95	300
25 Jahre Jubiläum 20x9	40	10				10	50
Freies Kapital	*149*	*26*				*26*	*175*
Total Organisationskapital	**664**	**36**	**0**	**95**		**–59**[d)]	**605**

Anmerkungen:
a) Die Zweckbestimmung der Positionen des Fondskapitals und des gebundenen Organisationskapitals ist durch eine aussagekräftige Bezeichnung anzugeben sowie nötigenfalls im Anhang zu erläutern (FER 21, Ziffer 18 und 40)
b) Transfers zwischen zweckgebundenen Fonds sind einzeln auszuweisen und zu begründen (FER 21, Ziffer 19).
c) Das Total Veränderung des Fondskapitals entspricht der Veränderung des Fondskapital gemäss Betriebsrechnung.
d) Das Total Veränderung Organisationskapital entspricht dem Jahresergebnis gemäss Betriebsrechnung.

Langfristige Aufträge

Herausgegeben: 2007
In Kraft gesetzt: 1. Januar 2007

Empfehlung

Definition

1   Unter einem langfristigen Auftrag wird das Erstellen eines spezifischen Werks oder die Erbringung einer spezifischen Leistung für einen Dritten verstanden, wenn sich die Dauer der Fertigung oder Leistungserbringung über einen längeren Zeitraum erstreckt und der Auftrag für die Organisation bedeutend ist.

Erfassung und Bewertung

2   In der Jahresrechnung werden langfristige Aufträge nach der Percentage of Completion-Methode (im nachfolgenden POCM genannt) erfasst, sofern die entsprechenden Voraussetzungen erfüllt sind. Bei der POCM wird nebst den Anschaffungs- und Herstellungskosten sowie weiteren auftragsbezogenen Aufwendungen auch ein allfälliger Gewinn anteilmässig berücksichtigt, sofern dessen Realisierung mit genügender Sicherheit feststeht.

3   Falls die Voraussetzungen für die Anwendung der POCM nicht gegeben sind, erfolgt die Bilanzierung nach der Completed Contract Methode (nachstehend CCM genannt), wobei die erfolgswirksame Erfassung des langfristigen Auftrags erst nach dem Übergang des Lieferungs- und Leistungsrisikos vom Auftragnehmer auf den Auftraggeber erfolgt.

Alternativ ist bei fehlenden Voraussetzungen für die Anwendung der POCM auch ein Ausweis des Umsatzes im Ausmass der einbringbaren Aufwendungen (ohne Gewinnrealisierung) erlaubt. Dabei sind die nicht-einbringbaren Aufwendungen dem Periodenergebnis zu belasten.

4   Die POCM ist anzuwenden, wenn die folgenden Voraussetzungen kumulativ erfüllt sind:
   – das Vorliegen einer vertraglichen Grundlage
   – eine hohe Wahrscheinlichkeit, dass die vertraglich vereinbarten Leistungen durch den Hersteller und den Auftraggeber erfüllt werden
   – eine für die Abwicklung des langfristigen Auftrags geeignete Auftragsorganisation

- eine zuverlässige Ermittlung aller mit dem Auftrag im Zusammenhang stehenden Auftragserlöse, Auftragsaufwendungen sowie des Fertigstellungsgrads.

5   Sobald sich im Verlauf eines langfristigen Auftrags Verluste abzeichnen (drohende Verluste), sind hierfür im vollen Umfang – unabhängig vom Fertigstellungsgrad – Wertberichtigungen zu bilden. Sind die Wertberichtigungen höher als der Wert des Aktivums für den laufenden Auftrag, ist im Umfang der Differenz eine Rückstellung zu bilden.
Für bei Vertragsabschluss erkennbare Verluste sind sofort Rückstellungen zu bilden, auch wenn noch keine Aufwendungen angefallen sind.

6   Erhaltene Anzahlungen werden erfolgsneutral bilanziert. Sie werden mit den entsprechenden langfristigen Aufträgen, für welche die Anzahlung geleistet worden ist, verrechnet, sofern kein Rückforderungsanspruch besteht. Die erhaltenen Anzahlungen werden in einer Vorkolonne in der Bilanz oder im Anhang der Jahresrechnung offengelegt. Falls ein Rückforderungsanspruch besteht, werden die Anzahlungen als Verbindlichkeiten passiviert.

7   Diese Empfehlung ist in der Regel einzeln auf jeden langfristigen Auftrag anzuwenden. Falls mehrere Aufträge jedoch in derart enger Verbindung zueinander stehen, dass sie als ein einziges Paket zu betrachten sind, so ist diese Gruppe wie ein einzelner Auftrag zu behandeln.

Offenlegung

8   Folgende Angaben und Werte sind, soweit diese nicht aus der Bilanz oder Erfolgsrechnung ersichtlich sind, im Anhang offenzulegen:
- Rechnungslegungsgrundsätze für langfristige Aufträge
- Methode zur Bestimmung des Fertigungsgrads der langfristigen Aufträge, die nach der POCM abgerechnet werden
- Betrag, welcher in der Periode als Umsatz aus den langfristigen Aufträgen aufgrund der POCM erfasst wurde
- allenfalls aktivierte Kosten verzinslicher Verbindlichkeiten und wie sie ermittelt wurden
- spezifische Bilanzpositionen aus der langfristigen Fertigung
- erhaltene Anzahlungen für langfristige Aufträge.

Erläuterungen

zu Ziffer 1

9 Langfristige Aufträge basieren auf für den Einzelfall ausgehandelten Verträgen (Werkverträgen, Aufträgen usw.). Durch ihren individuellen Charakter unterscheiden sie sich von der Massen- und Serienfertigung sowie standardisierten Aufträgen. Während bei diesen der Vertrag mit den Kunden in der Regel erst nach Fertigstellung der Produkte geschlossen wird, erfolgt der Vertragsabschluss bei langfristigen Aufträgen vor Beginn der Herstellung.

10 Bereiche mit typischen langfristigen Aufträgen sind Bauten (Hoch- und Tiefbauobjekte), der Maschinen- und Anlagenbau, Kraftwerkbau sowie die Einzelfertigung von Einheitsaufträgen (z. B. Flugzeuge, Lokomotiven, Siedlungsbauten). Langfristige Aufträge gibt es aber auch im Dienstleistungsbereich. Typische Beispiele hierzu sind Architekten-, Ingenieur- und Entwicklungsaufträge (z. B. für Software, Informationssysteme, Verfahren, Prozesse, Produkte, Marken).

11 Ohne eine Mindestdauer für die langfristigen Aufträge festzulegen, betrifft diese Fachempfehlung Aufträge mit einer gewissen, mehrmonatigen Fertigungsdauer.

12 Nebst dem individuellen Charakter stellt dessen Bedeutung für die Organisation ein wichtiges Abgrenzungskriterium dar: der einzelne langfristige Auftrag macht einen grossen Anteil am Gesamtumsatz des Auftragnehmers aus und hat dadurch einen wesentlichen Einfluss auf das Periodenergebnis. Daher ergeben sich oftmals verschiedene – teilweise für den Auftragnehmer existenzielle – Risiken, die bei der Bilanzierung zu berücksichtigen sind.

13 Grundsätzlich lassen sich folgende Arten von langfristigen Aufträgen unterscheiden:
   – Pauschal- oder Festpreisaufträge, bei denen die vertraglich vereinbarten Leistungen zu einem fixen Preis vorgenommen werden
   – Aufwendungen plus Marge-Aufträge, bei denen dem Hersteller nebst den effektiven Aufwendungen zusätzlich eine Prämie in Form eines bestimmten Prozentsatzes der effektiven Aufwendungen oder eines festen Betrags garantiert wird
   – Einheitspreisaufträge, bei denen zwischen Auftraggeber und Auftragnehmer ein fixer Abnahmepreis pro fertig gestellte und gelieferte Einheit vereinbart wird.
   In der Praxis sind oft Kombinationen und Untervarianten dieser Auftragstypen möglich.

14 Zur Bilanzierung langfristiger Aufträge sind grundsätzlich zwei Methoden gebräuchlich: die POCM (Methode der anteiligen Gewinnrealisierung) und die CCM (Methode der Gewinnrealisierung nach Fertigstellung). Diese unterscheiden sich vor allem dadurch, ob und wie aus dem Auftrag resultierende Gewinne den einzelnen Perioden zugeordnet werden. Während bei der POCM der Gewinn bereits während der Fertigstellungsphase anteilmässig, entsprechend dem Fertigstellungsgrad realisiert wird, erfolgt dies bei der CCM erst bei Fertigstellung.

15 Bei Anwendung der POCM wird jeweils auf den Bilanzstichtag der Fertigstellungsgrad je Auftrag ermittelt.

In der Erfolgsrechnung werden entsprechend dem Fertigstellungsgrad die Auftragserlöse in derjenigen Periode, in der die Leistung erbracht wurde, als Ertrag aus Umsatz erfasst. Die Auftragsaufwendungen werden in der Periode als Aufwand erfasst, in der die dazugehörige Leistung erbracht wurde.

In der Bilanz werden die angefangenen Aufträge in der Phase der Auftragserstellung zum anteiligen, dem jeweiligen Fertigstellungsgrad entsprechenden Auftragserlös erfasst, allenfalls abzüglich der bereits fakturierten Beträge und erhaltenen Anzahlungen.

16 Grundsätzlich gelten alle Aufwendungen, die direkt oder indirekt dem langfristigen Auftrag zugeordnet werden können, als Auftragsaufwendungen. Nicht als Auftragsaufwendungen gelten allgemeine Verwaltungs-, allgemeine Verkaufs- und Forschungsaufwendungen. Basis für die Umlage der Gemeinkosten bildet die Normalbeschäftigung (Normalauslastung).

17 Bei den Kosten verzinslicher Verbindlichkeiten besteht ein Wahlrecht. Sie können in der Periode, in der sie anfielen, als Teil der Auftragsaufwendungen behandelt (und aktiviert) oder als Finanzaufwand erfasst werden. Die aktivierbaren Kosten verzinslicher Verbindlichkeiten bestimmen sich nach dem durchschnittlich für den betreffenden Auftrag eingesetzten Kapital, verzinst zum gewogenen Durchschnitt der Zinskosten der bilanzierenden Organisation.

Der in der Periode aktivierte Betrag darf nicht höher sein als die in der betreffenden Periode angefallenen Kosten verzinslicher Verbindlichkeiten.

18 Änderungen von Aufträgen und deren Auswirkungen sind bei Bekanntwerden zu berücksichtigen. Änderungen können sich beispielsweise aufgrund folgender Tatsachen ergeben:
 – Änderungswünsche des Kunden hinsichtlich Umfang, Konstruktion,
   Material, Termine usw.
 – Fehler in der Kalkulation
 – Währungs- und Länderrisiken.

19 Bei der CCM werden die angefallenen Auftragsaufwendungen während der Fertigungsdauer, sofern sie wiedereinbringbar sind, aktiviert. Die erfolgswirksame Verbuchung des langfristigen Auftrags erfolgt erst, nachdem das Lieferungs- und Leistungsrisiko vom Auftragnehmer auf den Auftraggeber übergegangen ist. Der Übergang des Lieferungs- und Leistungsrisikos vom Hersteller auf den Kunden erfolgt in der Regel mit einem schriftlichen Abnahme-/Inbetriebsetzungsprotokoll.

20 Bei Ausweis des Umsatzes im Ausmass der einbringbaren Auftragsaufwendungen (wegen Fehlens der Voraussetzung zur Anwendung der POCM) wird während der Auftragserstellung kein Gewinn erfasst.

Wenn es wahrscheinlich ist, dass die erwarteten gesamten Auftragsaufwendungen die gesamten Auftragserlöse übersteigen, ist diese Differenz sofort dem Periodenergebnis zu belasten.

---

zu Ziffer 4

21 Der Fertigstellungsgrad kann nach verschiedenen Methoden ermittelt werden. Beispiele hierzu sind:
   – Cost to cost-Methode, d. h. die aufgelaufenen Auftragsaufwendungen werden dividiert durch die (zu erwartenden) gesamten Auftragsaufwendungen
   – Efforts expended-Methode, d. h. es wird das Verhältnis der bisher erbrachten zu den gesamten geschätzten Fertigungsstunden ermittelt, bzw. das Verhältnis der aufgelaufenen zu den (für die Auftragserbringung notwendigen) totalen Personalaufwendungen
   – Units of delivery-Methode, d. h. die Berechnung erfolgt mittels Division der abgelieferten Einheiten durch die gesamte Liefermenge
   – Der Fertigstellungsgrad kann auch anhand von Bau- oder Konstruktionsgutachten bestimmt werden.

Es sollte diejenige Methode angewendet werden, mit welcher der Fertigungsgrad am zuverlässigsten ermittelt werden kann.

Abweichungen infolge höherer Auftragsaufwendungen oder geringerer Effizienz usw. sind bei der Ermittlung des Fertigstellungsgrads und den noch anfallenden Aufwendungen für die Fertigstellung zu berücksichtigen.

22 Die gesamten Auftragsaufwendungen bestehen aus den bereits angefallenen sowie den bis zur Fertigstellung noch zu erwartenden Auftragsaufwendungen. Die Organisation hat in der Lage zu sein, die angefallenen Auftragsaufwendungen mit hoher Genauigkeit zu bestimmen. Die noch zu erwartenden Auftragsaufwendungen bilden einen wichtigen Parameter zur Erfolgsbestimmung und sind nach systematischen Methoden zu ermitteln. Die Methoden sind stetig anzuwenden.

23 Eine Auftragsorganisation gilt als geeignet, wenn:
- das Auftragsmanagement laufend Lenkungsinformationen für eine erfolgreiche Auftragsabwicklung erhält
- sie ein entsprechendes Auftragscontrolling besitzt
- sie über ein zweckmässiges Abrechnungssystem für die langfristigen Aufträge verfügt, das auch eine mitlaufende Auftragskalkulation beinhaltet
- sichergestellt ist, dass die Auftragsaufwendungen richtig, vollständig und periodengerecht im Abrechnungssystem ermittelt werden können, damit die aktuellen Auftragsaufwendungen auch mit früheren Schätzungen verglichen werden können.

---

zu Ziffer 5

24 Für die verlustfreie Bewertung gilt das Prinzip der Einzelbewertung. Die verlustfreie Bewertung verlangt eine Wertberichtigung bzw. Rückstellung in der Höhe des gesamten, bis zum Auftragsende zu erwartenden Verlusts.

25 Die Durchführung der verlustfreien Bewertung erfolgt mittels einer Rückrechnung. Dabei sind vom voraussichtlichen Auftragserlös die mutmasslichen Erlösschmälerungen und die noch anfallenden Auftragsaufwendungen (Fertigstellungs-, Vertriebs-, Verwaltungs- und Finanzierungskosten) abzuziehen.

26 Die Durchführung der verlustfreien Bewertung erfolgt zu Vollkosten und auf Basis der mitlaufenden Auftragskalkulation.

---

zu Ziffer 7

27 Eine Gruppe von Aufträgen soll namentlich dann wie ein einzelner Auftrag behandelt werden, wenn:
- die Gruppe von Aufträgen als ein einziges Paket verhandelt wurde
- die Aufträge gleichzeitig oder aufeinander folgend erledigt werden
- die wirtschaftliche Beurteilung (Erfolgskontrolle) der Aufträge aufgrund einer Gesamtbetrachtung erfolgt.

---

zu Ziffer 8

28 Unter den Rechnungslegungsgrundsätzen ist offenzulegen, welche Methode zur Erfassung der langfristigen Aufträge angewendet wurde (POCM oder CCM).

29 Spezifische Bilanzpositionen können u. a. sein:
- Forderungen aus POCM-Aufträgen
- Vorräte, angefangene Arbeiten
- erhaltene Anzahlungen von Kunden für POCM-Aufträge.

Rückstellungen

Überarbeitet: 2009
In Kraft gesetzt: 1. Januar 2010

Empfehlung

Definitionen

1   Eine Rückstellung ist eine auf einem Ereignis in der Vergangenheit begründete wahrscheinliche Verpflichtung, deren Höhe und/oder Fälligkeit ungewiss, aber schätzbar ist. Diese Verpflichtung begründet eine Verbindlichkeit. Rückstellungen dienen nicht zur Wertberichtigung von Aktiven.

2   Das verpflichtende Ereignis in der Vergangenheit muss vor dem Bilanzstichtag stattgefunden haben. Dieses kann auf einer ausdrücklich rechtlichen oder einer faktischen Verpflichtung basieren.

3   Die Verminderung zukünftiger Erträge oder Margen stellt kein verpflichtendes Ereignis dar. Zukünftige Aufwendungen stellen ebenfalls kein verpflichtendes Ereignis dar.

4   Am Bilanzstichtag nicht fakturierte fällige Verbindlichkeiten, die sich aufgrund von bereits erhaltenen Gütern bzw. Dienstleistungen ergeben, fallen nicht unter Rückstellungen, sondern unter die passiven Rechnungsabgrenzungen.

Ersterfassung und Folgebewertung

5   Verpflichtungen, rechtliche und faktische, sind regelmässig zu bewerten. Wenn ein Mittelabfluss wahrscheinlich wird, ist eine entsprechende Rückstellung zu bilden.

6   Die Höhe der Rückstellung wird aufgrund einer Analyse des jeweiligen Ereignisses in der Vergangenheit sowie aufgrund von nach dem Bilanzstichtag eingetretenen Ereignissen bestimmt, sofern diese zur Klarstellung des Sachverhalts beitragen.
    Der Betrag ist nach wirtschaftlichem Risiko abzuschätzen, wobei dieses so objektiv wie möglich berücksichtigt wird. Übt der Faktor Zeit einen wesentlichen Einfluss aus, ist der Rückstellungsbetrag zu diskontieren.

7   Ein nach dem Bilanzstichtag verpflichtendes Ereignis hat Gegenstand einer Rückstellung (bzw. einer Rückstellungsauflösung) zu sein, wenn deutlich

wird, dass eine Organisation am Bilanzstichtag eine Verpflichtung hatte (bzw. von dieser befreit war) oder wenn in anderer Form sichtbar wird, dass die Organisation einen Schaden zu erwarten hat.

8 Bestehende Rückstellungen sind an jedem Bilanzstichtag neu zu beurteilen. Aufgrund der Neubeurteilung werden sie erhöht, beibehalten oder aufgelöst.

9 Rückstellungsveränderungen sind über das betriebliche Ergebnis oder das Finanzergebnis zu erfassen. In begründeten Ausnahmefällen können Rückstellungsveränderungen über das betriebsfremde oder ausserordentliche Ergebnis erfasst werden. Die Rückstellungsauflösung hat in demselben Bereich (betriebliches Ergebnis, Finanzergebnis, betriebsfremdes oder ausserordentliches Ergebnis, Ertragssteuern usw.) wie die Bildung zu erfolgen.

Offenlegung

10 In der Bilanz oder im Anhang sind folgende Angaben offenzulegen:
   - Steuerrückstellungen
   - Rückstellungen aus Vorsorgeverpflichtungen
   - Restrukturierungsrückstellungen
   - Sonstige Rückstellungen.
   Die sonstigen Rückstellungen sind weiter aufzugliedern, falls wesentliche zusätzliche Kategorien bestehen.

11 Die Veränderung von Rückstellungen hat mindestens nachstehende Informationen zu enthalten:
   - Buchwerte zu Beginn der Berichtsperiode
   - Bildung von Rückstellungen
   - Verwendung von Rückstellungen
   - Auflösung von Rückstellungen über die Erfolgsrechnung
   - Buchwerte am Ende der Berichtsperiode.
   Diese Angaben sind im Rückstellungsspiegel offenzulegen und durch eine kurze Erklärung für wesentliche Rückstellungen zu ergänzen, welche die Natur der Verbindlichkeit sowie ihren Unsicherheitsgrad offenlegt.
   Wird eine Rückstellung diskontiert, ist der verwendete Diskontierungssatz offenzulegen.

12 Es ist grundsätzlich zwischen kurz- und langfristigen Rückstellungen zu unterscheiden. Der Betrag der kurzfristigen Rückstellungen ist je Kategorie im Anhang offenzulegen.

13 Falls durch spezifische gesetzliche Bestimmungen stipulierte Rückstellungen nicht den von dieser Fachempfehlung vorgesehenen wirtschaftlichen Charakter besitzen, ist im Anhang eine Erläuterung beizufügen.

Erläuterungen

----

zu Ziffer 2

14 Eine rechtliche Verpflichtung ist eine gesetzlich, reglementarisch oder vertraglich vorgeschriebene Verpflichtung.
Eine faktische Verpflichtung ist eine Verpflichtung, die sich nicht aus einem Gesetz, einer Vorschrift oder einem Vertrag ergibt, deren Bestehen sich aber aus dem vergangenen Geschäftsgebaren ableiten lässt, z.b. wenn die zuständigen Entscheidungsorgane einer Organisation aus Kulanzgründen oder aus Furcht vor Reputationsfolgen ein bestimmtes Verhalten beschlossen bzw. angekündigt oder eine interne Politik festgelegt haben. Diese Massnahmen bewirken eine legitime Erwartungshaltung Dritter auf die Wahrnehmung dieser Verpflichtungen.

15 Die rechtlichen Verpflichtungen können sich beispielsweise ergeben aus:
– Beseitigungskosten (Beispiel 1)
– Garantiegewährungen (Beispiel 2)
– Verpflichtungen aus nicht versicherten Risiken (Beispiel 3).
Die faktischen Verpflichtungen können sich beispielsweise ergeben aus:
– Umweltbelastungen (Beispiel 4)
– Restrukturierungskosten (Beispiel 8).

----

zu Ziffer 3

16 Für zukünftige Aufwendungen, die mit einer zukünftigen Gegenleistung verbunden sind, dürfen keine Rückstellungen gebildet werden (Beispiele 5 und 6).

----

zu Ziffer 4

17 Bei am Bilanzstichtag nicht fakturierten fälligen Verbindlichkeiten steht der Eintritt fest; ihre Fälligkeit und Höhe lassen sich mit bedeutend grösserer Sicherheit abschätzen als jene von Rückstellungen (Beispiel 7).

18 Ein und dasselbe Ereignis kann zur Bildung von Rückstellungen, zur Wertberichtigung der Aktiven und zu Aufwendungen Anlass geben, die keine Bildung von Rückstellungen zulassen (Beispiel 8).

---

zu Ziffer 6

19 Die Höhe der Rückstellungen hat dem Erwartungswert der zukünftigen Mittelabflüsse zu entsprechen. Sie hat die Wahrscheinlichkeit und die Verlässlichkeit dieser Geldabflüsse zu berücksichtigen.

---

zu Ziffer 7

20 Die negativen oder positiven Ereignisse oder Entscheide müssen ihren Ursprung vor dem Abschlussstichtag haben (Beispiel 9).

---

zu Ziffer 9

21 Begründete Ausnahmefälle sind Rückstellungsveränderungen, die nicht mit der ordentlichen Geschäftstätigkeit im Zusammenhang stehen.

---

zu Ziffer 11

22 Diese Richtlinie betrifft nur die spezifischen gesetzlichen Bestimmungen, die sich auf den in dieser Fachempfehlung definierten Rückstellungsbegriff beziehen. Sie gilt also zum Beispiel nicht für Rückstellungen, die sich bei Versicherungsgesellschaften aus Vertragsabschlüssen mit Versicherten ergeben.

Anhang

Die Anhänge (Seiten 133–134) sind rein illustrativ. Die Absicht des Anhangs ist es, die Anwendung der Empfehlung zu veranschaulichen und ihre Bedeutung zu klären.

Anhang 1
Rückstellungsspiegel

in CHF 1'000	Steuer-rückstellungen	Vorsorge-verpflichtungen	Restrukturierungs-rückstellungen	Sonstige Rückstellungen	Total
Buchwert per 1.1.20x1					
Bildung					
Verwendung					
Auflösung					
Rückbuchung*					
Buchwert per 31.12.20x1					
Buchwert per 1.1.20x2					
Bildung					
Verwendung					
Auflösung					
Rückbuchung*					
Buchwert per 31.12.20x2					
davon kurzfristige Rückstellungen					

* Änderungen einer erfolgsunwirksam gebildeten Rückstellung, z. B. Erstellung einer Anlage für die künftigen Terrainbeseitigungskosten (Beispiel 1).

Anhang 2
Entscheidungsbaum zur Erfassung von Rückstellungen

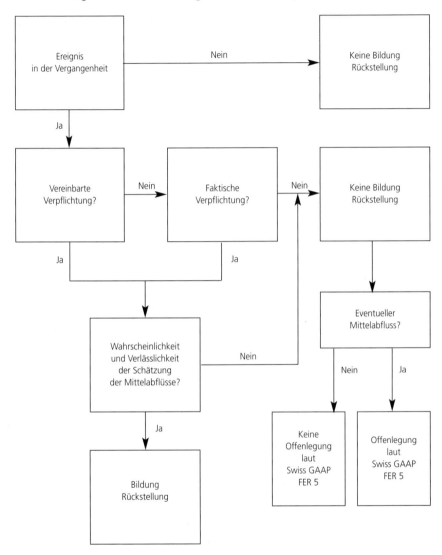

Beispiele

Diese Beispiele (Seiten 135–139) sind rein illustrativ. Die Absicht der Beispiele ist es, die Anwendung der Empfehlung zu veranschaulichen und ihre Bedeutung zu klären.

Rechtliche Verpflichtungen (Beispiele 1–3):

1. Beseitigungskosten

Situation

Eine Organisation erhält die Konzession zur Ausbeutung einer Kiesgrube für eine Dauer von zehn Jahren. Die Konzessionserteilung wird von der Verpflichtung zur Demontage der für CHF 4'000'000 erworbenen Anlagen abhängig gemacht.

Der verpflichtungsbegründende Umstand ist der Arbeitsbeginn auf dem konzessionierten Terrain. Die Organisation hat also zu diesem Zeitpunkt eine Rückstellung zu bilden. Es handelt sich um eine rechtliche Verpflichtung. In diesem Beispiel wird angenommen, dass die Organisation die vollständige Nutzung der Kiesgrube vorsieht, die Wiederherstellungskosten sind somit im vollen Umfang zurückzustellen. Im Falle einer Teilnutzung wird die Organisation anteilsmässig eine Rückstellung bilden. Die Organisation schätzt die Demontage- und Wiederherstellungskosten auf insgesamt CHF 250'000 resp. einen Barwert von CHF 153'478, berechnet auf 10 Jahre zu einem Diskontierungssatz von 5%; dieser Satz entspricht dem durchschnittlichen Zinssatz der Bankkredite der Organisation. Der Gegenposten der Rückstellung wird als Erhöhung des Anlagenwerts verbucht; die Abschreibung erfolgt über die Lebensdauer der Anlagen hinweg.

Diskontierte Zahlen

Es werden folgende Buchungen vorgenommen:

Kauf der Betriebsanlagen	CHF	CHF
Betriebsanlagen	4'000'000	
Barmittel		4'000'000

Bildung der Rückstellung		
Betriebsanlagen	153'478	
Rückstellungen		153'478

Die Gesamtkosten der Betriebsanlagen belaufen sich auf CHF 4'153'478. Der geschätzte Restwert beträgt null. Linear über 10 Jahre abgeschrieben entsprechen die Gesamtkosten einer jährlichen Belastung von CHF 415'348.

Die Rückstellung wird jedes Jahr um den Diskontierungseffekt erhöht. Beispielsweise im ersten Jahr:

	CHF	CHF
Zinsen	7'674	
Rückstellungen		7'674

Verkauf der Anlage

Die Organisation beschliesst die Anlage bereits am Ende des 5. Jahres zu verkaufen. Die Anlagen werden für CHF 2'200'000 verkauft. Zu diesem Zeitpunkt beläuft sich der Nettobuchwert der Betriebsanlagen auf CHF 2'076'738, d. h. 4'153'478 – 5 x 415'348.

Der Verkaufsgewinn errechnet sich wie folgt:

	CHF
Verkaufswert der Betriebsanlagen	2'200'000
Nettobuchwert der Betriebsanlagen	– 2'076'738
Auflösung Rückstellung	195'882
Gewinn aus dem Verkauf der Betriebsanlagen	319'144

Der Betrag von 195'882 entspricht $153'478 \times 1.05^5$

Wenn die Anlagen nach Ablauf der zehnjährigen Konzession nicht verkauft werden, sind die bis dahin vollständig abgeschriebenen Betriebsanlagen abzureissen und das Gelände wieder in den ursprünglichen Zustand zurückzuversetzen, worauf die Organisation die dadurch entstehenden Kosten der Rückstellung belastet, die inzwischen CHF 250'000 beträgt.

2. Garantiegewährungen

Eine Organisation hat einen Wechsel indossiert und diskontiert. Am Bilanzstichtag bestehen betreffend eines Betrags von CHF 100'000 sehr ernsthafte Zweifel an der Zahlungsfähigkeit der Trassaten. Folglich ist für diese noch nicht bilanzierte Verpflichtung, welche die Organisation wahrscheinlich als Ganzes zu zahlen haben wird, eine Rückstellung zu bilden.

3. Verpflichtungen aus nicht versicherten Risiken

Transportversicherung

Nach einem Vergleich ihrer Versicherungskosten mit den durchschnittlich durch Transportschäden entstehenden Kosten beschliesst die Organisation A diese Schäden in Zukunft nicht mehr zu versichern.

Eine Analyse der letzten fünf Jahre ergibt folgende Zahlen:

in CHF	Versicherungsprämien	Tatsächliche Schadenssumme	Erstattung durch die Versicherung	Selbstbehalt 20%, max. 200'000
Jahr 1	1'000'000	1'500'000	1'300'000	200'000
Jahr 2	1'000'000	500'000	400'000	100'000
Jahr 3	1'000'000	1'800'000	1'600'000	200'000
Jahr 4	1'000'000	600'000	480'000	120'000
Jahr 5	1'000'000	900'000	720'000	180'000
Durchschnitt	1'000'000	1'060'000	900'000	160'000

Aufgrund obiger Analyse stellt sich heraus, dass im Durchschnitt die Summe aus der bezahlten Prämie und dem Selbstbehalt grösser ist, als die tatsächliche zu begleichende Schadenssumme.

In der laufenden Periode betragen die bis zum Bilanzstichtag gemeldeten Transportschäden CHF 750'000. Von diesem Betrag wurden Schäden in Höhe von CHF 350'000 bereits bearbeitet und zur Erstattung eingereicht.

Da solche Schäden grundsätzlich innerhalb eines Zeitraums von 30 bis 60 Tagen nach Schadenseintritt gemeldet werden, rechnet die Organisation noch mit einer zusätzlichen Schadensbelastung in Höhe von CHF 150'000 für Schäden, die zwar vor dem Bilanzstichtag eingetreten sind, aber erst danach gemeldet werden.

Daher sind am Bilanzstichtag folgende Rückstellungen zu bilden:

	CHF
Aufwendungen für gemeldete Schäden	
Gesamtkosten gemäss Einzelanalyse der gemeldeten Fälle	400'000
Aufwendungen für eingetretene, aber noch nicht gemeldete Schäden	
gemäss statistischer Schätzung	150'000
Erforderliche Rückstellung am Bilanzstichtag	550'000

Die Organisation kann für zukünftige Risiken keine Rückstellungen bilden, also keine Rückstellungen für Schadenfälle, die noch nicht eingetreten sind.

Ein Grund für die Verpflichtungen aus nicht versicherten Risiken kann auch sein, dass eine Versicherungsgesellschaft nicht mehr bereit ist, ein Risiko zu decken, oder gewisse Risiken von der Deckung ausschliesst.

Faktische Verpflichtungen (Beispiel 4)

4. Umweltbelastungen: Sanierung einer Schutthalde

Eine Organisation hat auf einem firmeneigenen Gelände Fässer mit Lösungsmitteln vergraben. Diese Schadstoffdeponie wurde vor zehn Jahren genehmigt und das betreffende Gesetz bislang nicht geändert. Allerdings üben Umweltorganisationen inzwischen Druck auf die Regierung aus; sie soll das Gesetz verschärfen. Zur Imageaufbesserung beschliesst die Organisation, das Gelände für einen im Sanierungsplan auf CHF 8'000'000 geschätzten Betrag zu sanieren. Gemäss Firmenpolitik bildet die Organisation gleichzeitig mit der Bekanntgabe der Entscheidung die entsprechende Rückstellung.

Die Organisation ist der Auffassung, dass diese Bekanntgabe eine faktische Verpflichtung begründet. Der verpflichtungsbegründende Umstand ist in diesem Fall die Bekanntgabe der Entscheidung.

5. Preisnachlass zur Feier eines Jubiläums

Eine Organisation plant, im nächsten Jahr, zur Feier des 50-jährigen Bestehens während einer Woche den Verkaufspreis aller Produkte um 20% zu reduzieren. Die Entscheidung zur Senkung des Verkaufspreises stellt keinen verpflichtungsbegründenden Umstand dar, denn es handelt sich nicht um eine Verbindlichkeit, die sich aus einem Ereignis in der Vergangenheit ergibt. Diese Entscheidung bedeutet nur, dass die Organisation bereit ist, in Zukunft eine Margeneinbusse als Geste der Wertschätzung gegenüber den Kunden hinzunehmen.

6. Sponsoring

Eine Organisation beschliesst, im folgenden Geschäftsjahr zur Imagepflege und zur Erhöhung des Bekanntheitsgrads auf dem betreffenden Kontinent die Veranstaltung eines Sportanlasses zu unterstützen. Diese Entscheidung führt zwar zu einem Mittelabfluss in der Zukunft, bildet aber keinen verpflichtungsbegründenden Umstand im Zusammenhang mit einem Ereignis in der Vergangenheit. Es wird also keine Rückstellung gebildet. Hier handelt es sich je nach Fall um einen Investitionsentscheid oder um zukünftige Aufwendungen.

7. Nicht fakturierte Verbindlichkeiten

Eine Organisation hat einen Baumeister mit der Renovation der Büros beauftragt. Dieser erstellte eine Offerte in Höhe von CHF 500'000, zahlbar nach Beendigung der Arbeiten bei Erhalt der Rechnung. Am Bilanzstichtag sind die – normal verlaufenen – Bauarbeiten fast beendet, doch hat die Organisation zum Zeitpunkt der Errichtung der Bilanz noch immer keine Rechnung erhalten. Daher verbucht sie einen passiven Rechnungsabgrenzungsposten in Höhe von CHF 500'000, anstatt eine Rückstellung zu bilden; die Verbindlichkeit ist sicher, deren Höhe und Fälligkeit können mit relativ grosser Genauigkeit abgeschätzt werden.

8. Restrukturierung

In seiner Sitzung vom 30. November 20x1 beschliesst der Verwaltungsrat der XYZ AG, die Fabrik in A zu schliessen und die Produktion an den Standort B zu verlegen, wo die Organisation über moderne, aber nicht ausgelastete Produktionsanlagen verfügt. Der Plan soll im Februar 20x2 bekannt gegeben werden und wird erhebliche Marketingkosten verursachen.

Der Restrukturierungsplan beinhaltet zum Zeitpunkt des Abschlusses per 31. Dezember 20x1 folgende Aufwendungen:

	CHF
Marketingkosten für die Lancierung bestimmter Produkte	600'000
Entlassungsabfindungen	1'500'000
Entschädigungen für die Verlegung bestimmter Mitarbeitenden nach B	100'000
Geschätzte Wertminderung beim Verkauf der Fabrik in A	800'000
Total	3'000'000

Die Marketingkosten stellen zukünftige Aufwendungen dar, weshalb sie keinen Anlass zur Bildung einer Rückstellung geben.

Der geschätzte Verlust von CHF 800'000 beim Verkauf der Fabrik in A stellt eine Wertbeeinträchtigung im Sinne von Swiss GAAP FER 20 dar. Diese gibt nicht Anlass zur Bildung einer Rückstellung, sondern ist als Wertbeeinträchtigungsverlust zu erfassen.

Für die Entlassungsabfindungen und Entschädigungen für die Verlegung bestimmter Mitarbeitenden nach B entsteht eine Verbindlichkeit ohne Gegenleistung. Zum Zeitpunkt der Entscheidung bzw. der Bekanntgabe ist daher eine Rückstellung in Höhe von CHF 1'600'000 (1'500'000 + 100'000) zu bilden.

9. Ereignisse nach dem Bilanzstichtag

Im Laufe des Jahres 20x1 hat eine Organisation einem Kunden mit zweimonatiger Verspätung eine Maschine geliefert, bei welcher während der ersten drei Monate nach Inbetriebnahme zahlreiche Defekte auftraten.

Als Entschädigung hat die Organisation darauf verzichtet, dem Kunden die Montagekosten in Höhe von CHF 15'000 in Rechnung zu stellen. Der Kunde erachtete diese Entschädigung jedoch als ungenügend und strengte eine Gewährleistungsklage gegen die Organisation an. Er vertrat die Meinung, er habe einen Schaden in Höhe von insgesamt CHF 50'000 (Verdienstausfall von CHF 10'000 monatlich) erlitten und forderte Schadenersatz in Höhe von CHF 35'000. Die Organisation focht den Gesamtbetrag dieser Schadenersatzforderung mit der Begründung an, die Maschine habe während der ersten drei Monate nach Inbetriebnahme zumindest teilweise funktioniert, und die Defekte seien gemäss Garantievertrag vollständig behoben worden.

Anfang Januar des Jahres 20x2 zieht die Organisation in Betracht, aufgrund des Rechtsstreits mit seinem Kunden mögliche Aufwendungen in Höhe von CHF 15'000 im Anhang zu vermerken. Am 25. Januar 20x2, fünf Tage vor Bilanzerstellung der Organisation, informiert der Richter die Parteien, er habe in dieser Sache entschieden und die Organisation zur Zahlung von CHF 20'000 an dessen Kunden sowie zur Übernahme der Gerichtskosten in Höhe von CHF 1'500 verurteilt. Die Organisation verzichtet darauf, in Berufung zu gehen, und bildet für diesen Rechtsstreit in seiner Bilanz per 31. Dezember 20x1 eine Rückstellung in Höhe von CHF 21'500.

Eigenkapital und Transaktionen mit Aktionären

Herausgegeben: 2007
In Kraft gesetzt: 1. Januar 2007

Einleitung

Das Eigenkapital einer Gesellschaft ist eine sich aus den Aktiven nach Abzug der Verpflichtungen ergebende, gemäss den relevanten Rechnungslegungsnormen ermittelte Residualgrösse. Es setzt sich grundsätzlich aus dem Gesellschaftskapital, den zusätzlich einbezahlten Kapitalreserven und den erarbeiteten Gewinnreserven zusammen.

Die vorliegende Fachempfehlung befasst sich mit:
- der Erfassung, Bewertung und dem Ausweis eigener Aktien, wobei der Begriff der eigenen Aktien in der vorliegenden Fachempfehlung stellvertretend für alle Eigenkapitalinstrumente der Gesellschaft, einschliesslich Derivate auf eigene Aktien, verwendet wird
- der Erfassung, Bewertung und dem Ausweis von Transaktionen mit Aktionären in ihrer Eigenschaft als Aktionäre
- der Erfassung und dem Ausweis von Eigenkapitaltransaktionskosten
- der Darstellung von Bestand und Bewegungen des Eigenkapitals und seiner Komponenten und
- der Offenlegung relevanter Zusatzinformationen im Anhang.

Diese Fachempfehlung befasst sich nicht mit:
- aktienbezogenen Vergütungen für den Bezug von Waren, Arbeits- oder Dienstleistungen im Rahmen des ordentlichen Geschäftsverkehrs
- der Erfassung und Bewertung von Transaktionen mit Aktionären, die im Zusammenhang mit einem Unternehmenszusammenschluss, mit der Bildung einer Gemeinschaftsorganisation oder mit einer Unternehmensteilung stehen.

Diese Fachempfehlung wurde für die Rechtsform einer Aktiengesellschaft erstellt und ist sinngemäss auch für andere Organisationen anzuwenden.

Empfehlung

Erfassung, Bewertung und Ausweis eigener Aktien

1 Der Kauf eigener Aktien ist im Erwerbszeitpunkt grundsätzlich zu Anschaffungskosten zu erfassen. Vorbehalten bleibt Ziffer 4.

2   Der Bestand der eigenen Aktien ist nicht unter den Aktiven, sondern als Minusposten im Eigenkapital auszuweisen. Der Ausweis erfolgt als separate (negative) Eigenkapitalkomponente.

3   Im Anschluss an den Erwerb und die erstmalige Erfassung eigener Aktien findet keine Folgebewertung dieser Bestände statt. Bei späterer Wiederveräusserung ist der Mehr- oder Mindererlös nicht im Periodenergebnis, sondern als Zugang bzw. Reduktion der Kapitalreserven zu erfassen.

Erfassung, Bewertung und Ausweis von Transaktionen mit Aktionären in ihrer Eigenschaft als Aktionäre

4   Transaktionen mit Aktionären in ihrer Eigenschaft als Aktionäre sind zum Netto-Marktwert zu erfassen, selbst wenn sie nicht zu marktkonformen Bedingungen abgewickelt wurden.

Sofern es nicht möglich ist, einen zuverlässigen Netto-Marktwert zu ermitteln, kann bei entsprechender Offenlegung (vgl. Ziffer 10) auch eine andere Wertbasis zur Erfassung solcher Transaktionen herangezogen werden, die dem erwarteten Netto-Marktwert möglichst nahe kommt.

Kapitaleinlagen und Zuschüsse sowie Kapitalherabsetzungen sind nach Abzug des Nennwerts von allenfalls ausgegebenen oder zurückgerufenen Aktien den Kapitalreserven gutzuschreiben bzw. zu belasten. Eine Ausnahme bilden Regierungszuschüsse der öffentlichen Hand an Gesellschaften der öffentlichen Hand, die im Zusammenhang mit der Übernahme von Betriebsdefiziten stehen und entsprechend in der Erfolgsrechnung zu erfassen sind.

Ausschüttungen kumulierter Gewinne sind den Gewinnreserven zu belasten.

Erfassung und Ausweis von Eigenkapitaltransaktionskosten

5   Eigenkapitaltransaktionskosten sind grundsätzlich, soweit sie in einer Beschaffung (Kapitalerhöhung, Verkauf eigener Aktien) oder Rückzahlung (Kapitalherabsetzung, Kauf eigener Aktien) von Eigenkapital resultieren, nach Abzug der damit zusammenhängenden Ertragssteuern als Reduktion der Kapitalreserven zu erfassen.

6   Bis zum Bilanzstichtag aufgelaufene Eigenkapitaltransaktionskosten sind als aktive Rechnungsabgrenzung zu erfassen, sofern es wahrscheinlich ist, dass die entsprechende Eigenkapitaltransaktion in absehbarer Zukunft stattfinden wird. Andernfalls sind diese Kosten dem Periodenergebnis zu belasten.

Darstellung von Bestand und Bewegungen des Eigenkapitals und seiner Komponenten

7   In der Bilanz ist das Eigenkapital, soweit zutreffend, mindestens wie folgt zu gliedern:
    – Gesellschaftskapital
    – Nicht einbezahltes Gesellschaftskapital (Minusposten)
    – Kapitalreserven (insbesondere Agio)
    – Eigene Aktien (Minusposten)
    – Gewinnreserven bzw. kumulierte Verluste und
    – Total Eigenkapital.

8   Der Eigenkapitalnachweis ist als separates Element der Jahresrechnung darzustellen. Er zeigt für die Berichts- und die Vergleichsperiode tabellarisch für jede wesentliche Eigenkapitalkomponente den Anfangsbestand, den Endbestand und eine Überleitung vom Anfangs- zum Endbestand, wobei jede für die Beurteilung der Jahresrechnung wesentliche Bewegung separat aufzuzeigen ist.

Offenlegung im Anhang

9   Folgende Informationen über die Aktien der Gesellschaft sind offenzulegen:
    – Anzahl und Art der erfassten eigenen Aktien am Anfang und am Ende der Berichtsperiode
    – Anzahl, Art, durchschnittlicher Transaktionspreis und durchschnittlicher Netto-Marktwert (falls vom Transaktionspreis abweichend) der in der Berichtsperiode erworbenen und veräusserten eigenen Aktien, wobei die im Zusammenhang mit aktienbezogenen Vergütungen ausgegebenen eigenen Aktien separat darzustellen sind
    – allfällige Eventualverpflichtungen im Zusammenhang mit veräusserten oder erworbenen eigenen Aktien (z. B. Rückkaufs- bzw. Verkaufsverpflichtungen)
    – Anzahl und Art von Eigenkapitalinstrumenten der Gesellschaft, die von Tochtergesellschaften, Gemeinschaftsorganisationen, assoziierten Gesellschaften, Personalvorsorgeeinrichtungen und von der Unternehmung nahe stehenden Stiftungen gehalten werden
    – Anzahl, Art und Bedingungen der am Anfang und am Ende der Berichtsperiode für einen bestimmten Zweck reservierten eigenen Aktien sowie von nahe stehenden Personen gehaltenen Eigenkapitalinstrumente der Gesellschaft, zum Beispiel für Mitarbeiterbeteiligungsprogramme oder Wandel- und Optionsanleihen.

Dieselben Angaben sind jeweils separat für Derivate auf eigene Aktien offenzulegen.

10 Folgende Informationen über Transaktionen mit Aktionären in ihrer Eigenschaft als Aktionäre sind offenzulegen:
- Beschreibung und Betrag von Transaktionen mit Aktionären, die nicht mit flüssigen Mitteln abgewickelt oder die mit anderen Transaktionen saldiert wurden
- Begründung und Angabe der Wertbasis von Transaktionen mit Aktionären, die nicht zu Netto-Marktwerten erfasst werden konnten
- Beschreibung von Transaktionen mit Aktionären, die nicht zu marktkonformen Bedingungen abgewickelt wurden, einschliesslich der Angabe der in den Kapitalreserven erfassten Differenz zwischen dem Netto-Marktwert und dem vertraglich vereinbarten Preis der Transaktion.

11 Folgende Informationen über die Komponenten des Eigenkapitals sind offenzulegen:
- Details zu einzelnen Kategorien des Gesellschaftskapitals:
  - Anzahl und Art ausgegebener und einbezahlter Anteile
  - Nennwerte und
  - mit Anteilen verbundene Rechte und Restriktionen
- Betrag des bedingten und des genehmigten Kapitals
- Betrag der nicht ausschüttbaren, statutarischen oder gesetzlichen Reserven.

Erläuterungen

----

zu Einleitung

12 Die Erfassungs- und Bewertungsregeln dieser Fachempfehlung gelten auch für den Zwischenabschluss. Die Darstellungs- und Offenlegungsregeln sind im Sinne von Swiss GAAP FER 31, Ziffer 10, im Zwischenbericht nicht zu befolgen, können aber auf freiwilliger Basis angewendet werden.

13 Aktienbezogene Vergütungen im Rahmen des ordentlichen Geschäftsverkehrs, die z. B. den Kauf von Waren oder den Bezug von Arbeits- oder Dienstleistungen zu vereinbarten Bedingungen betreffen, sind nicht Gegenstand dieser Fachempfehlung, da sie nicht als Transaktionen mit Aktionären in ihrer Eigenschaft als Aktionäre qualifizieren.

14 Die Frage, ob eine Wertänderung (unrealisierter Gewinn oder Verlust), die sich aus der Bewertung einzelner Bilanzpositionen ergibt, in der Erfolgsrechnung oder im Eigenkapital auszuweisen ist, wird in der Fachempfehlung zur entsprechenden Bilanzposition geregelt. Dasselbe gilt für die Frage, ob im Eigenkapital erfasste Wertänderungen bei Realisierung in die Erfolgsrechnung übertragen werden sollen

oder nicht. Nicht realisierte Gewinne und Verluste auf Bilanzpositionen werden nur dann im Eigenkapital erfasst, wenn dies eine andere Fachempfehlung entweder erlaubt oder verlangt. Die vorliegende Fachempfehlung beschränkt sich auf die Regelung der Darstellung solcher Wertänderungen innerhalb des Eigenkapitals. Beispiele solcher Wertänderungen sind:
- unrealisierte Gewinne und Verluste aus der Absicherung zukünftiger Transaktionen
- die Neubewertung von Sachanlagen
- die Neubewertung von Kapitalanlagen von Versicherungsgesellschaften
- Rechnungslegungsänderungen und grundlegende Fehler (Restatement bei Abweichungen vom Grundsatz der Stetigkeit).

15   Transaktionen, die im Zusammenhang mit einem Unternehmenszusammenschluss, mit der Bildung einer Gemeinschaftsorganisation oder mit einer Unternehmensteilung stehen, werden nach speziellen Gesichtspunkten beurteilt und nach entsprechenden Konsolidierungs- und Bewertungsmethoden behandelt, die nicht Gegenstand dieser Fachempfehlung sind.

---

zu Ziffer 1

16   Die Anschaffungskosten eigener Aktien entsprechen grundsätzlich dem Netto-Marktwert der Mittel, die der Gegenpartei zur Begleichung übergeben werden. Dabei richtet sich der dem Kauf eigener Aktien zugrunde liegende Preis normalerweise nach deren Netto-Marktwert. Werden eigene Aktien unter dem Netto-Marktwert erworben (verdeckter Kapitalzuschuss), erfolgt die erstmalige Erfassung trotzdem zu Netto-Marktwerten, wobei die Differenz den Kapitalreserven zugeschrieben wird. Werden sie über dem Netto-Marktwert erworben (verdeckter Kapitalabfluss oder verdeckte Gewinnausschüttung), wird die Differenz den Kapitalreserven belastet.

17   Die veräusserten eigenen Aktien werden grundsätzlich zum ursprünglichen Anschaffungswert ausgebucht, wobei ein allenfalls realisierter Mehrwert der zufliessenden Mittel den Kapitalreserven gutgeschrieben wird. Ein allfälliger Minderwert der zufliessenden Mittel wird den Kapitalreserven belastet, auch wenn sich dadurch ein negativer Saldo ergibt.
Anstelle des effektiven ursprünglichen Anschaffungswerts kann auch ein anderes Verbrauchsfolgeverfahren, wie zum Beispiel FIFO oder gewichtete durchschnittliche Anschaffungskosten, gewählt werden, sofern dieses konsistent angewendet wird.

18 Nicht unter diese Regelungen fallen Einkäufe von Waren oder Dienstleistungen von bzw. an Aktionäre(n), die zu marktkonformen Bedingungen abgewickelt werden; in diesen Fällen tritt der Aktionär als Lieferant bzw. Kunde wie ein Dritter auf, und die entsprechenden aktienbezogenen Vergütungen fallen nicht unter diese Fachempfehlung.

19 Zu den Transaktionen mit Aktionären in ihrer Eigenschaft als Aktionäre gehören Kapitalerhöhungen und -herabsetzungen (inkl. Kauf und Verkauf eigener Aktien), Dividenden, Zuschüsse, verdeckte Gewinnausschüttungen, verdeckte Einlagen und ähnliche Transaktionen. In diesen Fällen sind die Bestimmungen betreffend Transaktionen mit nahe stehenden Personen zu beachten.

20 Bei der Erfassung von Transaktionen mit Aktionären ist die wirtschaftliche Substanz, und nicht die rechtliche Form, massgebend. Von besonderer Bedeutung sind offene und verdeckte Leistungen an Aktionäre oder solche von Aktionären. Diese werden gemäss dem Prinzip der wirtschaftlichen Betrachtungsweise als Eigenkapitaltransaktion erfasst, da sie die wirtschaftliche Leistungsfähigkeit der Gesellschaft nicht tangieren. In diesem Sinne, aber mit unterschiedlicher Schlussfolgerung, ist auch die in Ziffer 4 enthaltene Ausnahme betreffend Regierungszuschüsse der öffentlichen Hand an Gesellschaften der öffentlichen Hand zur Deckung von Betriebsdefiziten zu verstehen. Hier steht normalerweise nicht die Beziehung der öffentlichen Hand als Aktionärin zur Gesellschaft, sondern die Gewährung einer Subvention im Rahmen einer Defizitgarantie im Vordergrund. Solche Regierungszuschüsse werden erfolgswirksam erfasst.

Verdeckte Beiträge oder andere Leistungen von Aktionären zugunsten der Gesellschaft werden wie formelle, über dem Nennwert einer Ausgabe von Anteilen erfolgte Kapitalerhöhungen zum Netto-Marktwert als Zugang zu den Kapitalreserven erfasst. Bewertungen sind zum Beispiel erforderlich bei Kapitalerhöhungen durch vorsichtig bewertete bzw. unterbewertete Sacheinlagen sowie bei Zuschüssen und Beiträgen in nicht-monetärer Form. Wenn der Netto-Marktwert eines Objekts oder einer Leistung nicht zuverlässig ermittelt werden kann, kann der Netto-Marktwert der auszugebenden Aktien eine massgebliche Grundlage für die Bewertung bilden. Keine Netto-Marktwertanpassung ist erforderlich bei Kapitalerhöhungen (Ausgabe neuer Aktien) unter dem aktuellen Netto-Marktwert (z. B. Börsenkurs) der Aktien, solange die zufliessenden Mittel selbst zum Netto-Marktwert erfasst werden.

Verdeckte Gewinnausschüttungen an Aktionäre werden wie formell ausbezahlte Dividenden nicht als Aufwand, sondern zum Netto-Marktwert als Reduktion der Gewinnreserven erfasst.

Kann der Netto-Marktwert in begründeten Fällen nicht zuverlässig ermittelt werden, so kann bei entsprechender Offenlegung eine andere Bewertungsbasis – z. B. der Buchwert oder ein vertraglich vereinbarter Preis – herangezogen werden, die dem erwarteten Netto-Marktwert möglichst nahe kommt.

21 Die Erfassung der Eigenkapitaltransaktionskosten erfolgt auch dann zulasten des Eigenkapitals, wenn sich dadurch ein negativer Saldo ergibt.
Der Steuereffekt der abzugsfähigen Kosten einer Kapitalerhöhung wird durch Belastung des laufenden Steueraufwands den Kapitalreserven gutgeschrieben bzw. von den, den Kapitalreserven belasteten Kosten in Abzug gebracht.

22 Beziehen sich die Eigenkapitaltransaktionskosten auf mehr als eine Transaktion, werden sie auf einer nachvollziehbaren Grundlage den einzelnen Transaktionen zugeordnet, um den Umfang der transitorischen Aktivierung, der Verrechnung mit den Kapitalreserven oder der erfolgswirksamen Erfassung zu bestimmen. Erfolgswirksam im Finanzaufwand erfasst werden beispielsweise die Kosten einer Kotierung bestehender Aktien, da diese nicht in einer Kapitalbeschaffung resultiert.

zu Ziffer 7

23 Das Gesellschaftskapital entspricht dem einbezahlten Nennwert der ausgegebenen Anteile. Nicht einbezahltes Kapital ist vom Gesellschaftskapital offen (zum Beispiel in einer Vorkolonne) in Abzug zu bringen.

24 Als Kapitalreserven werden nicht nur die bei der Gründung oder bei Kapitalerhöhungen über den Nennwert der zugrunde liegenden Anteile hinaus formell einbezahlten Beträge oder eingebrachten Werte, sondern jegliche Zuschüsse oder Beiträge von Aktionären in ihrer Eigenschaft als Aktionäre ausgewiesen. Abzugsfähige Eigenkapitaltransaktionskosten werden mit den Kapitalreserven verrechnet (vgl. Ziffer 5). Aktionärsdarlehen werden unter dem Fremdkapital ausgewiesen, auch wenn sie zinslos und ohne feste Fälligkeit, aber mit Rückzahlungsanspruch seitens des Aktionärs gewährt werden.

25 Als Gewinnreserven gelten nicht nur die einbehaltenen Gewinne der Erfolgsrechnung, sondern auch die direkt im Eigenkapital erfassten Wertänderungen (vgl. Ziffer 14).

zu Ziffer 8

26 Der Eigenkapitalnachweis wird als separates Element der Jahresrechnung gleichwertig zur Bilanz, Erfolgs- und Geldflussrechnung dargestellt. Er wird in tabellarischer Form, einerseits nach den wesentlichen Eigenkapitalkomponenten und andererseits nach den einzelnen wesentlichen Eigenkapitalveränderungen, gegliedert.

27 Folgende Eigenkapitalkomponenten werden separat dargestellt:
  – Gesellschaftskapital
  – Nicht einbezahltes Gesellschaftskapital (Minusposten)
  – Kapitalreserven
  – Eigene Aktien (Minusposten)

- Einbehaltene Gewinne (Teil der Gewinnreserven)
- Neubewertungsreserven (Teil der Gewinnreserven)
- allenfalls weitere wesentliche Komponenten
- Total Eigenkapital.

28 Folgende Eigenkapitalveränderungen werden für die unter Ziffer 27 aufgeführten Eigenkapitalkomponenten separat ausgewiesen:
- Kapitalerhöhungen und -herabsetzungen
- Eigenkapitaltransaktionskosten
- Erwerb eigener Aktien
- Verkauf eigener Aktien
- Reingewinn/-verlust
- Gewinnausschüttungen/Dividenden
- Veränderung der Neubewertungsreserven
- Effekt von Änderungen von Grundsätzen der Rechnungslegung
- Effekt von Fehlern
- allenfalls weitere wesentliche Erfolgspositionen, sofern eine andere Fachempfehlung deren Erfassung im Eigenkapital erlaubt oder verlangt.

----

zu den Ziffern 9 und 10

29 Ist die Anzahl der von Tochtergesellschaften, Gemeinschaftsorganisationen, assoziierten Gesellschaften, Personalvorsorgeeinrichtungen und anderen der Unternehmung nahe stehenden Stiftungen gehaltenen Aktien der Gesellschaft nicht bekannt, ist diese Tatsache offenzulegen.

30 Rückkaufverpflichtungen aus der Veräusserung eigener Aktien sind offenzulegen, soweit diese Transaktion zu einer Ausbuchung der eigenen Aktien aus der Bilanz führt. Massgebend für die Rechnungslegung solcher Transaktionen ist deren Substanz, und nicht die rechtliche Form. Scheingeschäfte oder Transaktionen, die den Charakter von Fremdkapitalfinanzierungen mit Hinterlegung eigener Aktien haben, die die Gegenpartei solcher Instrumente in keiner Weise dem Risiko von Netto-Marktwertschwankungen aussetzen, führen nicht zur Ausbuchung der eigenen Aktien aus der Bilanz; in solchen Fällen ist aber im Sinne von Ziffer 9 die beschränkte Verfügbarkeit dieser Aktien offenzulegen.

31 Weitere Offenlegungspflichten im Zusammenhang mit Transaktionen mit Aktionären können sich unter dem Titel «Transaktionen mit nahe stehenden Personen» ergeben.

----

zu Ziffer 11

32 Unter diese Ziffer fällt auch die Offenlegung der Anzahl ausgegebener Genussscheine und der damit verbundenen Rechte und Restriktionen.

Anhang

Die Anhänge (Seiten 149–150) sind rein illustrativ. Die Absicht des Anhangs ist es, die Anwendung der Empfehlung zu veranschaulichen und ihre Bedeutung zu klären.

Anhang 1
Muster eines Eigenkapitalnachweises

in CHF 1'000	Gesellschaftskapital[1]	Nicht einbezahltes Gesellschaftskapital	Kapitalreserven (Agio)[1]	Eigene Aktien[2]	Einbehaltene Gewinne[1]	Total
Eigenkapital per 1.1.20x1 (vor Restatement)	50'000	(5'000)	244'000	(17'000)	27'000	299'000
Effekt aus Änderung von Rechnungslegungs- grundsätzen (Restatement)					4'000	4'000
Eigenkapital per 1.1.20x1 (nach Restatement)	50'000	(5'000)	244'000	(17'000)	31'000	303'000
Kapitalerhöhung	25'000		13'000			38'000
Transaktionskosten der Kapitalerhöhung			(3'000)			(3'000)
Erwerb eigener Aktien[3]			(1'000)	(15'000)		(16'000)
Jahresgewinn					22'000	22'000
Dividenden					(10'000)	(10'000)
Übrige Ausschüttungen[4]					(1'000)	(1'000)
Eigenkapital per 31.12.20x1	75'000	(5'000)	253'000	(32'000)	42'000	333'000
Kapitalherabsetzung	(5'000)	5'000				0
Zuschüsse von Aktionären[5]			7'000			7'000
Veräusserung eigener Aktien[6]			3'000	6'000		9'000
Jahresverlust/-gewinn					(9'000)	(9'000)
Dividenden					(11'000)	(11'000)
Eigenkapital per 31.12. 20x2	70'000	0	263'000	(26'000)	22'000	329'000

1 Die einzelnen Kategorien des Gesellschaftskapitals und die Beträge des bedingten und des genehmigten Kapitals sowie der nicht ausschüttbaren, statutarischen und gesetzlichen Reserven sind gemäss Ziffer 11 der Fachempfehlung im Anhang offenzulegen.
2 Eigene Aktien, reserviert und/oder frei verfügbar.
3 Die Belastung der Kapitalreserven im Umfang von CHF 1.0 Mio. betrifft die Transaktionskosten aus dem Erwerb eigener Aktien.
4 Beispiel: geschäftsmässig nicht begründete Entnahmen eines Hauptaktionärs.
5 Die Art der Zuschüsse ist zu erläutern (z.B. Verkäufe eigener Aktien durch die Gesellschaft zu einem Preis über dem Verkehrswert, Einbringung von Sachanlagen unter dem Verkehrswert).
6 Der Mehrerlös aus der Veräusserung eigener Aktien in Höhe von CHF 3.0 Mio. versteht sich nach Abzug der damit verbundenen Transaktionskosten.

Anhang 2
Beispiel einer Offenlegung zu Ziffer 9

Eigene Aktien

Die Gesellschaft verfügte am 31. Dezember 20x1 über 5'243 eigene Inhaberaktien mit einem Nennwert von je CHF 1'000.– (Vorjahr: 6'453 eigene Inhaberaktien), wovon 3'000 Aktien für den Beteiligungsplan für das obere Kader und 2'000 Aktien für die Andienung der Ausübungsansprüche aus der Optionsanleihe reserviert sind. Die gesamten Anschaffungskosten belaufen sich auf CHF 26 Mio. (Vorjahr: CHF 32 Mio.) und sind im Eigenkapitalnachweis separat ausgewiesen.

Während des Berichtsjahres wurden 1'210 eigene Inhaberaktien zu einem durchschnittlichen Transaktionspreis (Netto-Marktwert) von CHF 7'438.– pro Aktie veräussert und keine weiteren eigenen Aktien erworben (Vorjahr: Erwerb von 2'286 eigenen Aktien zu einem durchschnittlichen Transaktionspreis bzw. Netto-Marktwert von CHF 6'561.65 pro Aktie). Es bestehen keinerlei Rückkaufs- oder andere Eventualverpflichtungen im Zusammenhang mit eigenen Aktien. Weder im Berichts- noch im Vorjahr wurden eigene Aktien im Zusammenhang mit aktienbezogenen Vergütungen ausgegeben.

3'500 Inhaberaktien der Gesellschaft, die nicht in der vorliegenden Jahresrechnung bilanziert sind, werden im weiteren von der Personalvorsorgestiftung gehalten und dienen ebenfalls der Deckung der Ausübungsansprüche aus der Optionsanleihe. Die Gesellschaft verfügt über eine Call Option zum Erwerb dieser Aktien zu einem Preis von je CHF 7'700.–, die bis zum 31. Dezember 20x3 ausgeübt werden kann.

Glossar

Eigene Aktien

Die durch die Gesellschaft, durch vollkonsolidierte Tochtergesellschaften oder quotenkonsolidierte Gemeinschaftsorganisationen sowie durch Dritte oder nahe stehende Personen im Auftrag der Gesellschaft treuhänderisch gehaltenen Anteile an der bilanzierenden Organisation.

Zum Zweck der Offenlegung umfassen die eigenen Aktien zudem auch die Anteile an der bilanzierenden Organisation, die durch nicht konsolidierte Tochtergesellschaften, Gemeinschaftsorganisationen, assoziierte Gesellschaften oder nahe stehende Stiftungen und Personalvorsorgeeinrichtungen gehalten werden.

Die Begriffe der «Eigenen Aktien» bzw. der «Aktien der Gesellschaft» werden stellvertretend für alle durch die bilanzierende Organisation ausgegebenen Eigenkapitalinstrumente wie Aktien, Partizipationsscheine, Genussscheine, aber auch Optionen und andere Derivate auf eigene Aktien, soweit diese Eigenkapitalinstrumente darstellen, verwendet.

Eigenkapitaltransaktionskosten

Externe Kosten, die in einem direkten Zusammenhang mit der Beschaffung oder der Rückzahlung von Eigenkapital stehen und ohne die entsprechende Transaktion nicht angefallen wären (z. B. Gebühren, Steuern, Aufwendungen für Bewertungen, Due Diligence, Rechtsberatung).

Genussscheine

Eigenkapitalinstrumente, die keinen Nennwert haben, keine Stimmrechte gewähren und nicht gegen eine aktivierungsfähige Einlage ausgegeben wurden. Sie können beispielsweise zum Bezug neuer Aktien oder zur Partizipation am Ergebnis der Gesellschaft berechtigen.

Gesellschaftskapital

Verbrieftes Eigenkapital bzw. Grundkapital wie Aktien- oder Partizipationsscheinkapital.

Gewinnreserven

Erarbeitete einbehaltene Gewinne, inkl. direkt im Eigenkapital erfasster Erfolgspositionen wie kumulierte Fremdwährungsdifferenzen und Neubewertungsreserven. Dazu gehören der Gewinnvortrag und die aus der periodischen Gewinnverwendung resultierenden gesetzlichen Reserven.

Kapitalreserven

Einbezahlte oder eingebrachte Reserven, insbesondere Agio.

Neubewertungsreserve

Der Gesamtbetrag der erfolgsneutralen Aufwertung von Aktiven über deren historischen Anschaffungswert hinaus, nach Abzug der darauf zu bildenden latenten Ertragssteuerverpflichtung.

Partizipationsscheine

Stimmrechtslose, aber dividendenberechtigte, gegen Einlage ausgegebene Anteile.

Transaktionen mit Aktionären in ihrer Eigenschaft als Aktionäre

Transaktionen mit Aktionären, die mit ihrer Rolle als Eigentümer der Gesellschaft zusammenhängen und in einer direkten, offenen oder verdeckten Erhöhung oder Reduktion des Eigenkapitals resultieren, wie z. B. Kapitalerhöhungen und -herabsetzungen, Ausschüttungen, Kauf und Verkauf eigener Aktien, Zuschüsse.

Rechnungslegung von Vorsorgeeinrichtungen

Überarbeitet: 2013
In Kraft gesetzt: 1. Januar 2014

Einleitung

In Ergänzung und teilweiser Anpassung bestehender Fachempfehlungen (FER) gelten für die Jahresrechnungen von Vorsorgeeinrichtungen die nachstehenden besonderen Empfehlungen. Bei der Erstellung der Jahresrechnung nach Swiss GAAP FER sind die Bestimmungen von Spezialgesetzen der beruflichen Vorsorge soweit zu berücksichtigen, dass keine zusätzliche Rechnungsablage notwendig ist.

Für Vorsorgeeinrichtungen gilt der übergeordnete Grundsatz von Swiss GAAP FER, wonach die Jahresrechnung ein den tatsächlichen Verhältnissen entsprechendes Bild der Vermögens-, Finanz- und Ertragslage (true & fair view) zu vermitteln hat. Dies bedeutet die Anwendung von aktuellen Werten für alle Vermögensanlagen. Die Vorsorgekapitalien und technischen Rückstellungen werden nach anerkannten Grundsätzen und auf allgemein zugänglichen technischen Grundlagen ermittelt. Aufgrund der besonderen Langfristigkeit in der Vorsorgezielsetzung ist die Bildung einer Wertschwankungsreserve erlaubt. Die Erstellung einer Geldflussrechnung ist nicht erforderlich.

Empfehlung

1   Die vorliegende Empfehlung gilt für Vorsorgeeinrichtungen, welche ihre Jahresrechnung nach den gesetzlichen Vorschriften über die berufliche Vorsorge ablegen. Fehlt eine spezifische Regelung, haben spezialgesetzliche Vorschriften und aufsichtsrechtliche Weisungen Vorrang vor den anderen Empfehlungen von Swiss GAAP FER.

2   Der Abschluss einer Vorsorgeeinrichtung nach Swiss GAAP FER 26 umfasst Bilanz, Betriebsrechnung und Anhang mit Vorjahreszahlen. Der Abschluss vermittelt die «tatsächliche finanzielle Lage» im Sinne der Gesetzgebung über die berufliche Vorsorge und enthält alle für dessen Beurteilung notwendigen Informationen. Er stellt insbesondere den Umfang der Wertschwankungsreserve und der Freien Mittel bzw. die Unterdeckung sowie den Ertrags- bzw. Aufwandüberschuss der Periode dar. Der Ausweis eines Ertragsüberschusses kann nur erfolgen, wenn die Wertschwankungsreserve in der Höhe des Zielwertes vorhanden ist. Der Ausweis einer Unterdeckung kann bei Vorsorgeeinrichtungen im System der Vollkapitalisierung nur erfolgen, wenn die Wertschwankungsreserve vollständig aufgelöst ist. Die Freien Mittel bzw. die Unterdeckung sind das Resultat aus den nach Swiss GAAP

FER 26 bewerteten Bilanzpositionen, dem Vortrag vom Vorjahr und dem Ertrags- bzw. Aufwandüberschuss der Betriebsrechnung.

3 Die Bewertung der Aktiven erfolgt zu den für den Bilanzstichtag zutreffenden aktuellen Werten ohne Einbau von Glättungseffekten.

4 Die Bewertung der Passiven erfolgt auf den Bilanzstichtag. Vorsorgekapitalien und technische Rückstellungen werden jährlich nach anerkannten Grundsätzen und auf allgemein zugänglichen technischen Grundlagen ermittelt. Die Fortschreibung einzelner Elemente der Vorsorgekapitalien und technischen Rückstellungen ist dann zulässig, wenn dies zu einem angemessen genauen Ergebnis führt. Bei wesentlichen Änderungen oder einer Unterdeckung ist eine Fortschreibung nicht zulässig. Aufgrund der Langfristigkeit der Vorsorgezielsetzung können Wertschwankungsreserven gebildet werden, welche als einzige Bilanzposition bei der Bildung und Auflösung einen Glättungseffekt auf den Ertrags- oder Aufwandüberschuss der Periode bewirken können.

5 Die Bewertungs- und Berechnungsgrundlagen für Aktiven und Passiven sind stetig anzuwenden und offenzulegen. Änderungen dieser Grundlagen müssen im Anhang unter Angabe des Einflusses auf die Jahresrechnung erläutert werden, entweder durch Offenlegung der Auswirkungen im Berichtsjahr oder durch eine Anpassung der Zahlen des Vorjahres (Restatement).

6 Der Swiss GAAP FER-Abschluss einer Vorsorgeeinrichtung enthält, wenn entsprechende Inhalte bestehen, die nachfolgenden Hauptpositionen mit den Buchstaben A bis Z in der Bilanz und der Betriebsrechnung sowie im Anhang die Hauptpositionen mit den römischen Ziffern I bis X. Zu diesen Hauptpositionen sind zusätzlich ebenfalls verbindliche Unterpositionen definiert. Eine Umbenennung oder ein Hinzufügen von Positionen ist nur möglich, wenn ein Sachverhalt mit den vorgegebenen Positionen unzureichend oder irreführend dargestellt würde.

7 Gliederung der Bilanz:

Aktiven

A Vermögensanlagen

Es sind individuelle Ordnungskriterien, Gliederungen und Bezeichnungen zu bestimmen und stetig anzuwenden. Bei der Darstellung der Positionen ist das Prinzip der Wesentlichkeit zu beachten. Beispiele solcher Positionen sind (nicht abschliessende Aufzählung in alphabetischer Reihenfolge): Aktien/Anteile an Anlagestiftungen und Anlagefonds/Beteiligungen/Flüssige Mittel und Geldmarktanlagen/Forderungen/Hypothekardarlehen/Immobilien/Obligationen/Portfolio Bank xy/Wertschriften. Anlagen beim Arbeitgeber sind mit allen Bestandteilen (Forderungen, Beteiligungen etc.) immer separat auszuweisen.

B   Aktive Rechnungsabgrenzung
C   Aktiven aus Versicherungsverträgen*
Passiven
D   Verbindlichkeiten
        Freizügigkeitsleistungen und Renten
        Banken/Versicherungen
        Andere Verbindlichkeiten
E   Passive Rechnungsabgrenzung
F   Arbeitgeber-Beitragsreserve
        Beitragsreserve ohne Verwendungsverzicht**
        Beitragsreserve mit Verwendungsverzicht**
G   Nicht-technische Rückstellungen
H   Vorsorgekapitalien und technische Rückstellungen
        Vorsorgekapital Aktive Versicherte
        Vorsorgekapital Rentner
        Passiven aus Versicherungsverträgen*
        Technische Rückstellungen
I   Wertschwankungsreserve
J   Stiftungskapital, Freie Mittel/Unterdeckung
        Stand zu Beginn der Periode
     +/– Zunahme/Abnahme aus Teilliquidation (falls nicht über P/Q gebucht)
     +   Einlage von übernommenen Versicherten-Beständen (falls nicht über P/Q gebucht)
Z   +/– Ertragsüberschuss/Aufwandüberschuss
     =   Stand am Ende der Periode
*   Die Verbuchung von Rückkaufswerten aus Kollektiv-Versicherungsverträgen in der Bilanz ist freiwillig, andernfalls erfolgt die Darstellung im Anhang
**   Unterpositionen nur aufführen, wenn Beitragsreserven mit Verwendungsverzicht bestehen

8   Die Darstellung der Betriebsrechnung erfolgt in Staffelform mit der folgenden Gliederung:
K   +   Ordentliche und übrige Beiträge und Einlagen
     +   Beiträge Arbeitnehmer
     +   Beiträge Arbeitgeber
     –   Entnahme aus Arbeitgeber-Beitragsreserve zur Beitragsfinanzierung
     +   Beiträge von Dritten
     +   Nachzahlungen Arbeitnehmer
     +   Nachzahlungen Arbeitgeber
     +   Einmaleinlagen und Einkaufsummen

	+	Sanierungsbeiträge Arbeitnehmer
	+	Sanierungsbeiträge Arbeitgeber
	+	Sanierungsbeiträge Rentner
	+	Einlagen in die Arbeitgeber-Beitragsreserve
	+	Zuschüsse Sicherheitsfonds
L	+	Eintrittsleistungen
	+	Freizügigkeitseinlagen
	+	Einlagen bei Übernahme von Versicherten-Beständen in
		– Technische Rückstellungen
		– Wertschwankungsreserve
		– Freie Mittel
	+	Einzahlung WEF-Vorbezüge/Scheidung

K bis L = *Zufluss aus Beiträgen und Eintrittsleistungen*

M	–	Reglementarische Leistungen
		– Altersrenten
		– Hinterlassenenrenten
		– Invalidenrenten
		– Übrige reglementarische Leistungen
		– Kapitalleistungen bei Pensionierung
		– Kapitalleistungen bei Tod und Invalidität
N	–	Ausserreglementarische Leistungen
O	–	Austrittsleistungen
		– Freizügigkeitsleistungen bei Austritt
		– Übertragung von zusätzlichen Mitteln bei kollektivem Austritt
		– Vorbezüge WEF/Scheidung

M bis O = *Abfluss für Leistungen und Vorbezüge*

P/Q	+/–	Auflösung/Bildung Vorsorgekapitalien, technische Rückstellungen und Beitragsreserven
	+/–	Auflösung/Bildung Vorsorgekapital Aktive Versicherte
	+/–	Aufwand/Ertrag aus Teilliquidation (nur Anteil Freie Mittel/Unterdeckung)
	+/–	Auflösung/Bildung Vorsorgekapital Rentner
	+/–	Auflösung/Bildung technische Rückstellungen
		– Verzinsung des Sparkapitals
	+/–	Auflösung/Bildung von Beitragsreserven
R	+	Ertrag aus Versicherungsleistungen
	+	Versicherungsleistungen
	+	Überschussanteile aus Versicherungen
S	–	Versicherungsaufwand
		– Versicherungsprämien
		– Sparprämien
		– Risikoprämien

- Kostenprämien
  - Einmaleinlagen an Versicherungen
  - Verwendung Überschussanteile aus Versicherung
  - Beiträge an Sicherheitsfonds

K bis S = *Netto-Ergebnis aus dem Versicherungsteil*

T +/– Netto-Ergebnis aus Vermögensanlage

Es sind individuelle Ordnungskriterien, Gliederungen und Bezeichnungen zu bestimmen und stetig anzuwenden. Das Ziel ist eine inhaltlich mit der Bilanzgliederung (Position A) übereinstimmende stetige Darstellung der wesentlichen Positionen. In der Position T ist in jedem Fall der Verwaltungsaufwand der Vermögensanlage offen auszuweisen.

U +/– Auflösung/Bildung Nicht-technische Rückstellungen

V + Sonstiger Ertrag

   + Ertrag aus erbrachten Dienstleistungen

   + Übrige Erträge

W – Sonstiger Aufwand

X – Verwaltungsaufwand

   – Allgemeine Verwaltung

   – Marketing und Werbung

   – Makler- und Brokertätigkeit

   – Revisionsstelle und Experte für berufliche Vorsorge

   – Aufsichtsbehörden

K bis X = *Ertrags-/Aufwandüberschuss vor Bildung/Auflösung Wertschwankungsreserve*

Y +/– Auflösung/Bildung Wertschwankungsreserve

Z = *Ertragsüberschuss/Aufwandüberschuss (Summe aus K bis Y)*

9   Der Anhang enthält jene Informationen, welche in Ergänzung zur Bilanz und Betriebsrechnung notwendig sind, um die in den Ziffern 2 bis 5 definierten Zielsetzungen erreichen zu können. Dem Charakter nach handelt es sich um listenartige bzw. beschreibende Angaben sowie um Zahlen (mit Vorjahreszahlen) und Erläuterungen. Die Darstellung erfolgt mit der folgenden Gliederung:

I   Grundlagen und Organisation

Rechtsform und Zweck

Registrierung BVG und Sicherheitsfonds

Angabe der Urkunde und Reglemente

Oberstes Organ, Geschäftsführung und Zeichnungsberechtigung

Experten, Revisionsstelle, Berater, Aufsichtsbehörde

Angeschlossene Arbeitgeber*

II   Aktive Mitglieder und Rentner

Aktive Versicherte*

Rentenbezüger*
Bestand und Entwicklung der aktiven Mitglieder und
der Rentenbezüger sind brutto darzustellen.

III Art der Umsetzung des Zwecks
Erläuterung des Vorsorgeplans (der Vorsorgepläne)
Finanzierung, Finanzierungsmethode
Weitere Informationen zur Vorsorgetätigkeit

IV Bewertungs- und Rechnungslegungsgrundsätze, Stetigkeit
Bestätigung über Rechnungslegung nach Swiss GAAP FER 26
Buchführungs- und Bewertungsgrundsätze
Änderung von Grundsätzen bei Bewertung, Buchführung
und Rechnungslegung

V Versicherungstechnische Risiken/Risikodeckung/Deckungsgrad
Es können bei besonderen Vorsorgekonzepten (z. B. mehrere
Vorsorgepläne mit unterschiedlicher Risikodeckung) anstelle
der nachfolgenden Untergliederung auch abweichende Ord-
nungskriterien bestimmt werden, die dann stetig anzuwen-
den sind. Der Informationsgehalt muss gleichwertig sein.
Art der Risikodeckung, Rückversicherungen
Erläuterung von Aktiven und Passiven aus Versicherungsverträgen*
Entwicklung und Verzinsung der Sparguthaben im Beitrags-
primat*
Entwicklung des Deckungskapitals für Aktive Versicherte im
Leistungsprimat*
Summe der Altersguthaben nach BVG*
Entwicklung des Deckungskapitals für Rentner*
Zusammensetzung, Entwicklung und Erläuterung der
technischen Rückstellungen
Ergebnis des letzten versicherungstechnischen Gutachtens
Technische Grundlagen und andere versicherungstechnisch
relevante Annahmen
Änderung von technischen Grundlagen und Annahmen
Arbeitgeber-Beitragsreserve mit Verwendungsverzicht*
Deckungsgrad nach Art. 44 BVV 2

VI Erläuterung der Vermögensanlage und des Netto-Ergebnisses aus
Vermögensanlage
Organisation der Anlagetätigkeit, Anlageberater und Anlage-
manager, Anlagereglement
Die Darstellung umfasst auch Aufträge, Vermögensverwalter
inkl. Art deren Zulassung und Depotstellen.
Inanspruchnahme Erweiterungen (Art. 50 Abs. 4 BVV 2) mit schlüs-
siger Darlegung der Einhaltung der Sicherheit und Risikoverteilung (Art. 50 Abs. 1–3 BVV 2)

Zielgrösse und Berechnung der Wertschwankungsreserve*

Darstellung der Vermögensanlage nach Anlagekategorien

Die Darstellung weist das mit der Bilanz übereinstimmende Gesamtvermögen unter Anrechnung des Engagements aus derivativen Finanzinstrumenten aus. Das Ziel ist es, die wesentlichen Anlagerisiken und die Verteilung dieser Risiken anhand der tatsächlichen Allokation und im Vergleich mit der allenfalls davon abweichenden Anlagestrategie darzustellen. Kollektive Anlagen und das Engagement aus derivativen Finanzinstrumenten sind den Basisanlagen bzw. den einzelnen Anlagekategorien zuzuordnen. Gliederungskriterien und Detaillierungsgrad können deshalb von der Gliederung der Bilanz abweichen. Der Vergleich zum Vorjahr kann sich auf die wesentlichen Änderungen beschränken.

Laufende (offene) derivative Finanzinstrumente

Offene Kapitalzusagen (z. B. aus Private-Equity-Anlagen)

Marktwert und Vertragspartner der Wertpapiere unter Securities Lending

Erläuterung des Netto-Ergebnisses aus Vermögensanlage

Das in der Berichtsperiode erzielte Ergebnis ist im Zusammenhang mit der gewählten Anlagestrategie sowie im Rahmen der Vorsorgetätigkeit als Ganzes zu erläutern. Performance-Erläuterungen beziehen sich erkennbar auf die gesamte Vermögensanlage oder auf klar umschriebene Teile davon. Der Vergleich zum Vorjahr kann sich auf wesentliche Aspekte beschränken.

Erläuterung zu den Vermögensverwaltungskosten

Summe aller in der Betriebsrechnung erfassten Kostenkennzahlen in CHF für Kollektivanlagen

Total der in der Betriebsrechnung ausgewiesenen Vermögensverwaltungskosten in Prozent der kostentransparenten Vermögensanlagen

Kostentransparenzquote (wertmässiger Anteil der kostentransparenten Vermögensanlagen am Total der Vermögensanlagen)

Darstellung der Vermögensanlagen, für welche die Vermögensverwaltungskosten nicht ausgewiesen werden können (Art. 48a Abs. 3 BVV 2)

Erläuterung der Anlagen beim Arbeitgeber* und Arbeitgeber-Beitragsreserve*

Die Erläuterungen haben zum Ziel, die finanziellen Beziehungen zum Arbeitgeber umfassend darzustellen (Art der Forderungen, Verbindlichkeiten und Vertragsverhältnisse sowie die damit zusammen hängenden Erträge und Aufwendungen).

VII Erläuterung weiterer Positionen der Bilanz und Betriebsrechnung

VIII Auflagen der Aufsichtsbehörde

IX Weitere Informationen mit Bezug auf die finanzielle Lage
Unterdeckung/Erläuterung der getroffenen Massnahmen
(Art. 44 BVV 2)
Verwendungsverzicht des Arbeitgebers auf Arbeitgeber-Beitragsreserve
Teilliquidationen
Separate Accounts*
Verpfändung von Aktiven*
Solidarhaftung und Bürgschaften*
Laufende Rechtsverfahren
Besondere Geschäftsvorfälle und Vermögens-Transaktionen

X Ereignisse nach dem Bilanzstichtag

* Bei diesen Positionen des Anhangs sind der Bestand und die Veränderung zum Vorjahr darzustellen und bei Bedarf zu erläutern.

10 Sammel- und Gemeinschaftseinrichtungen erstellen die Jahresrechnung so, dass die zutreffenden Informationen sowohl für das einzelne Vorsorgewerk als auch für die Einrichtung als Ganzes zur Verfügung stehen. Beim Zusammenführen der Abschlüsse von Vorsorgewerken dürfen keine Verrechnungen von Aktiven und Passiven sowie von Aufwand und Ertrag vorgenommen werden. Insbesondere dürfen die Unterdeckungen einzelner Vorsorgewerke nicht mit Freien Mitteln anderer Vorsorgewerke verrechnet dargestellt werden.

Erläuterungen

----

zu Ziffer 1

11 Swiss GAAP FER 26 wird auf Beschluss des obersten Organs umgesetzt. Der Standard eignet sich für folgende Arten von Vorsorgeeinrichtungen:
– Vorsorgeeinrichtungen, welche die obligatorische und/oder überobligatorische Vorsorge durchführen oder finanzieren (Vorsorgeeinrichtungen mit reglementarischen Leistungen, registriert und nicht registriert, patronale Fonds und Finanzierungseinrichtungen der beruflichen Vorsorge sowie Sammel- und Gemeinschaftseinrichtungen)
– sinngemäss auch für andere Einrichtungen, welche nach ihrem Zweck der beruflichen Vorsorge dienen, wie Freizügigkeitseinrichtungen, Säule 3a-Einrichtungen, Anlagestiftungen, Auffangeinrichtung und Sicherheitsfonds.

12 Bildung/Auflösung der Freien Mittel bzw. Unterdeckung sowie der Wertschwankungsreserve:
  - Aufgrund der vorgegebenen Reihenfolge der Bildung und Auflösung von Wertschwankungsreserven kann der unter den Freien Mitteln ausgewiesene Betrag bei Vorsorgeeinrichtungen im System der Vollkapitalisierung erst dann negativ werden, wenn keine Wertschwankungsreserve mehr vorhanden ist. Ein negativer Betrag entspricht deshalb gleichzeitig der Unterdeckung im Sinne von Art. 44 BVV 2.
  - Die Veränderung der Freien Mittel bzw. der Unterdeckung erfolgt grundsätzlich über den Ertrags- bzw. Aufwandüberschuss (Position Z). Die Auswirkung einer Teilliquidation auf die Freien Mittel bzw. Unterdeckung oder die Einlage in die Freien Mittel bei der Übernahme von Versicherten-Beständen kann wahlweise über die Betriebsrechnung (Position P/Q bzw. L) oder direkt in der Bilanz (Position J) nachvollziehbar dargestellt werden. Die Sachverhalte sind im Anhang zu erläutern (Verteilungskriterien der Teilliquidation Position IX, Einlage von übernommenen Versicherten-Beständen Position V).
  - Vorsorgeeinrichtungen von öffentlich-rechtlichen Körperschaften im System der Teilkapitalisierung dürfen aufgrund des vorgegebenen Konzepts im Falle eines Fehlbetrags (Unterdeckung) nur in dem Umfang eine Wertschwankungsreserve in der Bilanz bilden, in welchem der im Finanzierungsplan festgelegte Zieldeckungsgrad am Bilanzstichtag überschritten wird. Sie sind indessen im Interesse einer umfassenden Darstellung der tatsächlichen finanziellen Lage in jedem Fall auch zur Bestimmung und Offenlegung einer Zielgrösse der Wertschwankungsreserve (Ziffern 4 und 14) verpflichtet.

zu Ziffer 3

13 Bewertung von Aktiven:
  - Unter aktuellen Werten werden für alle Aktiven grundsätzlich Marktwerte per Bilanzstichtag verstanden.
  - Der aktuelle Wert von Immobilien und anderen Vermögensgegenständen ohne regelmässigen öffentlichen Handel wird nach dem zu erwartenden Ertrag bzw. Geldfluss unter Berücksichtigung eines risikogerechten Kapitalisierungszinssatzes ermittelt, durch Vergleich mit ähnlichen Objekten geschätzt oder nach einer anderen allgemein anerkannten Methode berechnet.
  - Wenn für einen Vermögensgegenstand kein aktueller Wert bekannt ist bzw. festgelegt werden kann, gelangt ausnahmsweise der Anschaffungswert abzüglich erkennbarer Werteinbussen zur Anwendung.
  - Die angewandte Bewertungsmethode und deren Kernelemente (z. B. Kapitalisierungszinssätze) sind im Anhang (Position IV) offenzulegen.

– Glättungseffekte auf den Ausweis des Ertrags- oder Aufwandüberschusses entstehen durch von Stichtag zu Stichtag unterschiedliche Bewertungsansätze für gleiche Bilanzpositionen. Glättungseffekte in der Bewertung von Vermögensanlagen, beispielsweise bei der Bewertung von Obligationen, Immobilien und Beteiligungen, sind nicht erlaubt.

---

zu Ziffer 4

14 Bewertung von Passiven
– Vorsorgekapitalien und technische Rückstellungen (Position H) sind nach anerkannten Grundsätzen und auf allgemein zugänglichen technischen Grundlagen betreffend Tod und Invalidität jährlich zu bewerten. Die Ermittlung kann nach einer an der Gesetzgebung für die berufliche Vorsorge (BVG, FZG) orientierten statischen Methode oder nach einer dynamischen Methode erfolgen.
– Das oberste Organ trifft unter Berücksichtigung der Empfehlungen des Experten für berufliche Vorsorge die Wahl der Berechnungsmethode. Wird eine dynamische Methode gewählt, dürfen die Vorsorgekapitalien und technischen Rückstellungen nur dann auf der Basis dieser Berechnungen bilanziert werden, wenn sie höher sind als die nach einer statischen Methode unter Berücksichtigung der gesetzlichen Minimalbeträge berechneten Verpflichtungen. Sind die gesetzlichen Minimalbeträge geringer, sind sie im Anhang auszuweisen.
– Ein angemessen genaues Ergebnis bei der Berechnung von Teilen der Vorsorgekapitalien und technischen Rückstellungen wird mit einer Fortschreibung nur dann erreicht, wenn keine Anpassungen im Vorsorgeplan, bei den Rückversicherungsverträgen und bei den der Berechnung zugrunde gelegten Annahmen erfolgten und sich zudem seit der letzten Berechnung keine wesentlichen Änderungen im Versichertenbestand (z. B. Fusion, Teilliquidation) oder beim Schadensverlauf ergaben. Im Falle einer Unterdeckung genügt eine Fortschreibung nicht.
– Wertschwankungsreserven werden mit dem Ziel der nachhaltigen Sicherheit der Erfüllung des Vorsorgezwecks gebildet. Die Bestimmung der notwendigen Wertschwankungsreserve (Zielgrösse) erfolgt insbesondere unter Würdigung der gesamten Aktiven und Passiven sowie der Struktur und der zu erwartenden Entwicklung des Versichertenbestandes. Die Berechnung basiert auf finanzmathematischen Überlegungen und aktuellen Gegebenheiten. Es gilt der Grundsatz der Stetigkeit.
– Bei Einrichtungen ohne verbindliche Leistungszusagen (keine Vorsorgekapitalien und technischen Rückstellungen) kann auf eine Wertschwankungsreserve verzichtet werden.

zu Ziffer 6

15 Darstellung der Jahresrechnung als Ganzes
- Referenzierung der Positionen:
  Die Buchstaben A bis Z für Positionen der Bilanz und der Betriebsrechnung und die römischen Ziffern I bis X für Positionen des Anhangs dienen der Referenzierung in Swiss GAAP FER 26. Sie werden in der Jahresrechnung nicht erwähnt.
- Abstimmung der Informationen in Bilanz, Betriebsrechnung und Anhang:
  Informationen in der Bilanz, der Betriebsrechnung und im Anhang sind aufeinander abzustimmen.
- Erweiterung der Gliederung:
  Bei der Vermögensanlage (Position A) und beim Netto-Ergebnis aus Vermögensanlage (Position T) soll die individuelle Anlagestrategie zum Ausdruck kommen. Ferner kann in der Position V des Anhangs aufgrund eines besonderen Vorsorgekonzepts die Gliederung der erforderlichen Inhalte angepasst werden. Im Übrigen gelten die verbindlichen Gliederungen und Bezeichnungen. Im Interesse einer erhöhten Vergleichbarkeit ist auf eine weitergehende Detaillierung grundsätzlich zu verzichten. Falls zusätzliche Informationen als wesentlich beurteilt werden, sind ergänzende Angaben im Anhang einer zusätzlichen Gliederung von Bilanz und Betriebsrechnung vorzuziehen.
- Verkürzung der Gliederung auf eine Hauptposition:
  Auf die Angabe von Unterpositionen kann verzichtet werden, wenn alle Unterpositionen einer Hauptposition in ihrer Gesamtheit einen relativ kleinen Betrag ausmachen oder wenige Erläuterungen enthalten. In diesem Fall kann der Ausweis gesamthaft unter der Hauptposition erfolgen. Die Hauptpositionen A bis Z und die römischen Ziffern I bis X hingegen sind auch bei kleinen Beträgen und kurzen Erläuterungen aufzuführen.
- Persönlichkeitsschutz:
  Führt eine Gliederungsvorschrift dazu, dass Rückschlüsse auf Leistungen/Leistungsbezüger möglich sind, kann der Sachverhalt ausnahmsweise zusammen mit einer anderen möglichst ähnlichen Position ausgewiesen werden.

zu Ziffer 7

16 Erläuterungen zu Positionen der Bilanz
- A Vermögensanlagen
  Bei den Vermögensanlagen besteht ein grosser Gestaltungsraum. In einfachen Anlagekonzepten mit wenigen Einzelanlagen können anstelle von Gattungsbezeichnungen (Aktien, Immobilien etc.) die effektiven Anlagen (z. B. Mischvermögen der Anlagestiftung xy, Mehrfamilienhaus Y-Strasse, Ort) aufgeführt werden. Bei komplexen Allokationen ist es anderseits möglich, dass sich der Anhang

(Abschnitt VI) zur Herstellung dieser Transparenz besser eignet als eine zu starke Gliederung von Bilanz (Position A) und Betriebsrechnung (Position T).

- *A* Anlagen beim Arbeitgeber

  Zu diesen Anlagen gehören alle mit dem Arbeitgeber wirtschaftlich oder finanziell verbundenen juristischen und natürlichen Personen (wirtschaftliche Betrachtungsweise).

- *C/D/H* Aktiven bzw. Passiven aus Versicherungsverträgen

  Unter diesem Titel kommen Angaben über rückkaufsfähige Versicherungsverträge, Separate Accounts und weitere Vertragsverhältnisse mit Versicherungsgesellschaften zum Ausdruck, soweit sie bilanzierungsfähig sind. Unabhängig der Bilanzierung sind die Vertragsverhältnisse im Abschnitt V des Anhangs zu erläutern.

- *F* Arbeitgeber-Beitragsreserve

  Zu- und Abgänge werden in der Betriebsrechnung brutto dargestellt und zusammen mit Angaben zur Verzinsung im Anhang (Position VI) erläutert. Errichtet ein Arbeitgeber auf der Beitragsreserve einen Verwendungsverzicht, ist für den entsprechenden Betrag ein separater Ausweis innerhalb der Position F vorzusehen. Die Umbuchung von der einen auf die andere Beitragsreserve ist lediglich in der Bilanz und nicht über die Betriebsrechnung vorzunehmen. Details des Verwendungsverzichts (Bedingungen des Verzichts, Änderungen und Aufhebung) sind im Anhang (Position V) zu erläutern.

- *G* Nicht-technische Rückstellungen

  Unter dieser Position sind jene Rückstellungen darzustellen, welche nicht direkt mit der Erfüllung von Vorsorgeverpflichtungen zu tun haben, beispielsweise Prozessrisiken. Rückstellungen für latente Grundstückgewinnsteuern und weitere Verkaufskosten müssen dann gebildet werden, wenn ein Verkaufsbeschluss für den Liegenschaftsbestand oder Teile davon besteht oder wenn die Geschäftstätigkeit im Wesentlichen auf die aktive Bewirtschaftung eines Liegenschaftsbestandes ausgerichtet ist (z. B. Immobilien-Anlagestiftungen). Diese Position darf nicht dazu dienen, Willkür- und Glättungseffekte zu erzielen bzw. in Kauf zu nehmen.

- *H* Vorsorgekapitalien und technische Rückstellungen

  Der Ausweis der Position H erfolgt in Übereinstimmung mit den Berechnungen des Experten für berufliche Vorsorge. Der Experte bestimmt, welche Vorsorgekapitalien und technische Rückstellungen im fachlichen Sinn aufgrund des Gesetzes und der Reglemente erforderlich sind. Bestehen mehrere Pläne, wird die Aufteilung der Vorsorgekapitalien und technischen Rückstellungen im Anhang (Position V) dargestellt.

- *I* Wertschwankungsreserve

  Es handelt sich um ein eigenständiges Passivum und nicht um eine Wertberichtigung zu den Vermögensanlagen. Eine Besonderheit besteht darin, dass dieses Passivum – obwohl bei der Abgabe von Leistungsversprechen in einer individuell zu bestimmenden Zielgrösse notwendig – im Falle von Verlusten aufgelöst werden kann und dessen Zielgrösse dann nur noch im Anhang (Position VI) ersichtlich ist.

- *I* Umlageschwankungsreserve
  Vorsorgeeinrichtungen öffentlich-rechtlicher Körperschaften im System der Teilkapitalisierung können im Hinblick auf eine absehbare Strukturveränderung im Versichertenbestand eine Umlageschwankungsreserve vorsehen. Zuweisungen und Entnahmen werden in der Betriebsrechnung brutto dargestellt (analog Position Nicht-technische Rückstellungen) und im Anhang (Position V) erläutert.
- *J* Freie Mittel bzw. Unterdeckung
  Ist ein Dotationskapital oder ein nominelles Kapital (z. B. bei Genossenschaften) vorhanden, kann es in dieser Position zusätzlich separat dargestellt werden.

---

zu Ziffer 8

17 Erläuterungen zu Positionen der Betriebsrechnung
- *T* Netto-Ergebnis aus Vermögensanlage
  Die Berichterstattung über die Vermögensanlage und deren Netto-Ergebnis umfasst sämtliche Anlagekategorien wie beispielsweise Obligationen, Aktien, Immobilien, liquide Mittel und Forderungen. Bei komplexen Anlagenkonzepten lässt sich die angestrebte sachliche Übereinstimmung der Gliederung in Bilanz und Betriebsrechnung in der Finanzbuchhaltung nicht immer realisieren. Eine angemessen detaillierte Brutto-Gliederung der Erträge und der Aufwendungen aus der Vermögensanlage wird in diesem Fall im Abschnitt VI des Anhangs erstattet.
  Der Aufwand der Vermögensverwaltung enthält
  - die auf die Periode abgegrenzten und verbuchten Aufwendungen, die der Vorsorgeeinrichtung für Dienstleistungen und für Transaktionen in Rechnung gestellt wurden. Diese können Management-, Performance-, Depot- und sonstige Kosten, Transaktionskosten und Steuern (z. B. Drittbrokerkommissionen, Börsenabgaben und Courtagen, Transaktions- und Ertragssteuern) sowie Global-Custody-, Beratungs-, Controlling-, Bewertungskosten usw. umfassen;
  - die auf die Vermögensverwaltung entfallenden internen Kosten, z. B. bei selbstverwalteten Wertschriften oder Immobilien;
  - die in Kollektivanlagen direkt mit dem Erfolg bzw. dem Vermögen verrechneten Kosten, welche aufgrund der Kostenkennzahl TER (Total Expense Ratio) ermittelt werden können (sog. kostentransparente Kollektivanlagen). Die Ergebnisse der jeweiligen ausgewiesenen Anlagekategorien sind entsprechend zu erhöhen.
  Zusätzlich werden Vermögensanlagen, deren Kosten nicht bekannt sind und demnach nicht in der Betriebsrechnung erfasst werden können, nach den Vorschriften von Art. 48a, Abs. 3 BVV 2 im Abschnitt VI des Anhangs aufgeführt.
  Beispiel für die Gliederung der Position T in der Betriebsrechnung, sofern die

165

Komplexität der Vermögensanlage und die Gliederung der Bilanz diese Details rechtfertigen:

+/–   Ergebnis jeder in Position A ausgewiesenen Vermögensanlage

+   Ertrag aus Securities Lending

+/–   Erfolg aus Derivatgeschäften (soweit nicht direkt der Basisanlage zugerechnet)

+   Erhaltene Rückvergütungen (Kommissionen, Retrozessionen etc.) soweit nicht im Aufwand der Vermögensverwaltung verrechnet

–   Verzugszinsen auf Freizügigkeitsleistungen

–   Zinsen auf Arbeitgeber-Beitragsreserve

–   Sonstiger Zinsaufwand

–   Aufwand der Vermögensverwaltung

=   *Netto-Ergebnis aus Vermögensanlage (Position T)*

– *X* Verwaltungsaufwand

In diesen Positionen werden die bezahlten und abgegrenzten Verwaltungsaufwendungen entsprechend den Vorgaben von Art. 48a Abs. 1 BVV 2 ausgewiesen, ohne die Verwaltungsaufwendungen für die Vermögensanlage, welche der Position T zugeordnet werden.

----

zu Ziffer 9

18   Erläuterungen zu Positionen des Anhangs

– Angaben im Anhang allgemein

Die Offenlegung im Anhang dient der Transparenz der Berichterstattung gegenüber den Versicherten und weiteren Akteuren der beruflichen Vorsorge. Ob eine bestimmte Information notwendig bzw. sinnvoll ist, richtet sich nach den folgenden Kriterien: (1) Die Information trägt dazu bei, dass die tatsächliche finanzielle Lage bzw. deren Entwicklung besser zum Ausdruck kommt. (2) Ein komplexer Sachverhalt kann mit dieser Information besser im Gesamtzusammenhang dargestellt bzw. verstanden werden. (3) Die Jahresrechnung wird mit dieser Information verständlicher. (4) Eine detaillierte (Brutto-)Darstellung erfolgt im Anhang um die Betriebsrechnung von Detailinformationen zu entlasten. Für die Angabe im Anhang nicht zugelassen sind Spekulationen über die zukünftige Entwicklung und über Massnahmen, deren Umsetzung von Zukunftsereignissen abhängt.

– *I* Grundlagen und Organisation

Urkunden, Statuten und Reglemente sind anhand des Datums zu bezeichnen, aber nicht inhaltlich wiederzugeben. Bei einer überschaubaren Anzahl von angeschlossenen Arbeitgebern, insbesondere bei Konzernverhältnissen, ist eine namentliche Liste der Arbeitgeber inklusive Zu- und Abgänge erforderlich. Bei einer grösseren Anzahl von nicht miteinander verbundenen Arbeitgebern (bei Sammel- und Gemeinschaftseinrichtungen) ist eine Beschränkung auf die

Angabe der Anzahl der Anschlüsse und die Entwicklung zur Vorperiode sinnvoll, eventuell nach Sachkriterien strukturiert.

- *III* Art der Umsetzung des Zwecks
  Nebst Erläuterungen zum Vorsorgeplan, zur Finanzierung und zur Finanzierungsmethode sind weitere Informationen zur Vorsorgetätigkeit offenzulegen. Darunter fallen beispielsweise beschlossene oder gewährte Leistungsverbesserungen und Überschussverteilungen sowie der Beschluss des obersten Organs betreffend Anpassung der Renten an die Preisentwicklung.
- *V* Versicherungstechnische Risiken/Risikodeckung/Deckungsgrad
  Die Art der Risikodeckung umfasst alle versicherungstechnischen Informationen, wie Angaben zu den notwendigen Vorsorgekapitalien und technischen Rückstellungen und/oder zur Versicherungsdeckung. Der Deckungsgrad nach Art. 44 BVV 2 sowie allfällige andere für die Vorsorgeeinrichtung wichtige Deckungsgrade sind im Gesamtzusammenhang und unter Hinweis auf die technischen Grundlagen zu erläutern. Dazu gehören bei Vorsorgeeinrichtungen öffentlich-rechtlicher Körperschaften auch die Nennung der Wahl des Voll- oder Teilkapitalisierungssystems und gegebenenfalls auch Angaben zu den Ausgangsdeckungsgraden, zur Garantie des Gemeinwesens sowie zum Finanzierungsplan. Erstellt der Experte für berufliche Vorsorge sein Gutachten anhand einer dynamischen technischen Bilanz, sind die zusätzlich getroffenen Annahmen (z. B. Diskontierungssatz, Lohnentwicklung und Austrittswahrscheinlichkeiten, Rentenindexierung, Performanceerwartung der Anlagen) sowie die Verpflichtungen nach Freizügigkeitsgesetz offenzulegen.
- *VI* Vermögensanlagen
  - Die Angaben zu den Vermögensanlagen sind so zu gestalten, dass sich ein kundiger Leser ein angemessenes Bild über die Vermögensstruktur und deren wichtigste Veränderungen zur Vorperiode, die effektive Risikoverteilung sowie die Einhaltung der reglementarischen und (gegebenenfalls) der gesetzlichen Anlagevorschriften sowie den Erfolg aus der Vermögensanlage machen kann.
  - Der Inhalt, die Darstellung und der Detaillierungsgrad sind auf den Ausweis in der Bilanz (Position A) und in der Betriebsrechnung (Position T) abzustimmen. Die Darstellung im Anhang kann entweder die Angaben der Bilanz ergänzen oder sie kann einem anderen Konzept folgen. Bei der Erläuterung des Erfolgs aus der Vermögensanlage sind wesentliche Auswirkungen von Bewertungsänderungen und die übrigen Erträge/Verluste zu unterscheiden. Bei Aufstellungen über die Vermögensanlagen muss die Verbindung zur Bilanz entweder direkt über die Bilanzwerte einzelner Positionen oder über die Bilanzsumme ersichtlich sein. In der Aufstellung ist zusätzlich der Einfluss der derivativen Finanzinstrumente und der Nachweis der Einhaltung der Bestimmungen von Art. 56a BVV 2 darzustellen.
  - Bei Inanspruchnahme von Erweiterungen nach Art. 50 Abs. 4 BVV 2 wird die Übereinstimmung von Risikofähigkeit und gewählter Anlagestrategie im Sinne von Art. 50 Abs. 1–3 BVV 2 dargelegt.

- Wenn Vorsorgekapitalien und technische Rückstellungen für abgegebene Leistungsversprechen bestehen oder wenn aus anderen Gründen Wertschwankungsreserven vorgesehen sind, ist im Anhang die Zielgrösse der Wertschwankungsreserve für die am Bilanzstichtag vorhandenen Anlagen und die Differenz zum Bilanzwert anzugeben. Dazu gehören Angaben zur Berechnungsmethode und zu deren stetigen Anwendung sowie zur wertmässigen Auswirkung von Änderungen.
- Bei der Erläuterung des Netto-Ergebnisses aus der Vermögensanlage kann aufgrund des Marktwertprinzips auf eine Aufteilung in realisierte und nicht realisierte Gewinne/Verluste verzichtet werden. Eventuell ist auch die Verrechnung von Kursgewinnen und -verlusten innerhalb sachlich zusammen gehörenden Anlagen gerechtfertigt. Zinsaufwendungen für das aufgenommene Fremdkapital einschliesslich Arbeitgeber-Beitragsreserve und die Kosten der Vermögensanlage kommen angemessen zum Ausdruck (siehe Ziff. 17).
- Für die Anlagen beim Arbeitgeber und die Arbeitgeber-Beitragsreserve sind die angewendeten Zinssätze und die Vertragsbedingungen offenzulegen. Weitere Sachverhalte von finanzieller Bedeutung (z. B. Mietverhältnisse, besondere Geschäftsvorfälle, Vermögenstransaktionen) sind ebenfalls zu erwähnen.
  - *IX* Weitere Informationen mit Bezug auf die finanzielle Lage
    - Sachverhalte mit Einfluss auf den Bestand oder die Entwicklung der Freien Mittel bzw. der Unterdeckung, wie beispielsweise beschlossene Anpassungen der technischen Grundlagen oder anderer technisch relevanter Annahmen, sind hier zu erläutern, soweit sie nicht unter einer vorangehenden Position erwähnt wurden.
    - Der Leser der Jahresrechnung muss im Falle einer Unterdeckung erkennen können, dass das Führungsorgan Vorkehrungen zur Beseitigung der Unterdeckung und weitere Massnahmen in jenem Umfang trifft, welchen das Gesetz anordnet.

----

zu Ziffer 10

19 Jahresrechnung einer Sammel- oder Gemeinschaftseinrichtung
Sammel- oder Gemeinschaftseinrichtungen erstellen nach dem von Swiss GAAP FER 26 vorgesehenen Konzept primär eine Jahresrechnung (Bilanz, Betriebsrechnung und Anhang) auf Stufe der bilanzierungspflichtigen Rechtsträgerin. Diese Jahresrechnung enthält auch jene Angaben, welche die Grundlage für die Bestimmung von Verwaltungsaufwendungen und anderen nach Schlüsselgrössen den einzelnen Vorsorgewerken zugeordneten Daten (z. B. Überschüsse) bilden. Die Information der Vorsorgewerke über die aus Versicherungsverträgen insgesamt erzielten freien Mittel und Überschüsse sowie den innerhalb der Sammelstiftung angewandten Verteilschlüssel (Art. 48c BVV 2) erfolgt im Anhang unter Ziffer VII. Je nach dem gewählten Konzept der Vermögensanlage und der Rückversicherung benötigen die

einzelnen Vorsorgewerke verschiedene Zusatzinformationen. Diese können mittels separater Berichterstattung gegeben werden. Für das einzelne Vorsorgewerk wird somit seine tatsächliche finanzielle Lage anhand der Jahresrechnung der Einrichtung als Ganzes sowie der ergänzenden individuellen Berichterstattung ersichtlich.

Derivative Finanzinstrumente

Überarbeitet: 2012
In Kraft gesetzt: 1. Januar 2013

Empfehlung

1   Ein Derivat ist ein Finanzinstrument,
    – dessen Wert vorrangig vom Preis eines oder mehrerer zugrunde liegender Basiswerte (Vermögenswerte oder Referenzsätze) beeinflusst wird
    – das im Vergleich zum direkten Kauf des Basiswerts eine geringere Anfangsinvestition erfordert
    – das erst in der Zukunft beglichen wird.
2   Ein Derivat ist in der Bilanz zu erfassen, sobald es die Definition eines Aktivums oder einer Verbindlichkeit erfüllt.
3   Feste Termingeschäfte werden im Zeitpunkt des erstmaligen Ansatzes zum aktuellen Wert erfasst.
    Die Prämie erworbener Optionen ist zu aktivieren; bei ausgegebenen Optionen ist sie zu passivieren.
4   Derivate zu Absicherungszwecken von Bilanzpositionen können zu aktuellen Werten oder zu den gleichen Bewertungsgrundsätzen wie das abgesicherte Grundgeschäft bewertet werden. Die Änderung der Werte seit der letzten Bewertung ist im Periodenergebnis zu erfassen.
5   Derivate ohne Absicherungszweck sind zum aktuellen Wert zu erfassen. Die Änderung der aktuellen Werte seit der letzten Bewertung ist im Periodenergebnis zu erfassen.
6   [gestrichen]
7   Die Ausbuchung eines Derivats erfolgt, sobald das Ende der Laufzeit erreicht ist (oder eine Option frühzeitig ausgeübt wird) oder sobald infolge Veräusserung oder Ausfall der Gegenpartei kein weiterer Anspruch auf zukünftige Zahlungen mehr besteht. Bei der Ausbuchung wird die Differenz zwischen dem bilanzierten Wert und dem erhaltenen bzw. hergegebenen Gegenwert – unter Berücksichtigung von Transaktionskosten – im Periodenergebnis erfasst.

8 Der Betrag offener Derivate ist im Anhang offenzulegen. Der Ausweis ist anhand der Basiswerte wie folgt zu gliedern:
   – Zinssätze
   – Devisen
   – Eigenkapitalinstrumente und entsprechende Indizes
   – Übrige Basiswerte.
   Für die einzelnen Kategorien sind das Total der aktiven und passiven Werte brutto sowie der Zweck des Haltens des Derivats offenzulegen.

Erläuterungen

----

zu Ziffer 1

9 Ein Derivat basiert auf einem Geschäft zwischen zwei Parteien. An den einzelnen Bilanzstichtagen führt ein Derivat zu einem aktiven oder passiven aktuellen Wert.
   – Ein aktiver Wert entspricht dem Betrag, der der bilanzierenden Organisation beim Ausfall der Gegenpartei maximal verloren gehen würde.
   – Ein passiver Wert entspricht dem Betrag, welcher der Gegenpartei bei Nichterfüllung des Geschäfts durch die bilanzierende Organisation maximal verloren gehen würde.
10 Zu den Derivaten gehören feste Termingeschäfte (z. B. Forwards, Futures), Optionen (Calls, Puts) und aus verschiedenen Derivaten zusammengesetzte Produkte.
11 Als Basiswerte gelten z. B. Zinssätze, Devisenkurse, Kurse von Eigenkapitalinstrumenten (insb. Aktien und entsprechende Indizes) sowie übrige Basiswerte (insbesondere Kreditrisiken, Edelmetall- und Rohstoffpreise), nicht aber Eigenkapitalinstrumente der eigenen Organisation.
12 Derivate, die in ein anderes Instrument eingebettet sind (z. B. Optionsrecht einer als Vermögenswert bilanzierten Wandelanleihe, Verlängerungsoption bei einer fix verzinslichen Obligationenanleihe), werden zusammen mit dem Basiswert behandelt. Eine Trennung des Derivats vom Trägerinstrument ist zulässig.

----

zu Ziffer 4

13 Aktuelle Werte werden anhand folgender Präferenzordnung ermittelt:
   – Aktiver Markt für Derivate (Börsennotierung oder ausserbörslicher Handel): notierter Kurs
   – Kein aktiver Derivatemarkt: Wertbestimmung anhand ähnlicher Transaktionen oder aufgrund von Bewertungsmethoden, die möglichst auf Marktdaten beruhen.
   Die einmal gewählte Bewertungsmethode ist beizubehalten.

14   Die Aktiven und Passiven aus Derivaten sind in der Regel brutto auszuweisen. Eine Verrechnung ist nur möglich bei gleicher Gegenpartei und im Rahmen juristisch durchsetzbarer Nettingvereinbarungen oder gesetzlicher Nettingregeln.

15   Wird das Grundgeschäft zu aktuellen Werten bewertet, ist auch das Absicherungsgeschäft zu aktuellen Werten zu bewerten. Wird beim Grundgeschäft das Niederstwertprinzip angewendet, kann das Niederstwertprinzip auch unter Einbezug des Absicherungsgeschäfts angewendet werden.

16   **Beispiel zum Absicherungsgeschäft mit aktuellen Werten**

      Die Absicherung eines im laufenden Geschäftsjahr getätigten, jedoch erst im nächsten Geschäftsjahr zu bezahlenden Materialeinkaufs gegen fremde Währung im Betrag von FW 1'000'000 erfolgt durch ein Devisentermingeschäft. Dabei ergeben sich – je nach Kursentwicklung – die folgenden Sachverhalte:

      (Es werden nur die Sachverhalte betreffend des Devisentermingeschäftes gezeigt; die Bilanzposition «Verbindlichkeiten aus Lieferungen und Leistungen» ist ähnlichen, jedoch gegensätzlichen Kursschwankungen unterworfen, die sich mit den aktuellen Werten auf dem Devisentermingeschäft kompensieren.)

Bewertung Derivat bei Kursanstieg:

Zeitpunkt	Kurs	Aktueller Wert	Erfolgsausweis
bei Abschluss im Jahr 20x1	CHF 1.40/FW	0	0
bei der Bewertung am 31.12.20x1	CHF 1.35/FW	CHF 50'000 (passiv)	CHF – 50'000
bei Fälligkeit des Kontraktes im Jahr 20x2 (vor dem nächsten Abschlussdatum)	CHF 1.42/FW	CHF 70'000 (aktiv)	CHF + 70'000

Bewertung Derivat bei Kursrückgang:

Zeitpunkt	Kurs	Aktueller Wert	Erfolgsausweis
bei Abschluss im Jahr 20x1	CHF 1.40/FW	0	0
bei der Bewertung am 31.12.20x1	CHF 1.42/FW	CHF 20'000 (aktiv)	CHF + 20'000
bei Fälligkeit des Kontraktes im Jahr 20x2 (vor dem nächsten Abschlussdatum)	CHF 1.33/FW	CHF 90'000 (passiv)	CHF – 90'000

Bemerkung:

Per Bilanzstichtag wird das Devisentermingeschäft bewertet und der unrealisierte Gewinn bzw. Verlust im Periodenergebnis erfasst. Dieser Erfolg wird durch den ebenfalls erfolgswirksam zu verbuchenden Verlust bzw. Gewinn, welcher aufgrund der Bewertung der Bilanzposition «Lieferantenschulden» anfällt, weitgehend neutralisiert.

17 Beispiel zum Absicherungsgeschäft gemäss Niederstwertprinzip
Der Warenbestand an Kakao-Bohnen per 31.12.20x0 beträgt 1'000 Tonnen zu einem Einkaufspreis von CHF 900 pro Tonne. Diese Waren werden per 1.1.20x1 mit einem Short Future zum Preis von CHF 900 pro Tonne abgesichert.

Zeitpunkt	Preis pro t	Warenvorräte (Basisgeschäft)		Future (Derivat)	
		Wert	Erfolgsausweis	Wert	Erfolgsausweis
1.1 20x1	CHF 900/t	CHF 900'000	0	0	0
31.12.20x1	CHF 950/t	CHF 900'000	0	0	0
31.12.20x2	CHF 850/t	CHF 850'000	CHF – 50'000	CHF 50'000 (aktiv)	CHF + 50'000

Per 31.12.20x1 erfolgt keine Aufwertung der Warenvorräte. Ebenso wird der Wertverlust des Futures nicht erfasst. Demgegenüber werden die Vorräte per 31.12.20x2 durch eine Wertberichtigung von CHF 50'000 auf CHF 850'000 korrigiert. Dadurch erhöht sich der Warenaufwand um CHF 50'000. Ebenso wird der aktive Wert des Futures erfasst und ein Erfolg aus Futures von CHF 50'000 ausgewiesen. Der Erfolg des Futures (Gewinn) neutralisiert den Verlust aus den Warenvorräten.

18 Zu Grundgeschäften, die abgesichert werden können, gehören auch vertraglich vereinbarte zukünftige Cash Flows, die sich bilanziell noch nicht auswirken. Ein Beispiel zukünftiger Mittelflüsse ist der Kauf von Maschinen in fremden Währungen. In diesem Fall ist die Absicherung entweder erfolgsneutral im Eigenkapital zu erfassen oder im Anhang offenzulegen. Voraussetzung für eine Behandlung der Transaktionen als Geschäft zu Absicherungszwecken ist, dass die zukünftigen Cash Flows mit hoher Wahrscheinlichkeit eintreten.

-----

zu Ziffer 6

19 [gestrichen]

-----

zu Ziffer 8

20 Derivate, die ausnahmsweise nicht zum aktuellen Wert bilanziert werden können, sind separat offenzulegen. Es ist zu begründen, weshalb der aktuelle Wert nicht festgestellt werden kann.

21 Das Total der im Anhang ausgewiesenen aktuellen Werte aus Derivaten ist auf die bilanzierten Werte überzuleiten, indem der Einfluss der Verrechnung aufgezeigt wird.

Konzernrechnung

Überarbeitet: 2012
In Kraft gesetzt: 1. Januar 2013

Einleitung

Grundsätzlich sind sämtliche Bestimmungen für den Einzelabschluss auch für den Konzernabschluss einzuhalten. Die in dieser Fachempfehlung enthaltenen Bestimmungen umfassen zusätzliche Erfordernisse für den Konzernabschluss.

Kleine Organisationen, die auf konsolidierter Basis zwei der nachstehenden Kriterien in zwei aufeinander folgenden Jahren nicht überschreiten, können sich auf die Anwendung der Kern-FER und Swiss GAAP FER 30 beschränken:
a)   Bilanzsumme von CHF 10 Millionen
b)   Jahresumsatz von CHF 20 Millionen
c)   50 Vollzeitstellen im Jahresdurchschnitt.

Empfehlung

Konsolidierungskreis

1   Die Konzernrechnung ist die Jahresrechnung eines Konzerns, wie er durch den Konsolidierungskreis umschrieben wird. Die Konzernrechnung umfasst die Jahresabschlüsse der Mutterorganisation und ihrer Tochterorganisationen, inklusive Gemeinschaftsorganisationen und assoziierte Organisationen.

2   Tochterorganisationen werden voll konsolidiert.

3   Gemeinschaftsorganisationen werden quotenkonsolidiert oder mittels der Equity-Methode erfasst.

4   Assoziierte Organisationen werden mittels der Equity-Methode erfasst.

5   Beteiligungen an Organisationen mit einem Stimmrechtsanteil von unter 20 Prozent gehören nicht zum Konsolidierungskreis. Sie werden zu Anschaffungs- oder zu aktuellen Werten bilanziert.

Konsolidierungsverfahren

6 Die in die Konsolidierung (Voll- und Quotenkonsolidierung) einbezogenen Jahresrechnungen der Organisationen haben einheitlichen, FER-konformen konzerninternen Richtlinien zu entsprechen.

7 Konzerninterne Aktiven und Passiven in den einzelnen Jahresrechnungen sowie Aufwendungen und Erträge aus konzerninternen Transaktionen werden eliminiert.

8 Auf konzerninternen Transaktionen erzielte Zwischengewinne sind zu eliminieren.

9 Die Anteile am Eigenkapital konsolidierter Organisationen (Kapitalkonsolidierung) werden nach der Erwerbsmethode erfasst.

10 Der Anteil der Minderheitsaktionäre am Kapital ist unter dem Eigenkapital gesondert auszuweisen.

11 In der Erfolgsrechnung ist der Anteil der Minderheitsaktionäre am Gewinn/Verlust separat auszuweisen.

12 Eigenkapital und Periodenergebnis assoziierter Organisationen sind anteilsmässig zu erfassen (Equity-Methode).

13 Das Ergebnis assoziierter Organisationen ist in der Erfolgsrechnung separat auszuweisen.

Goodwill

14 Bei einer Akquisition sind die übernommenen Nettoaktiven zu aktuellen Werten zu bewerten; der Überschuss der Erwerbskosten über die neu bewerteten Nettoaktiven ist als Goodwill zu bezeichnen und unter den immateriellen Werten zu erfassen. Der Goodwill ist in der Bilanz oder im Anhang separat auszuweisen.

15 Beim erworbenen Goodwill beträgt die Abschreibungsdauer in der Regel 5 Jahre, in begründeten Fällen höchstens 20 Jahre.

16 Eine Verrechnung von erworbenem Goodwill mit dem Eigenkapital ist im Zeitpunkt des Erwerbs zulässig. In diesem Fall müssen die Auswirkungen einer theoretischen Aktivierung (Anschaffungswert, Restwert, Nutzungsdauer, Abschreibung) sowie einer allfälligen Wertbeeinträchtigung im Anhang dargestellt werden.

17 Bei Veräusserung ist ein zu einem früheren Zeitpunkt mit dem Eigenkapital verrechneter erworbener Goodwill zu den ursprünglichen Kosten zu berücksichtigen, um den erfolgswirksamen Gewinn oder Verlust zu ermitteln.

18 Wurde der erworbene Goodwill direkt mit dem Eigenkapital verrechnet, ist er im Eigenkapitalnachweis separat auszuweisen.

Fremdwährungen

19 Zu konsolidierende Jahresrechnungen in fremder Währung müssen in die Währung der Konzernrechnung umgerechnet werden. Diese Umrechnung hat nach der Stichtagskurs-Methode zu erfolgen.

20 Fremdwährungseffekte auf langfristigen konzerninternen Darlehen mit Eigenkapitalcharakter sind erfolgsneutral im Eigenkapital zu erfassen.

Bewertung

21 Die Bewertung ein und derselben Einzelposition in den verschiedenen Jahresrechnungen der in die Konsolidierung einbezogenen Konzernorganisationen hat in der Regel nach dem gleichen Grundsatz zu erfolgen.

22 Aus sachlichen Gründen kann es angezeigt sein, für die Bewertung von Einzelpositionen von der gewählten Bewertungsgrundlage abzuweichen oder Bewertungsgrundlagen zu kombinieren.

23 Sind Wertbeeinträchtigungen zu erfassen, werden diese bei einer Gruppe von Vermögenswerten zuerst dem allenfalls damit verbundenen Goodwill, der Rest anteilmässig den übrigen Aktiven auf der Basis ihrer Buchwerte belastet.

24 Bei einem Wegfall von Wertbeeinträchtigungen erfolgt die Zuschreibung zu den dazugehörigen Aktiven – mit Ausnahme des Goodwills – anteilsmässig im Verhältnis der Buchwerte der Aktiven. Dabei darf der tiefere von erzielbarem Wert (falls feststellbar) und Buchwert nach planmässiger Abschreibung nicht überschritten werden. Ein verbleibender zuzuschreibender Restbetrag ist den übrigen Aktiven zuzuschreiben. Er darf nicht dem Goodwill zugeschrieben werden.

Ertragssteuern

25 Latente Ertragssteuern entstehen aufgrund unterschiedlicher Sachverhalte und auf verschiedenen Konzern- bzw. Konsolidierungsstufen (Gesamtkonzern, Teilkonzern, Konzernorganisation). Latente Ertragssteuern sind in der Konzernrechnung zu berücksichtigen, wenn
– auf Firmenstufe andere steuerlich relevanten Werte angewendet werden als für die Konzernrechnung
– erfolgswirksame Konsolidierungsmassnahmen (z. B. Eliminierung von Zwischengewinnen) zu einem anderen als dem steuerlich massgebenden Ergebnis im Einzelabschluss führen
– als Folge der Gewinnthesaurierung in Tochterorganisationen, Gemeinschaftsorganisationen und in assoziierten nach der Equity-Methode be-

werteten Organisationen die Ausschüttung später, aber in absehbarer Zeit erfolgt.

26 Für Differenzen zwischen den nach Swiss GAAP FER Grundsätzen und nach steuerrechtlichen Grundsätzen ermittelten Werten von Bilanzpositionen, welche im Zeitpunkt ihres zukünftigen Ausgleichs weder zu steuerbaren noch zu steuerlich abzugsfähigen Beträgen führen, ist ein Steuersatz null anzuwenden. Beispiele hierfür sind Aufwertungen von Anlagen und immateriellen Werten (z.B. Goodwill), sofern die Abschreibung solcher Werte steuerlich nicht anerkannt ist oder Gewinne von Tochter- oder assoziierten Organisationen, sofern diese nicht ausgeschüttet werden.

27 Bei noch nicht ausgeschütteten Gewinnen in Konzern- bzw. assoziierten Organisationen, deren Ausschüttung vorgesehen ist, sind nicht anrechenbare Quellensteuern (Sockelsteuern) und bei der Mutterorganisation anfallende Ertragssteuern zu berücksichtigen.

28 Für die Berechnung des latenten Ertragssteuerpostens auf Stufe der konsolidierten Bilanz ist grundsätzlich der tatsächlich zu erwartende Steuersatz je Steuersubjekt anzuwenden. Die Anwendung eines angemessenen und einheitlichen konzerndurchschnittlichen oder eines durchschnittlich zu erwartenden Steuersatzes ist zulässig.

Geldflussrechnung

29 In der Geldflussrechnung sind im Investitionsbereich zusätzlich folgende Positionen auszuweisen:
- – Auszahlungen für den Erwerb konsolidierter Organisationen (abzüglich übernommene flüssige Mittel)
- – Einnahmen aus dem Verkauf konsolidierter Organisationen (abzüglich mitgegebene flüssige Mittel)

30 In der Geldflussrechnung sind im Finanzierungsbereich zusätzlich folgende Positionen auszuweisen:
- – Dividendenzahlungen an Minderheitsaktionäre (von Tochterorganisationen)
- +/– Kapitalein- oder -rückzahlungen von Minderheitsaktionären (von Tochterorganisationen)

31 In der Geldflussrechnung sind bei der indirekten Methode zusätzlich folgende Positionen auszuweisen:
- +/– anteilige Verluste (Gewinne) aus Anwendung der Equity-Methode

Offenlegung

32 In den Anlagespiegeln sind bei Bewertung zu Anschaffungs- und Herstellungskosten unter den Anschaffungswerten und den kumulierten Wertberichtigungen auch Änderungen des Konsolidierungskreises und Währungseinflüsse je separat aufzuführen.

33 Im Rückstellungsspiegel sind die Veränderung von Rückstellungen aufgrund der Währungsdifferenzen sowie der Veränderung des Konsolidierungskreises je separat offenzulegen.

34 Die im Anhang offenzulegenden Angaben umfassen:
   - Angaben zum Konsolidierungskreis
   - Konsolidierungsgrundsätze
   - Bewertungsgrundlagen und -grundsätze
   - weitere Sachverhalte, deren Offenlegung von dieser oder anderen Fachempfehlungen verlangt wird.

35 Die Angaben zum Konsolidierungskreis enthalten:
   - Behandlung der Organisationen in der Konzernrechnung (angewendete Methode)
   - Name und Sitz der einbezogenen Organisationen (Tochterorganisationen, Gemeinschaftsorganisationen und assoziierte Organisationen)
   - Anteil am Kapital dieser Organisationen; weicht der Stimmrechtsanteil vom Kapitalanteil ab, ist der Stimmrechtsanteil ebenfalls offenzulegen
   - Änderungen im Konsolidierungskreis gegenüber dem Vorjahr sowie Zeitpunkt, ab welchem diese Änderung berücksichtigt wird
   - Abweichungen vom Abschlussstichtag des Konzerns.

   Die Angaben zu den Konsolidierungsgrundsätzen enthalten:
   - Konsolidierungsmethode, insbesondere Kapitalkonsolidierung
   - Fremdwährungsumrechnungsmethode sowie Behandlung der Umrechnungsdifferenzen
   - Behandlung von assoziierten Organisationen und Gemeinschaftsorganisationen
   - Behandlung von konzerninternen Gewinnen (Zwischengewinnen).

36 Bei Verrechnung des erworbenen Goodwills mit dem Eigenkapital sind alle Auswirkungen einer theoretischen Aktivierung mit planmässiger Abschreibung sowie allfälliger Wertbeeinträchtigungen auf Bilanz und Erfolgsrechnung während der angenommenen Nutzungsdauer jeweils für das Berichts- und Vorjahr im Anhang darzustellen.

37 Abweichungen von der gewählten Bewertungsgrundlage sind im Anhang offenzulegen.

38 Die Bewertungsmethode von Beteiligungen an Organisationen mit einem Stimmrechtsanteil von unter 20 Prozent ist im Anhang offenzulegen.

39 Der für die Berechnung der latenten Ertragssteuerposten angewendete Steuersatz ist im Anhang offenzulegen. Bei der Anwendung von tatsächlich zu erwartenden Steuersätzen je Steuersubjekt kann ein konzerndurchschnittlicher Steuersatz offengelegt werden.

40 In der Bilanz oder im Anhang sind gesondert auszuweisen:
    – Forderungen und Verbindlichkeiten gegenüber assoziierten Organisationen
    – bei den Finanzanlagen nicht konsolidierte Beteiligungen und Forderungen gegenüber nicht konsolidierten Beteiligungen.

41 Die Behandlung von Fremdwährungsumrechnungsdifferenzen und deren Auswirkungen auf die Konzernrechnung sind im Anhang darzulegen.

42 Die Angaben zur Erfolgsrechnung im Anhang enthalten die Aufgliederung der Nettoerlöse aus Lieferungen und Leistungen nach geographischen Märkten und Geschäftsbereichen.

43 Im Anhang sind bei Erwerb und Verkauf konsolidierter Organisationen die wichtigsten Bestandteile der Bilanzen der gekauften und verkauften Organisationen per Erwerbs- bzw. Abgangsstichtag darzustellen.

Erläuterungen

---

zu Ziffer 1

44 Mit dem Konsolidierungskreis werden die Kriterien definiert, nach denen Organisationen in der Konzernrechnung erfasst werden.
    Organisationen mit abweichender Geschäftstätigkeit sind zum Konsolidierungskreis zu zählen. Dies gilt grundsätzlich auch für Zweckorganisationen.

---

zu Ziffer 2

45 Eine Tochterorganisation ist eine Organisation, welche von der Mutterorganisation beherrscht wird.

46 Eine Beherrschung wird angenommen, wenn die Mutterorganisation direkt oder indirekt mehr als die Hälfte der Stimmenrechte an einer Tochterorganisation hält.

47 Auch falls die Mutterorganisation weniger als die Hälfte der Stimmrechte hält, kann eine Beherrschung vorliegen (beispielsweise durch Aktionärsbindungsverträge, Mehrheit im Aufsichts-/Leitungsorgan).

48 Unbedeutende Tochterorganisationen können von der Vollkonsolidierung ausgeschlossen werden, sofern sie auch in ihrer Summe unbedeutend sind.

zu Ziffer 3

49 Eine Gemeinschaftsorganisation ist eine vertragliche Vereinbarung, in der zwei oder mehr Parteien eine wirtschaftliche Tätigkeit durchführen, die einer gemeinschaftlichen Führung unterliegt. Dabei verfügt keine Partei über die Möglichkeit der Beherrschung der Gemeinschaftsorganisation.

zu Ziffer 4

50 Assoziierte Organisationen sind Beteiligungen, bei denen ein massgeblicher Einfluss wahrgenommen werden kann. Von einem massgeblichen Einfluss ist dann auszugehen, wenn der Anteil an den Stimmen mindestens 20 Prozent bis unter 50 Prozent beträgt und die Beherrschung nicht ausgeübt werden kann.

zu Ziffern 6 und 7

51 Die Einzelabschlüsse der in die Konsolidierung einbezogenen Organisationen sind für Konsolidierungszwecke den einheitlichen Richtlinien des Konzerns anzupassen. Diese Anpassungen können zu Abweichungen von jenem Abschluss führen, der den Anteilseignern der entsprechenden Organisationen zur Genehmigung vorgelegt wird. Der Unterschied zwischen dem Abschlussstichtag der Jahresabschlüsse der einbezogenen Organisationen und dem Abschlussstichtag des Konzerns darf nicht mehr als drei Monate betragen.

52 Zu eliminieren sind insbesondere:
– Forderungen und Verbindlichkeiten der konsolidierten Organisationen untereinander
– Beteiligungswerte und das entsprechende Eigenkapital der konsolidierten Organisationen
– Konzerninterne Aufwendungen und Erträge, wie Aufwendungen und Erträge aus Lieferungen und Leistungen, Zinsen oder Lizenzgebühren zwischen konsolidierten Organisationen
– Dividenden von konsolidierten Organisationen.

53 Bei der Vollkonsolidierung werden die Aktiven und Passiven sowie Aufwendungen und Erträge auch jener konsolidierten Organisationen, an denen Dritte beteiligt sind, in vollem Umfange in die Konzernrechnung einbezogen.

54 Bei der Quotenkonsolidierung werden sämtliche Positionen der Bilanz und Erfolgsrechnung der Gemeinschaftsorganisation zum Beteiligungsprozentsatz erfasst.

---

zu Ziffer 8

55 Aufgrund interner Transaktionen zwischen Mutter- und Tochterorganisationen können am Jahresende in Konzernaktiven wie z. B. Vorräten oder Anlagen aus der Sicht des Konzerns nicht realisierte Gewinne (Zwischengewinne) enthalten sein.

56 Für die Berechnung der Zwischengewinne ist die Anwendung von Annäherungsverfahren gestattet.

57 Bei Anwendung der Percentage of Completion-Methode (POCM) ist sicherzustellen, dass auch bei komplexen Lieferungs- und Leistungsverhältnissen die konzerninternen Zwischengewinne eliminiert werden.

---

zu Ziffer 9

58 Das Eigenkapital der konsolidierten Organisationen ist per Erwerbszeitpunkt mit dem Kaufpreis bzw. per Zeitpunkt der Gründung mit dem Buchwert der Beteiligung bei der Mutterorganisation zu verrechnen.

59 Nach der Erstkonsolidierung sind Veränderungen aus Geschäftstätigkeit, welche in der Abrechnungsperiode im Periodenergebnis der Konzernrechnung enthalten sind, den Gewinnreserven zuzuweisen.

60 Bei einer Akquisition findet auf den Erwerbszeitpunkt eine Neubewertung der übernommenen Aktiven und Verbindlichkeiten zu aktuellen Werten statt.

---

zu Ziffer 17

61 Bei Veräusserung eines Geschäftsteils ist der erfolgswirksame Gewinn oder Verlust zu ermitteln unter Berücksichtigung, dass in einem früheren Zeitpunkt Goodwill direkt mit dem Eigenkapital verrechnet wurde. Damit die Auswirkungen gleich sind wie für eine Organisation, welche Goodwill aktiviert und über die Erfolgsrechnung ganz oder teilweise abgeschrieben hat, ist es notwendig, den zu einem früheren Zeitpunkt mit dem Eigenkapital verrechneten Goodwill bei der Veräusserung vollumfänglich dem Periodenergebnis zu belasten.

---

zu Ziffer 19

62 Diese Vorschrift betrifft ausschliesslich die Umrechnung von Jahresrechnungen von Konzernorganisationen in Fremdwährung in die Währung der Konzernrechnung und nicht die Fremdwährungsumrechnung innerhalb von Jahresrechnungen.

63 Sämtliche Bilanzpositionen (ohne das Eigenkapital) werden zum Tageskurs des Bilanzstichtags in die Konzernwährung umgerechnet.

64 Die einzelnen Positionen der Erfolgsrechnung sowie der Geldflussrechnung werden zum Durchschnittskurs der Berichtsperiode in die Konzernwährung umgerechnet.

65 Die Umrechnung der Bilanzpositionen ergeben ausschliesslich erfolgsneutrale Umrechnungsdifferenzen, die mit dem Eigenkapital verrechnet werden.

66 Bei der Umrechnung der Erfolgsrechnung wird die entstandene Umrechnungsdifferenz zwischen dem Ergebnis in der Erfolgsrechnung und der Bilanz im Eigenkapital erfasst.

---

zu Ziffer 21

67 Beispielsweise aufgrund unterschiedlicher Art der Tätigkeit der verschiedenen in die Konzernrechnung einbezogenen Organisationen können sich sachlich begründete Abweichungen vom Grundsatz der Einheitlichkeit ergeben. Aufträge in Arbeit einer Engineering-Unternehmung sind nach anderen Grundsätzen zu bewerten als jene in einer Produktionsfirma mit Massenartikeln, auch wenn für beide von der Basis historischer Werte ausgegangen wird.

---

zu Ziffer 34

68 Die in der Konzernrechnung allgemein angewendeten Bewertungsgrundlagen, wie Bewertung zu historischen Werten (Anschaffungs-, Herstellungskosten) bzw. zu aktuellen Werten (Wiederbeschaffungs- oder Tageswerte), sind darzulegen. Soweit erforderlich sind die Grundsätze der Bewertung einzelner Positionen anzugeben.

---

zu Ziffer 35

69 Die Angaben zur Konzernbilanz enthalten wesentliche Bilanzinformationen zu nicht konsolidierten Beteiligungen, sofern der Wert der Beteiligung 20% des konsolidierten Eigenkapitals übersteigt.

70 Bei assoziierten Organisationen ist ein allfällig bilanzierter Goodwill im Anhang separat auszuweisen.

---

zu Ziffer 42

71 Die Aufgliederung (sog. Segmentierung) der Nettoerlöse aus Lieferungen und Leistungen ist nur notwendig, wenn sich Geschäftsbereiche erheblich voneinander unterscheiden. Geographische Märkte können auch mehrere Länder umfassen.

Ergänzende Fachempfehlungen für kotierte Unternehmen

Herausgegeben: 2013
In Kraft gesetzt: 1. Januar 2015

Einleitung

Die nachstehenden Empfehlungen gelten für Einzel- oder konsolidierte Abschlüsse von kotierten Unternehmen. Mit der vorliegenden Fachempfehlung wird angestrebt, die Aussagekraft dieser Abschlüsse zu erhöhen. Dabei wird auf deren Besonderheiten im Sinne der öffentlichen Rechenschaftspflicht und den dadurch erhöhten Anforderungen an Transparenz sowie internationale Vergleichbarkeit eingegangen.

Zusätzlich zur vorliegenden Fachempfehlung gelten das Rahmenkonzept und die weiteren Fachempfehlungen. Die Bestimmungen dieser Fachempfehlung gehen für kotierte Unternehmen denjenigen des Rahmenkonzepts und der weiteren Fachempfehlungen vor. Die ausschliessliche Anwendung der Kern-FER ist für kotierte Unternehmen nicht zugelassen.

Empfehlung

Definition

1   Kotierte Unternehmen sind Organisationen, deren Beteiligungs- und/oder Forderungsrechte kotiert sind oder welche eine Kotierung beantragt haben und dazu einen Kotierungsprospekt erstellen.

Erstanwendung

2   Zum Zeitpunkt des Übergangs auf Swiss GAAP FER ist in der Jahresrechnung sowie gegebenenfalls im Zwischenbericht neben der Berichtsperiode auch die Vorperiode in Übereinstimmung mit Swiss GAAP FER darzustellen. Dabei werden alle Bestimmungen, die zum Zeitpunkt des Übergangs in Kraft sind, vollständig und rückwirkend angewendet. Es ist eine Überleitungsrechnung vom Eigenkapital per Eröffnungs- und Schlussbilanz sowie des Gewinns/Verlusts der Vorperiode unter dem bisherigen Rechnungslegungsstandard auf Swiss GAAP FER offenzulegen und zu erläutern.

Aktienbezogene Vergütungen

3   Aktienbezogene Vergütungen sind bei der Zuteilung zum Tageswert zu bewerten und über den Erdienungszeitraum als Personalaufwand und als Eigenkapital bzw. als Verbindlichkeit (Instrumente mit Barausgleich) zu erfassen. Sofern kein Barausgleich vorgesehen ist, erfolgt, ausser bei Änderungen der Ausübungs- bzw. Bezugskonditionen (z. B. Erdienungszeitraum), keine Folgebewertung. Offenzulegen sind die allgemeinen Vertragsbedingungen (z. b. Ausübungsbedingungen, Anzahl gewährter Eigenkapitalinstrumente, Form des Ausgleichs), die Berechnungsgrundlage für die Tageswerte und der im Periodenergebnis erfasste Aufwand.

Aufzugebende Geschäftsbereiche

4   Nach Ankündigung sind der Nettoerlös aus Lieferungen und Leistungen und das Betriebsergebnis aufzugebender Geschäftsbereiche im Anhang separat offenzulegen. Zudem ist zu erläutern, welche geographischen Märkte, Geschäftsbereiche oder Tochtergesellschaften vom Entscheid betroffen sind.

Ergebnis je Beteiligungsrecht

5   Unterhalb der Erfolgsrechnung sind das unverwässerte und verwässerte Ergebnis je Beteiligungsrecht auszuweisen. Die Berechnungssystematik für das unverwässerte Ergebnis je Beteiligungsrecht ist unter Angabe der durchschnittlichen zeitgewichteten Anzahl ausstehender Beteiligungsrechte offenzulegen. Eine Überleitung vom unverwässerten auf das verwässerte Ergebnis je Beteiligungsrecht ist offenzulegen. Dabei sind die potenziell verwässernd wirkenden Effekte (z. B. zukünftige Ausübung von Optionen, Wandlung von Wandelanleihen) zu erläutern.

Ertragssteuern

6   Der auf der Basis des ordentlichen Ergebnisses gewichtete durchschnittlich anzuwendende Steuersatz ist im Anhang offenzulegen. Der Einfluss aus Veränderungen von Verlustvorträgen auf die Ertragssteuern (z. B. Entstehung, Verwendung, Neueinschätzung, Verfall) ist zu quantifizieren und zu erläutern.

Verbindlichkeiten finanzieller Art

7 Im Anhang sind die Bewertungsgrundsätze sowie die Konditionen (z. B. Zinssatz, Laufzeit, Währung) für Verbindlichkeiten finanzieller Art einzeln oder pro Gruppe gleichartiger Instrumente offenzulegen. Die Erfassungsmethode von Verbindlichkeiten finanzieller Art, die sowohl Elemente des Eigenkapitals als auch der Verbindlichkeiten umfassen, ist offenzulegen.

Segmentberichterstattung

8 Die auf der obersten Leitungsebene für die Unternehmenssteuerung verwendete Segmentrechnung ist auf Stufe Segmenterlöse sowie Segmentergebnisse offenzulegen und auf die Erfolgsrechnung überzuleiten. Dabei können wirtschaftlich ähnliche Sparten (z. B. gleichartige Durchschnittsmargen, vergleichbare Produkte und Dienstleistungen) zusammengefasst dargestellt werden, wenn dadurch die Aussagekraft der Segmentrechnung nicht beeinträchtigt wird. In begründeten Fällen kann auf den Ausweis der Segmentergebnisse verzichtet werden. Die Begründung wie beispielsweise Wettbewerbsnachteile gegenüber nicht-kotierten oder grösseren kotierten Konkurrenten, Kunden oder Lieferanten ist im Anhang offenzulegen.

Zwischenberichterstattung

9 Mit Beteiligungsrechten kotierte Unternehmen haben einen Zwischenbericht zu erstellen. Der Zwischenbericht enthält Zahlenangaben sowie Erläuterungen über die Tätigkeit und den Geschäftsgang der Organisation im Berichtszeitraum. Ziel des Zwischenberichts ist eine zahlenmässige Darstellung des Ergebnisses sowie eine qualitative Erläuterung des Geschäftsgangs.

10 Für den Berichtszeitraum sowie für den entsprechenden Zeitraum des vorhergehenden Geschäftsjahres sind mindestens eine verkürzte Erfolgsrechnung (inkl. Ergebnis je Aktie), eine verkürzte Geldflussrechnung sowie ein verkürzter Eigenkapitalnachweis auszuweisen. Zudem ist per Anfang und Ende des Berichtszeitraums eine verkürzte Bilanz offenzulegen. Es sind mindestens die Überschriften und Zwischentotale auszuweisen, die auch in der letzten Jahresrechnung enthalten waren.

11 Für die im Zwischenbericht aufgeführten finanziellen Informationen gelten die gleichen Grundsätze wie für die Jahresrechnung. Vereinfachungen sind zulässig, sofern keine Beeinträchtigung der Darstellung des Geschäftsgangs entsteht.

12 Die Erläuterungen sollen dem Adressaten erlauben, sich ein begründetes Urteil über die Entwicklung der Tätigkeit und des Geschäftsgangs der Organisation zu bilden. Sie haben insbesondere:

- festzuhalten, dass es sich um einen Zwischenbericht nach Swiss GAAP FER 31 handelt, welcher im Vergleich zu einer Jahresrechnung Verkürzungen im Ausweis und der Offenlegung zulässt.
- Änderungen in den Rechnungslegungsgrundsätzen sowie allfällige Fehlerkorrekturen offenzulegen und daraus resultierende Effekte zu erklären.
- Hinweise auf Faktoren zu enthalten, welche die Vermögens-, Finanz- und Ertragslage der Organisation während der Berichtsperiode sowie im Vergleich zur Vorperiode beeinflusst haben (z. B. Konsolidierungskreis, Liquidität, Wertbeeinträchtigungen).
- Die auf der obersten Leitungsebene für die Unternehmenssteuerung verwendete Segmentrechnung auf Stufe Segmenterlöse sowie Segmentergebnisse offenzulegen. Dabei können wirtschaftlich ähnliche Sparten zusammengefasst dargestellt werden. In begründeten Fällen kann auf den Ausweis der Segmentergebnisse verzichtet werden. Die Begründung wie beispielsweise Wettbewerbsnachteile gegenüber nicht-kotierten oder grösseren kotierten Konkurrenten, Kunden oder Lieferanten ist im Anhang offenzulegen.
- Ausserordentliche Erträge oder Aufwendungen offenzulegen.
- Eine allfällige Saisonalität zu erläutern und, wenn möglich, deren Auswirkungen zu quantifizieren.
- Auf wesentliche Ereignisse nach dem Stichtag des Zwischenberichts einzugehen.

Erläuterungen

---

zu Ziffer 3

13 Als aktienbezogene Vergütung gilt die Entschädigung durch Eigenkapitalinstrumente inklusive auf Eigenkapitalinstrumenten basierende Derivate oder Instrumente mit Barausgleich.

---

zu Ziffer 8

14 Die für die Unternehmenssteuerung verwendete Segmentrechnung kann nach geografischen Märkten oder Geschäftsbereichen gegliedert sein.

15 Als Segmentergebnis ist die von der obersten Leitungsebene für die Unternehmenssteuerung verwendete Grösse offenzulegen. Diese kann weniger tief gegliedert sein als das betriebliche Ergebnis.

Swiss GAAP FER 40 Rechnungslegung für Versicherungsunternehmen

Überarbeitet: 2018
Inkraftsetzung: 1. Januar 2021
(eine frühere Anwendung ist gestattet)

Einleitung

Versicherungsunternehmen haben das Rahmenkonzept und die übrigen Fachempfehlungen sowie Swiss GAAP FER 30 für Konzernrechnungen und Swiss GAAP FER 31 im Falle einer Kotierung anzuwenden. Die nachstehenden besonderen Empfehlungen gelten für Versicherungsunternehmen in Ergänzung und teilweiser Abänderung der Fachempfehlungen. Die Bestimmungen dieser Fachempfehlung (wie z.B. Darstellung und Gliederung, Bewertung) gehen denjenigen der übrigen Fachempfehlungen vor.

Als Versicherungsunternehmen im Sinne von Swiss GAAP FER 40 gelten insbesondere Versicherer, ungeachtet ihrer Rechtsform, die überwiegend Leistungen als Schaden-, Lebens- und Rückversicherer erbringen. Für Organisationen, die überwiegend Leistungen als (für) Gebäude- und Krankenversicherer erbringen, gilt Swiss GAAP FER 41 (in Kombination mit Swiss GAAP FER 30 gegebenenfalls, für die Konzernrechnung).

I. Bewertung

Empfehlung

Kapitalanlagen

1   Die Bewertung der Kapitalanlagen erfolgt zu aktuellen Werten.

2   a)   In einem aktiven Markt notierte Preise stellen den zuverlässigsten Nachweis für aktuelle Werte dar und sind als aktuelle Werte zu verwenden.

    b)   Sind keine in einem aktiven Markt notierte Preise im Sinne von a) verfügbar, erfolgt die Bestimmung der aktuellen Werte aufgrund verlässlicher Marktdaten vergleichbarer Vermögenswerte oder anderer finanzmathematisch anerkannter Methoden.

    c)   Wenn für eine Kapitalanlage keine aktuellen Werte im Sinne von a) und b) zuverlässig ermittelt werden können, gelangt ausnahmsweise der Anschaffungswert abzüglich Wertbeeinträchtigungen zur Anwendung.

3   Festverzinsliche Kapitalanlagen können in Abweichung von Ziffer 1 auch nach der Kostenamortisationsmethode bewertet werden. Dabei werden buchmässige Zu- und Abschreibungen über die Laufzeit netto als Zinsertrag oder Zinsaufwand aus festverzinslichen Kapitalanlagen erfasst.

4   Für Kapitalanlagen, die zu aktuellen Werten bewertet werden, sind Mehr- und Minderwerte gegenüber ihren Anschaffungskosten den Neubewertungsreserven erfolgsneutral zuzuweisen. Durch Veräusserung realisierte Mehr- und Minderwerte sind in der Erfolgsrechnung zu erfassen und soweit Teil der Neubewertungsreserve, in dieser aufzulösen. Von den in den Neubewertungsreserven erfassten Mehr- und Minderwerten aus der Bewertung der Kapitalanlagen zu aktuellen Werten sind die dazugehörenden latenten Ertragssteuern abzuziehen.

5   Sofern gesetzliche oder vertragliche Bestimmungen aus Lebensversicherungsverträgen die Höhe der künftigen Überschussbeteiligung bestimmen, sind die Anteile der Versicherten an der Neubewertungsreserve für die Bildung der künftigen Überschussbeteiligung in Abzug zu bringen. Ferner dürfen bei weiteren Überschussbeteiligungen in nicht festgelegter Höhe die Anteile der Versicherten an der Neubewertungsreserve für die Bildung der künftigen Überschussbeteiligung in Abzug gebracht werden.

6   Für festverzinsliche Kapitalanlagen, die zu aktuellen Werten (im Sinne von 2a)–2b)) erfasst werden, berechnen sich die in den Neubewertungsreserven erfassten Mehr- und Minderwerte aus der Differenz zwischen aktuellem Wert und dem Wert, der aus der Kostenamortisationsmethode resultieren würde.

7   Kapitalanlagen für Rechnung und Risiko Dritter sind zu aktuellen Werten über die Erfolgsrechnung zu bewerten. Die Veränderungen der entsprechenden Rückstellung sind ebenfalls in der Erfolgsrechnung zu erfassen.

8   Bei festverzinslichen Kapitalanlagen ist sofort eine Wertbeeinträchtigung in der Erfolgsrechnung zu erfassen, wenn die vollständige und zeitgerechte Rückzahlung beziehungsweise der Zinsdienst gefährdet ist. Die Höhe der Wertbeeinträchtigung ist auf Basis verfügbarer Informationen zu ermitteln.

9   Bei Wegfall der Gründe für die Wertbeeinträchtigung bei festverzinslichen Kapitalanlagen muss sie erfolgswirksam aufgelöst werden. Die Auflösung ist maximal im Umfang der früher vorgenommenen Wertbeeinträchtigung zulässig. Bei Kapitalanlagen, die nach der Kostenamortisationsmethode bewertet werden, darf der Buchwert der Kapitalanlage zum Zeitpunkt der Wertaufholung jedoch nicht höher sein als der Betrag, der sich ergeben hätte, wenn keine Wertbeeinträchtigung erfasst worden wäre.

10 Der Minderwert aller anderen Kapitalanlagen nach Ziffer 2a) und 2b) ist spätestens nach 12 Monaten der Neubewertungsreserve gutzuschreiben und als Wertbeeinträchtigung in der Erfolgsrechnung zu erfassen.

11 Bei Wegfall der Wertbeeinträchtigung müssen Wertberechtigungen auf alle anderen Kapitalanlagen nach Ziffer 2a) und 2b) spätestens nach 12 Mona-

ten erfolgswirksam aufgelöst werden. Die Auflösung ist maximal im Umfang der früher vorgenommenen Wertbeeinträchtigung zulässig.

Versicherungstechnische Rückstellungen

12 Die Bewertung der versicherungstechnischen Rückstellungen hat so zu erfolgen, dass ihr Gesamtbetrag ausreichend und die dauernde Erfüllbarkeit der Verpflichtungen aus den Versicherungsverträgen mit ausreichender Sicherheit gegeben sind. Bei der Ermittlung sind die Wahrscheinlichkeit, der Zeitpunkt, die Höhe der zukünftigen Geldflüsse und deren Verlässlichkeit zu berücksichtigen.

13 Aufgrund der Unsicherheit und Volatilität im Versicherungsgeschäft und der angewandten Methoden zur Bewertung der versicherungstechnischen Rückstellungen können weitere versicherungstechnische Rückstellungen gebildet werden. Dazu gehören auch Schwankungsrückstellungen (für inhärente Zufallsschwankungen in der Abwicklung) und Sicherheitsrückstellungen (für Sicherheits- und Parameterrisiken bei der Bewertung der Rückstellungen für Versicherungsleistungen).

14 Zur Bewertung von Schwankungs- und Sicherheitsrückstellungen muss die Organisation über einen definierten Bewertungsansatz verfügen, der stetig anzuwenden ist. Die Bewertung trägt der Diversifikation, der Grösse und der Struktur des Versicherungsportfolios Rechnung.

15 Versicherungstechnische Rückstellungen sind zu diskontieren, sofern die Dauer der Verpflichtungsabwicklung einen wesentlichen Einfluss ausübt. Fest vereinbarte, zu periodischen Zeitpunkten auszuzahlende, langfristige Verpflichtungen aus Nichtlebensversicherungsverträgen sind zu diskontieren. Der Diskontsatz soll konsistent mit den Charakteristiken der Verpflichtung sein.

16 Die Position «Versicherungstechnische Rückstellungen (brutto)» beinhaltet insbesondere Prämienüberträge, Rückstellungen für Versicherungsleistungen, Deckungskapital, Rückstellungen für gutgeschriebene Überschussbeteiligungen der Versicherten, Rückstellungen für künftige Überschussbeteiligungen der Versicherten sowie übrige versicherungstechnische Rückstellungen.

17 Die versicherungstechnischen Rückstellungen enthalten gesetzlich oder vertraglich bedingte Überschussanteile, die zum Bilanzstichtag gutgeschrieben und in den Folgeperioden ausgezahlt, verrechnet oder anderweitig angerechnet werden. Sofern Rückstellungen für künftige Überschussbeteiligungen der Versicherten gebildet wurden, sind diese separat in den Rückstellungen für Überschussbeteiligungen der Versicherten auszuweisen.

18 Rückstellungen sind an jedem Bilanzstichtag neu zu beurteilen und die Veränderung ist in der Erfolgsrechnung zu erfassen.

19 Abgegrenzte bzw. aktivierte Abschlussaufwendungen sind in der Bilanz oder im Anhang auszuweisen.

Erläuterungen zu I.

---

zu Ziffer 2

20 Die Bewertung von Kapitalanlagen mittels finanzmathematisch anerkannter Methoden gemäss Ziffer 2b) orientiert sich soweit möglich an verlässlichen Marktdaten.

---

zu Ziffer 3

21 Festverzinsliche Kapitalanlagen sind festverzinsliche Wertpapiere, Darlehen und Hypotheken ohne eingebettete Derivate. Die Bewertung nach der Kostenamortisationsmethode kann für festverzinsliche Wertpapiere, Darlehen und Hypotheken ohne eingebettete Derivate je separat gewählt werden.

---

zu Ziffer 11

22 Der Zeitraum für den Ansatz einer Wertbeeinträchtigung sowie deren Auflösung muss identisch sein.

---

zu Ziffer 12

23 Versicherungstechnische Rückstellungen entsprechen mindestens der Summe aus erwarteten Entschädigungszahlungen und Zahlungen zur Erfüllung von Leistungsversprechungen sowie Kosten für die Leistungsabwicklung von eingetretenen, einschliesslich noch nicht gemeldeten Versicherungsfällen.

24 Im Lebensversicherungsgeschäft entsprechen die versicherungstechnischen Rückstellungen der Summe aller Erfüllungswerte, die in der Regel je Vertrag einzeln zu ermitteln sind.

---

zu Ziffer 16

25 Ein Versicherungsunternehmen muss seine Versicherungsverträge in Kategorien ähnlicher Vertragsarten zusammenfassen und, wo angebracht, die Offenlegung auf

Ebene dieser Einzelkategorien vornehmen. Hinweise für gemeinsam zu kategorisierende Vertragsarten liefern u. a. die Risiko- bzw. die Leistungsart und die typische Vertrags- bzw. Leistungsdauer.

----

zu Ziffer 19

26 Im Falle einer Aktivierung der Abschlussaufwendungen muss sichergestellt sein, dass die versicherungstechnischen Rückstellungen nach Abzug der aktivierten Abschlussaufwendungen ausreichend sind.

II. Bestandteile der Jahresrechnung

Empfehlung

Bilanz

27 Die Bilanz ist mindestens wie folgt zu gliedern:

Aktiven
- Kapitalanlagen
- Kapitalanlagen für Rechnung und Risiko Dritter
- Immaterielle Anlagen
- Sachanlagen
- Anteil Rückversicherer an den versicherungstechnischen Rückstellungen
- Forderungen
- Flüssige Mittel
- Nicht einbezahltes Kapital der Organisation
- Rechnungsabgrenzungen

Passiven
Verbindlichkeiten
- Versicherungstechnische Rückstellungen (brutto)
- Versicherungstechnische Rückstellungen für Rechnung und Risiko Dritter
- Nichtversicherungstechnische (finanzielle) Rückstellungen
- Fonds für künftige Überschussbeteiligungen
- Finanzverbindlichkeiten
- Sonstige Verbindlichkeiten
- Rechnungsabgrenzungen

Eigenkapital
- Kapital der Organisation
- Kapitalreserven
- Eigene Anteile am Kapital der Organisation (Minusposten)
- Neubewertungsreserven
- Gewinnreserven bzw. kumulierte Verluste

Erfolgsrechnung

28 Die Erfolgsrechnung ist mindestens wie folgt zu gliedern:

- Gebuchte Bruttoprämien
- Abgegebene Rückversicherungsprämien
- Veränderung der Prämienüberträge (brutto)
- Anteil Rückversicherer an der Veränderung der Prämienüberträge
= Verdiente Prämien für eigene Rechnung
- Bezahlte Versicherungsfälle und -leistungen (brutto)
- Veränderung der versicherungstechnischen Rückstellungen (brutto)
- Anteil Rückversicherer am Aufwand für Versicherungsfälle und
  -leistungen
- Veränderung der Rückstellungen für Rechnung und Risiko Dritter
- Abschluss- und Verwaltungsaufwendungen für das Versicherungsgeschäft
  (brutto)
- Anteil Rückversicherer an Abschluss und Verwaltungsaufwendungen
  für das Versicherungsgeschäft
- Ertrag aus Kapitalanlagen (Ziffer 55a))
- Gewinne und Verluste auf Kapitalanlagen (Ziffer 55a))
- Aufwand für Verwaltung von Kapitalanlagen
- Ergebnis aus Kapitalanlagen für Rechnung und Risiko Dritter
- Übriger Ertrag (Ziffer 55b))
- Übriger Aufwand (Ziffer 55b))
= Ergebnis aus operativer Tätigkeit
- Nicht-operatives Ergebnis (Ziffer 55c))
- Ausserordentliches Ergebnis (Ziffer 55d))
= Ergebnis vor Steuern
- Ertragssteuern
= Gewinn/Verlust

Geldflussrechnung

29 In Ergänzung zu Swiss GAAP FER 4 ist die Geldflussrechnung wie folgt zu gliedern:
Der Geldfluss aus Geschäftstätigkeit ist aufgrund der wesentlichen erlösbringenden Tätigkeiten zu definieren. Dazu gehören Abschluss und Verwaltung von Versicherungsverträgen, die Bewirtschaftung von Kapitalanlagen sowie allfällige weitere Dienstleistungen. Falls der Geldfluss aus der Geschäftstätigkeit nach der indirekten Methode berechnet wird, sind zumindest gesondert auszuweisen:
   - die realisierten Gewinne und Verluste auf Kapitalanlagen sowie die in der Erfolgsrechnung erfassten unrealisierten Gewinne und Verluste auf Kapitalanlagen und Wertberichtigungen
   - Kauf/Verkauf von Kapitalanlagen (pro Anlagekategorie)
   - die Zu- und Abnahme (Nettoveränderung) folgender Posten:
     - Versicherungstechnische Rückstellungen
     - Versicherungstechnische Rückstellungen für Rechnung und Risiko Dritter
     - Forderungen aus dem Versicherungsgeschäft
     - Verbindlichkeiten aus dem Versicherungsgeschäft
     - Nichtversicherungstechnische (finanzielle) Rückstellungen
     - Aktive Rechnungsabgrenzung
     - Passive Rechnungsabgrenzung

30 Der Geldfluss aus Vorgängen im Investitionsbereich ist gesondert auszuweisen. Dazu gehören insbesondere Kauf und Verkauf von Sachanlagen (inkl. eigengenutzter Liegenschaften) und immateriellen Anlagen, Erwerb von Gesellschaften (ohne Bestand an flüssigen Mitteln) und Beteiligungen.

31 Im Finanzierungsbereich sind die Zu- oder Abnahme von Finanzverbindlichkeiten einzeln und brutto auszuweisen. Bezahlte Finanzierungskosten sind separat zu zeigen.

32 Die Versicherungsunternehmen haben als Fonds die flüssigen Mittel auszuweisen.

Eigenkapitalnachweis

33 Die Neubewertungsreserve ist als separate Position im Eigenkapitalnachweis auszuweisen.

34 Die Zuweisung an den Fonds für künftige Überschussbeteiligungen ist im Eigenkapitalnachweis separat auszuweisen.

Erläuterungen zu II.

---

zu Ziffer 27

35 Die Mindestgliederungsvorschriften von Ziffer 27 gehen den diesbezüglichen Bestimmungen von Swiss GAAP FER 3 vor. Weitere Untergliederungen sind zulässig. Es sind dafür branchenübliche Bezeichnungen zu wählen, damit dadurch die Aussagekraft erhöht wird.

36 Den Besonderheiten von genossenschaftlich organisierten Versicherungsunternehmen kann durch einen Fonds für künftige Überschussbeteiligungen Rechnung getragen werden. Beschliesst ein solches Versicherungsunternehmen zugunsten der Versicherten eine Zuweisung an den Fonds für künftige Überschussbeteiligungen, erfolgt diese direkt aus dem Eigenkapital, da es sich dabei wirtschaftlich um eine Gewinnverwendung handelt. Als Teil der Beschlussfassung über die Verwendung des Bilanzgewinns sind solche Zuweisungen Gegenstand eines Beschlusses des zuständigen Organs.

---

zu Ziffer 29

37 Forderungen aus dem Versicherungsgeschäft umfassen u. a. Guthaben aus Rückversicherung, gegenüber Versicherungsnehmern und gegenüber Vermittlern. Verbindlichkeiten aus dem Versicherungsgeschäft umfassen u. a. Verbindlichkeiten gegenüber Versicherungsnehmern, Vermittlern und Versicherungsunternehmen.

III. Offenlegungen

Empfehlungen

---

zu Ziffer 1

38 Die Zusammensetzung der Kapitalanlagen ist offenzulegen und beinhaltet mindestens folgende Anlagekategorien:
- Renditeliegenschaften
- Beteiligungen
- Festverzinsliche Wertpapiere
- Darlehen
- Hypotheken
- Aktien

- Fondsanteile
- Derivate
- Übrige Kapitalanlagen

Übrige Kapitalanlagen sind zu erläutern. Eine betragliche Zusammensetzung ist offenzulegen, wenn übrige Kapitalanlagen eine wesentliche Position darstellen. Unter übrige Kapitalanlagen fallen insbesondere Alternative Anlagen wie zum Beispiel Hedge-Funds, Private Equity und Rohstoffe inklusive Gold.

39 Beim Einsatz von derivativen Finanzinstrumenten sind im Anhang Angaben zum Zweck und zur Absicherungsstrategie zu machen. Wesentliche Derivatpositionen sind zu erläutern. Derivate mit Absicherungszwecken und Derivate ohne Absicherungszweck sind betraglich getrennt offenzulegen.

---

zu Ziffer 2

40 Im Anhang sind die herangezogenen Wertansätze und Methoden sowie zugrundeliegende Annahmen zur Bewertung der Kapitalanlagen zu erläutern. Zu 2b): Mit Bewertungsmodellen ermittelte aktuelle Werte sind zu erläutern. Zu 2c): Die zu Anschaffungswerten abzüglich Wertbeeinträchtigungen bewerteten Kapitalanlagen sind im Anhang je Anlagekategorie offenzulegen.

---

zu Ziffer 3

41 Für festverzinsliche Kapitalanlagen, die nach der Kostenamortisationsmethode bewertet wurden, sind zusätzlich im Anhang aktuelle Werte offenzulegen. Marchzinsen sind separat offenzulegen.

---

zu Ziffer 4

42 Die Neubewertungsreserve ist je Anlagekategorie netto offenzulegen. Erfolgsneutral erfasste Wertveränderungen von Kapitalanlagen sowie die im Zusammenhang mit Veräusserungen aufgelösten Neubewertungsreserven sind pro Anlagekategorie separat offenzulegen. Im Anhang sind die Grundsätze des Abzugs beziehungsweise Nicht-Abzugs von Anteilen der Versicherten an der Neubewertungsreserve für die Bildung der künftigen Überschussbeteiligung zu erläutern.

zu Ziffer 8

43 Die Methode zur Bestimmung der Wertbeeinträchtigung ist in den Grundsätzen der Rechnungslegung zu definieren, stetig anzuwenden und offenzulegen. In die Erfolgsrechnung übergeführte Minderwerte sind offenzulegen.

zu Ziffer 9

44 Der Betrag der aufgelösten Wertbeeinträchtigung auf festverzinslichen Kapitalanlagen ist offenzulegen.

zu Ziffer 10

45 Der Umgang mit Minderwerten aus der Bewertung von Kapitalanlagen ist in den Grundsätzen der Rechnungslegung zu definieren, stetig anzuwenden und offenzulegen. In die Erfolgsrechnung übergeführte Minderwerte sind offenzulegen.
46 Der Betrag der aufgelösten Wertbeeinträchtigung auf alle anderen Kapitalanlagen ist offenzulegen.

zu Ziffer 12

47 Die angewandten Methoden und verwendeten Modelle zur Bewertung von ausreichenden versicherungstechnischen Rückstellungen sind im Anhang zu beschreiben. Diese explizite Beschreibung der Methoden und der verwendeten Modelle beinhaltet u.a. eine Charakterisierung ihrer Ausrichtung (z.B. an regulatorischen Vorgaben).
Für die Ermittlung wesentliche Annahmen und damit zusammenhängende Unsicherheiten sind im Anhang offenzulegen und zu erläutern. Insbesondere ist hierzu offenzulegen:
– wie das Unternehmen das ausreichende Niveau von versicherungstechnischen Rückstellungen festlegt
– die Grundlagen für die Annahmen (Ausrichtung an regulatorischen Vorgaben oder an marktnahen Erwartungen, Relevanz von in der Vergangenheit gemachten Erfahrungen und von erwarteten Veränderungen an beobachteten Entwicklungen)
– die Herkunft der Annahmen (eigene statistische Informationen, statistische Informationen der Branche, Informationen basierend auf stochastischen Modellen oder eine Kombination davon)

- die Beschreibung der wesentlichen Annahmen und damit verbundenen Unsicherheiten (in quantitativer Form, sofern möglich)
- das Unternehmen legt ferner alle weiteren für das Verständnis der Methode zur Bewertung der versicherungstechnischen Rückstellungen wesentlichen Informationen offen, wie beispielsweise das Vorgehen und die Annahmen zur Zuteilung und Ausschüttung bei Lebensversicherungsverträgen mit bedingten Überschussbeteiligungen

48 Im Lebensversicherungsgeschäft sind Angaben zu biometrischen Risiken, zum Stornorisiko und zu einem allfälligen Zinsgarantierisiko offenzulegen. Im Nichtlebensversicherungsgeschäft sind Angaben zur aktuariellen Methodik für die Festlegung der versicherungstechnischen Rückstellungen offenzulegen.

zu Ziffer 14

49 Der Bewertungsansatz für Schwankungs- und Sicherheitsrückstellungen ist offenzulegen und zu erläutern. Es ist insbesondere darzulegen, wie in dieser Position Zufallsschwankungen und das Parameterrisiko berücksichtigt werden. Die betragliche Veränderung der Position Schwankungs- und Sicherheitsrückstellungen ist offenzulegen und zu erläutern.

zu Ziffer 15

50 Zugrundeliegende Annahmen und Parameter für die Diskontierung von versicherungstechnischen Rückstellungen sind zu erläutern und offenzulegen.

51 Für Rückstellungen für eingetretene Versicherungsfälle, das Deckungskapital sowie die Rückstellungen für die gutgeschriebenen Überschussbeteiligungen der Versicherten und die Rückstellungen für künftige Überschussbeteiligungen der Versicherten sind Rückstellungsspiegel offenzulegen, sofern die Bestandsveränderung nicht bereits aus anderen Bestandteilen der Jahresrechnung ersichtlich ist.

zu Ziffer 19

52 Ein Versicherungsunternehmen legt die Methoden und Annahmen offen, mit denen die Höhe der aktivierten Abschlussaufwendungen bestimmt wird, mit denen es die so aktivierten Beträge abschreibt und mit denen es die Werthaltigkeit überprüft.

53 Die nachstehenden Positionen sind in der Bilanz oder im Anhang gesondert auszuweisen:
Bei den Forderungen und Verbindlichkeiten:
– gegenüber Rückversicherern
– gegenüber Versicherungsnehmern
– gegenüber Agenten und Vermittlern
– gegenüber Versicherungsunternehmen
– gegenüber nicht konsolidierten Beteiligungen und anderen nahe stehenden Unternehmen und Personen
Bei den immateriellen Anlagen:
– Aktivierte Abschlusskosten gemäss Ziffer 19
– Sofern wesentlich, sind weitere Positionen (z. B. Software) aufzuführen.
Bei Kapitalanlagen für Rechnung und Risiko Dritter:
– Mindestgliederung gemäss Ziffer 38
Bei den Sonstigen Verbindlichkeiten:
– aus dem Versicherungsgeschäft
Beim Kapital der Organisation:
– die Beträge der einzelnen Titelkategorien des Kapitals der Organisation
Bei den versicherungstechnischen Rückstellungen sind im Anhang folgende Positionen jeweils mit dem Bruttobetrag, dem Anteil Rückversicherer und dem Betrag für eigene Rechnung offenzulegen:
– Prämienüberträge
– Rückstellungen für Versicherungsleistungen
– Deckungskapital
– Rückstellungen für gutgeschriebene Überschussbeteiligungen der Versicherten
– Rückstellungen für künftige Überschussbeteiligungen der Versicherten
– Übrige versicherungstechnische Rückstellungen

54 Der angewendete Rechnungslegungsgrundsatz für den Fonds für künftige Überschussbeteiligungen ist im Anhang offenzulegen. Die Veränderung des Fonds für künftige Überschussbeteiligungen ist im Anhang offenzulegen und hat mindestens folgende Informationen zu enthalten: Buchwert zu Beginn der Berichtsperiode, Bildung, Verwendung und Buchwert am Ende der Berichtsperiode.

----

zu Ziffer 28

55 Die gebuchten Bruttoprämien sind zusätzlich nach folgenden Versicherungszweigen offenzulegen:

- Schadenversicherungsgeschäft
- Krankenversicherungsgeschäft
- Lebensversicherungsgeschäft
- Anteilgebundenes Lebensversicherungsgeschäft
- sonstiges Geschäft

Bei den Lebensversicherungsprämien sind die periodischen Prämien und die Einmaleinlagen zu unterscheiden. Die bezahlten Versicherungsleistungen sind auch netto offenzulegen.

a) Die Positionen «Ertrag aus Kapitalanlagen» sowie «Gewinne und Verluste auf Kapitalanlagen» sind in der Erfolgsrechnung oder im Anhang nach Anlagekategorien gemäss Ziffer 38 offenzulegen.

Die Position «Gewinne und Verluste auf Kapitalanlagen» beinhaltet auch die ergebniswirksamen Wertbeeinträchtigungen sowie die ergebniswirksame Auflösung der Wertbeeinträchtigungen gemäss Ziffer 8 bis 11 und Ziffer 22.

Die Position «Veränderung der versicherungstechnischen Rückstellungen (brutto)» ist entweder in der Erfolgsrechnung oder im Anhang wie folgt zu unterteilen:
- Rückstellungen für Versicherungsleistungen
- Deckungskapital
- Rückstellungen für gutgeschriebene Überschussbeteiligungen der Versicherten
- Rückstellungen für künftige Überschussbeteiligungen der Versicherten
- Übrige versicherungstechnische Rückstellungen

b) Differenzen aus Fremdwährungsumrechnungen aus nichtversicherungstechnischen Positionen sind unter der Position übriger Ertrag bzw. übriger Aufwand auszuweisen und im Anhang offenzulegen.

c) Im nicht-operativen Ergebnis ist in der Erfolgsrechnung oder im Anhang mindestens der Finanzierungsaufwand separat auszuweisen.

d) Ausserordentliche Erträge bzw. ausserordentliche Aufwendungen sind einzeln im Anhang offenzulegen und zu erläutern.

IV. Ergänzende Bestimmungen zur Konzernrechnung

Empfehlung

Konzernbilanz

Segmentberichterstattung

56 Versicherungsunternehmen haben die auf der obersten Leitungsebene für die Unternehmenssteuerung verwendete Segmentrechnung für die gesamte Erfolgsrechnung der Konzernrechnung bis auf Stufe Segmentresultat offenzulegen. In jedem Fall ist jedoch eine Segmentberichterstattung nach Geschäftsbereichen offenzulegen.

57 Folgende Bilanzpositionen sind ebenfalls mindestens nach Geschäftsbereichen aufzuschlüsseln:
 – Kapitalanlagen
 – Versicherungstechnische Rückstellungen

Offenlegung betreffend die Konzernbilanz

58 Der durchschnittlich gewichtete Diskontsatz bei den zu diskontierenden versicherungstechnischen Rückstellungen ist pro wesentlicher Währung anzugeben.

59 Die Darstellung der Rückstellungen für Versicherungsleistungen im Nichtlebensversicherungsgeschäft hat dabei Angaben zum Schadenaufwand zu enthalten. Dabei ist ein Beobachtungszeitraum von 10 Jahren zu wählen oder die Zeitspanne, in der das betroffene Geschäft betrieben wird, sofern dieser Zeitraum kürzer als 10 Jahre ist. Die Informationen sind mindestens auf Stufe Segment offenzulegen.

Offenlegung betreffend den Konzerneigenkapitalnachweis

60 Erfolgsneutral im Eigenkapital erfasste kumulierte Währungsumrechnungsdifferenzen sind als separate Position im Eigenkapitalnachweis zu zeigen.

Offenlegung betreffend den Konzernanhang

61 Für das Nichtlebensversicherungsgeschäft sind im Anhang (quantitative) Angaben zum Abwicklungsverhalten der Rückstellungen für Versicherungsleistungen offenzulegen.

Erläuterung zu IV.

zu Ziffer 56

62 Geschäftsbereiche sind (sofern wesentlich): Nichtleben, Leben, Rückversicherung, Vermögensverwaltung und andere Dienstleistungen.

zu Ziffer 59

63 Liegen bei der erstmaligen Anwendung dieser Fachempfehlung die Angaben zum Schadenaufwand nicht für den gesamten Beobachtungszeitraum vor, kann die Darstellung aufbauend, d. h. prospektiv, erfolgen, bis die Angaben für den gesamten Beobachtungszeitraum vorliegen.

Rechnungslegung für Gebäudeversicherer und Krankenversicherer

Herausgegeben: 2010
In Kraft gesetzt: 1. Januar 2012

Einleitung

Die nachstehenden besonderen Empfehlungen gelten für die Jahresrechnungen der Gebäude- und Krankenversicherer nach Art. 12 KVG. Zusätzlich gelten das Rahmenkonzept und die übrigen Fachempfehlungen (und Swiss GAAP FER 30 für Konzernrechnungen). Die Bestimmungen dieser Fachempfehlung (wie z. B. Darstellung und Gliederung, Bewertung) gehen denjenigen der übrigen Fachempfehlungen vor. Kleine Gebäude- und Krankenversicherer können sich im Sinne von Swiss GAAP FER 1 auf die Anwendung der Kern-FER und der Swiss GAAP FER 41 sowie gegebenenfalls der Swiss GAAP FER 30 beschränken.

Mit der Fachempfehlung für Gebäude- und Krankenversicherer wird angestrebt, die Aussagekraft und Vergleichbarkeit der Jahresrechnung zu erhöhen.

Als Gebäude- und Krankenversicherer im Sinne von Swiss GAAP FER 41 gelten Erstoder/und Rückversicherer, ungeachtet deren Rechtsform, die überwiegend Leistungen als (für)

– Gebäudeversicherer
– Krankenversicherer

erbringen.

Für Gebäude- und Krankenversicherer gilt der übergeordnete Grundsatz von Swiss GAAP FER, wonach die Jahresrechnung ein den tatsächlichen Verhältnissen entsprechendes Bild der Vermögens-, Finanz-, und Ertragslage zu vermitteln hat. Dies bedeutet die konsequente Anwendung von aktuellen Werten bei den Kapitalanlagen (für festverzinsliche Kapitalanlagen können alternativ auch die Kostenamortisationsmethode angewandt und die aktuellen Werte offengelegt werden). Die versicherungstechnischen Rückstellungen werden nach aufsichtsrechtlich anerkannten versicherungsmathematischen Verfahren berechnet. Aufgrund der Besonderheiten der Rechnungslegung der Gebäude- und Krankenversicherer sind eine Rückstellung für Risiken in den Kapitalanlagen sowie versicherungstechnische Schwankungs- und Sicherheitsrückstellungen erlaubt.

Empfehlung

a) Grundlage

1 Der Einzelabschluss umfasst fünf Bestandteile: Bilanz, Erfolgsrechnung, Geldflussrechnung, Eigenkapitalnachweis und Anhang (inkl. Segmenterfolgsrechnung).

b) Bilanz

2 In der Bilanz sind die folgenden Positionen gesondert auszuweisen:

Aktiven
- Kapitalanlagen
- Immaterielle Anlagen
- Sachanlagen
- Rechnungsabgrenzungen
- Forderungen
- Flüssige Mittel

Passiven
Eigenkapital
- Kapital der Organisation
- Nicht einbezahltes Kapital der Organisation (Minusposten)
- Kapitalreserven
- Eigene Anteile am Kapital der Organisation (Minusposten)
- Gewinnreserven bzw. kumulierte Verluste
Verbindlichkeiten
- Versicherungstechnische Rückstellungen für eigene Rechnung
- Versicherungstechnische Schwankungs- und Sicherheitsrückstellungen
- Nichtversicherungstechnische Rückstellungen
- Rückstellung für Risiken in den Kapitalanlagen
- Rechnungsabgrenzungen
- Verbindlichkeiten

c) Erfolgsrechnung

3 Die Erfolgsrechnung wird in Staffelform wie folgt gegliedert:

Betriebliches Ergebnis
- Verdiente Prämien für eigene Rechnung
- Schaden- und Leistungsaufwand für eigene Rechnung
- Veränderung der versicherungstechnischen Schwankungs- und Sicherheitsrückstellungen

- Risikoausgleich zwischen Versicherern (Ertrag bzw. Aufwand) (Kranken-
  versicherer)
- Überschussbeteiligung der Versicherten
- Betriebsaufwand für eigene Rechnung
- Übriger betrieblicher Ertrag
- Übriger betrieblicher Aufwand
- Ergebnis aus Kapitalanlagen
  - Ertrag aus Kapitalanlagen
  - Aufwand aus Kapitalanlagen
  - Veränderung der Rückstellung für Risiken in den Kapitalanlagen
Betriebsfremdes Ergebnis
Ausserordentliches Ergebnis
Gewinn/Verlust vor Ertragssteuern
Ertragssteuern
Gewinn/Verlust

d) Geldflussrechnung (direkte oder indirekte Methode)

4   Der Mindestausweis der Geldflussrechnung nach direkter Methode basiert
    für die Darstellung des Geldflusses aus Geschäftstätigkeit (bezahlte Grössen)
    auf der Gliederung der Erfolgsrechnung.

5   Der Mindestausweis des Geldflusses aus Geschäftstätigkeit nach indirekter
    Methode sieht folgende Posten vor:
    Gewinn/Verlust
    Abschreibungen/Zuschreibungen auf
    - Kapitalanlagen (inkl. realisierte und nicht realisierte Gewinne und
      Verluste)
    - Immaterielle Anlagen
    - Sachanlagen
    - Forderungen
    Zunahme/Abnahme von/der
    - Versicherungstechnischen Rückstellung für eigene Rechnung
    - Versicherungstechnischen Sicherheits- und Schwankungsrückstellungen
    - Nichtversicherungstechnischen Rückstellungen
    - Rückstellung für Risiken in den Kapitalanlagen
    Gewinn/Verlust aus Abgängen von
    - Immateriellen Anlagen
    - Sachanlagen
    Zunahme/Abnahme von
    - Rechnungsabgrenzungen (aktiv)
    - Forderungen
    - Rechnungsabgrenzungen (passiv)
    - Verbindlichkeiten

6 Investitionen in und Devestitionen von Kapitalanlagen sind im Geldfluss aus Geschäfts- oder Investitionstätigkeit offenzulegen.

e) Anhang

7 Der Anhang besteht aus der Segmenterfolgsrechnung, der Erläuterung der Bewertungsgrundlage und der Bewertungsgrundsätze sowie aus Ergänzungen zur Bilanz, Erfolgsrechnung, Geldflussrechnung und Eigenkapitalnachweis.

8 Die Segmenterfolgsrechnung basiert auf der Gliederung der Erfolgsrechnung. Die Segmenterfolgsrechnung sieht folgende Geschäftsbereiche vor:
 – Gebäudeversicherer:
   Gebäudeversicherung
   – Grunddeckung
   – Übrige Versicherungen
   – Übrige Dienstleistungen
   – Eliminationen
   Prävention/Intervention
 – Krankenversicherer:
   – Versicherung KVG
   – Versicherung VVG
   – Versicherung UVG
   – Übriges
   – Eliminationen

9 Kapitalanlagen: Die Zusammensetzung der Kapitalanlagen wird in der Bilanz oder im Anhang offengelegt.

10 Forderungen und Verbindlichkeiten sind im Anhang mindestens wie folgt zu gliedern, gegenüber:
 – Versicherungsnehmern
 – Versicherungsorganisationen
 – Rückversicherer
 – Agenten und Vermittlern
 – Nahe stehenden Organisationen und Personen.
 In den Verbindlichkeiten sind im Anhang langfristige Finanzverbindlichkeiten (z. B. Anleihen) gesondert offenzulegen.

11 Die versicherungstechnischen Rückstellungen für eigene Rechnung sind in der Bilanz oder im Anhang wie folgt zu gliedern:
 – Prämienüberträge
 – Schaden- und Leistungsrückstellungen
 – Deckungskapitalien
 – Rückstellungen für künftige Überschussbeteiligung der Versicherten
 – Übrige versicherungstechnische Rückstellungen.

Falls eine Rückversicherung besteht, sind die versicherungstechnischen Rückstellungen im Anhang je Position in Bruttobetrag, Anteile der Rückversicherer und, als Ergebnis, Betrag für eigene Rechnung offenzulegen.

Im Falle der Diskontierung von Rückstellungen für Schadens- und Leistungsfälle sind im Anhang entweder der Diskontsatz und die durchschnittliche Laufzeit oder die Differenz zwischen den diskontierten und den nicht diskontierten Rückstellungen offenzulegen.

Übrige versicherungstechnische Rückstellungen sind zu bezeichnen und deren Zweck zu umschreiben.

12 Der Bewertungsansatz der versicherungstechnischen Schwankungs- und Sicherheitsrückstellungen ist im Anhang offenzulegen und zu erläutern.

13 Der Bewertungsansatz der Rückstellung für Risiken in den Kapitalanlagen ist im Anhang offenzulegen und zu erläutern.

14 Zu den verdienten Prämien für eigene Rechnung sind die Prämien, die Anteile der Rückversicherer, die Beiträge der öffentlichen Hand sowie die Veränderung des Prämienübertrags für eigene Rechnung in der Erfolgsrechnung oder im Anhang offenzulegen.

15 Der Schaden- und Leistungsaufwand für eigene Rechnung ist in der Erfolgsrechnung oder im Anhang wie folgt zu gliedern:
- Schaden- und Leistungsaufwand für eigene Rechnung
  - Bezahlte Schäden und Leistungen für eigene Rechnung
    - Bezahlte Schäden und Leistungen
    - Anteile der Rückversicherer
  - Zuzüglich/abzüglich die Veränderung der versicherungstechnischen Rückstellungen für eigene Rechnung

16 Falls eine Rückversicherung besteht, sind die Veränderungen der versicherungstechnischen Rückstellungen im Anhang je Position in Bruttobetrag, zuzüglich/abzüglich Anteile der Rückversicherer und, als Ergebnis, Betrag für eigene Rechnung offenzulegen.

17 Der Betriebsaufwand ist im Anhang aufzugliedern (z.B. nach Entstehungsbereichen, Funktionen oder Kostenarten) sowie – falls eine Rückversicherung besteht – gesamthaft in Bruttobetrag, Anteile der Rückversicherer und, als Ergebnis, Betrag für eigene Rechnung offenzulegen.

18 Die übrigen betrieblichen Erträge und Aufwendungen sind im Anhang zu erläutern.

19 Der Ertrag und der direkt zuordenbare Aufwand aus Kapitalanlagen sind im Anhang auf die einzelnen Kategorien der Kapitalanlagen aufzuschlüsseln. Im Ertrag aus Kapitalanlagen sind realisierte und nicht realisierte Gewinne und im Aufwand aus Kapitalanlagen realisierte und nicht realisierte Verluste sowie der Aufwand für die Kapitalverwaltung offenzulegen.

f) Bewertung

20 Die Bewertung der Kapitalanlagen erfolgt zu aktuellen Werten. Wertveränderungen sind in der Erfolgsrechnung als nicht realisierte Gewinne im Ertrag aus Kapitalanlagen bzw. nicht realisierte Verluste im Aufwand aus Kapitalanlagen zu erfassen.

21 Bewertung von Kapitalanlagen:
   – Unter aktuellen Werten werden für alle Kapitalanlagen grundsätzlich Marktwerte verstanden.
   – Der aktuelle Wert von Grundstücken und Bauten und anderen Vermögensgegenständen ohne regelmässigen, öffentlichen Handel wird nach dem zu erwartenden Ertrag bzw. Geldfluss unter Berücksichtigung eines risikogerechten Kapitalisierungszinssatzes ermittelt, durch Vergleich mit ähnlichen Objekten geschätzt oder nach einer anderen allgemein anerkannten Methode berechnet. Der Betrag der zu diesen Wertansätzen bewerteten Aktiven ist im Anhang offenzulegen.
   – Wenn für eine Kapitalanlage kein aktueller Wert bekannt ist bzw. festgelegt werden kann, gelangt ausnahmsweise der Anschaffungswert abzüglich allfälliger Wertbeeinträchtigungen zur Anwendung. Der Betrag der zu diesen Wertansätzen bewerteten Aktiven ist im Anhang offenzulegen.

22 Festverzinsliche Kapitalanlagen können nach der Kostenamortisationsmethode bewertet werden. Dabei wird sowohl die Auf- wie auch die Abzinsung über die Laufzeit als Ertrag aus festverzinslichen Kapitalanlagen (Zinsertrag) erfasst. Die aktuellen Werte sind zusätzlich im Anhang offenzulegen.

23 Die Rückstellung für Risiken in den Kapitalanlagen wird für marktspezifische Risiken der Kapitalanlagen (inkl. Grundstücke und Bauten) gebildet und aufgelöst, um Schwankungen der aktuellen Werte Rechnung zu tragen. Für die Rückstellung für Risiken in den Kapitalanlagen muss die Organisation über einen definierten Bewertungsansatz verfügen.

24 Die versicherungstechnischen Rückstellungen sind nach aufsichtsrechtlich anerkannten versicherungsmathematischen Verfahren zu berechnen.

25 Die versicherungstechnischen Schwankungs- und Sicherheitsrückstellungen des bestehenden Geschäfts werden für Unsicherheiten in der Bestimmung der versicherungstechnischen Rückstellungen (Parameter- und Zufallsrisiko) und für die inhärenten Zufallsschwankungen in der Schadenabwicklung benötigt. Sie dienen dazu, ungünstige und vorteilhafte Abwicklungsergebnisse der versicherungstechnischen Rückstellungen aufzufangen und werden unter Berücksichtigung der Diversifikation, der Grösse und der Struktur der Versicherungsportfolios gebildet und aufgelöst. Für die versicherungstechnischen Schwankungs- und Sicherheitsrückstellungen muss die Organisation über einen definierten Bewertungsansatz verfügen.

Erläuterungen

zu Ziffer 2

26   Marchzinsen auf festverzinslichen Kapitalanlagen sind entweder in den (aktiven) Rechnungsabgrenzungen oder in den Kapitalanlagen zu erfassen. Bei der Bewertung zu aktuellen Werten sind Marchzinsen zu erfassen, soweit diese nicht im Kurswert enthalten sind.

27   Krankenversicherer weisen im Einzelabschluss das Eigenkapital in der Bilanz oder im Anhang getrennt nach KVG und nach VVG aus.

28   Krankenversicherer weisen im Einzelabschluss die versicherungstechnischen Schwankungs- und Sicherheitsrückstellungen in der Bilanz oder im Anhang getrennt nach KVG und nach VVG aus.

zu Ziffer 3

29   Der übrige betriebliche Ertrag und Aufwand umfasst u. a. den Zinsertrag und -aufwand aus Forderungen und Verbindlichkeiten, den Aufwand aus langfristigen Finanzverbindlichkeiten (z. B. Anleihen), sowie den Ertrag und Aufwand (inkl. aus Fremdwährungsumrechnungen) aus flüssigen Mitteln.

30   Ein Übertrag aus dem Ergebnis aus Kapitalanlagen in den Schaden- und Leistungsaufwand für eigene Rechnung zum Ausgleich der Verzinsung der versicherungstechnischen Rückstellungen ist in der Segmenterfolgsrechnung zulässig und separat auszuweisen.

zu Ziffer 9

31   Beispiele solcher Positionen sind: Aktien/Alternative Anlagen/Beteiligungen/Derivative Finanzinstrumente/Festverzinsliche Kapitalanlagen/Grundstücke und Bauten/Kollektive Kapitalanlagen/Liquide Mittel/Übrige Kapitalanlagen. Kollektive Kapitalanlagen sind indirekte Anlagen in einer oder mehreren Anlagekategorien. Sofern indirekte Anlagen in nur einer Anlagekategorie bestehen, können sie auch dieser zugeordnet ausgewiesen werden (z. B. Anlagefonds Immobilien als Bestandteil der Grundstücke und Bauten).

32   Selbst genutzte Liegenschaften können entweder als Kapitalanlage oder als Sachanlage ausgewiesen werden.

zu Ziffer 10

33 Depotforderungen respektive -verbindlichkeiten aus dem übernommenen respektive dem abgegebenen Versicherungsgeschäft sind je separat als Forderungen respektive Verbindlichkeiten gegenüber Versicherungsorganisationen zu erfassen.

zu Ziffer 14

34 Erlösminderungen, Delkredere und Debitorenverluste auf Prämien des Versicherungsgeschäfts sind in den verdienten Prämien für eigene Rechnung zu erfassen. Die Beiträge der öffentlichen Hand umfassen beispielsweise die Beiträge der Kantone für die Prämienverbilligungen und die von den Kantonen übernommenen Forderungen für Prämien abzüglich entsprechender Rückerstattungen.

zu Ziffer 15

35 Schadenminderungskosten sind in der Position Bezahlte Schäden und Leistungen zu erfassen.

36 Kostenbeteiligungen der Versicherten (Franchisen, Selbstbehalt, Tagespauschale in Spital) sind in der Position Bezahlte Schäden und Leistungen zu verrechnen und sind im Anhang separat offenzulegen.

zu Ziffer 19

37 Differenzen aus Fremdwährungsumrechnungen auf Positionen der Kapitalanlagen sind im Ertrag und Aufwand aus Kapitalanlagen zu erfassen.

Beispiele

Diese Beispiele (Seiten 213–214) sind rein illustrativ. Die Absicht der Beispiele ist es, die Anwendung der Empfehlung zu veranschaulichen und ihre Bedeutung zu klären.

Schwankungs- und Sicherheitsrückstellungen (Beispiel 1):

Die versicherungstechnischen Rückstellungen werden nach aufsichtsrechtlich anerkannten versicherungsmathematischen Verfahren bestimmt. Basierend auf den historischen Daten (beispielsweise der erfahrenen Hagelschäden der letzten 10 Jahre) und unter Berücksichtigung von Änderungen der Grösse und Zusammensetzung des Portfolios, werden die Schwankungen der angefallenen Schäden ermittelt und durch die Standardabweichung ausgedrückt. Die Zielgrösse (mit welcher beispielsweise überdurchschnittlich grosse Hagelschäden abgedeckt werden sollen) ist ein durch die Organisation festgelegter Prozentsatz der historischen Streuung.

Die Schwankungs- und Sicherheitsrückstellung wird so lange erfolgswirksam erhöht oder reduziert, bis deren Zielgrösse erreicht ist.

Falls in der Berichtsperiode überdurchschnittlich grosse Schäden (beispielsweise S% grösser als die historische Streuung) anfallen, kann zusätzlich die Schwankungs- und Sicherheitsrückstellung erfolgswirksam ganz oder teilweise aufgelöst werden. Die Höhe der Rückstellung sinkt dann vorübergehend unter den Zielwert.

Falls in der Berichtsperiode unterdurchschnittlich grosse Schäden (beispielsweise T% weniger als die historische Streuung) anfallen, kann zusätzlich die Schwankungs- und Sicherheitsrückstellung erfolgswirksam ganz oder teilweise auf den Zielwert erhöht werden.

Volatilitäten der versicherungstechnischen Risiken werden damit ausgeglichen.

Rückstellung für Risiken in den Kapitalanlagen (Beispiel 2):

Die Rückstellung für Risiken in den Kapitalanlagen bildet die langfristigen Volatilitäten des Kapitalmarkts, rollierend über beispielsweise die letzten 10 Jahre, ab. Die Rückstellung bemisst sich am Gesamtportfolio und wird jedes Jahr überprüft. Die Ziel-Rückstellung für Risiken in den Kapitalanlagen wird beispielsweise wie folgt berechnet:
- W% auf den aktuellen Werten der Aktien
- X% auf den Buchwerten der festverzinslichen Kapitalanlagen, welche zu aktuellen Werten bewertet sind, sofern dieser Wert über 100% ist
- Y% auf Grundstücken und Bauten
- Z% auf den übrigen Kapitalanlagen

Die Rückstellung für Risiken in den Kapitalanlagen wird so lange erfolgswirksam erhöht oder reduziert, bis deren Zielgrösse erreicht ist.

Falls die Kapitalanlagen in der Berichtsperiode überdurchschnittlich grosse Wertverluste (beispielsweise grösser als eine Standardabweichung oder grösser als U% einer Standardabweichung) erfahren, kann zusätzlich die Rückstellung für Risiken in den Kapitalanlagen erfolgswirksam ganz oder teilweise aufgelöst werden. Die Höhe der Rückstellung sinkt dann vorübergehend unter den langfristigen Zielwert.

Falls die Kapitalanlagen in der Berichtsperiode überdurchschnittlich grosse Wertgewinne (beispielsweise grösser als eine Standardabweichung oder grösser als V% einer Standardabweichung) erfahren, kann zusätzlich die Rückstellung für Risiken in den Kapitalanlagen erfolgswirksam ganz oder teilweise auf den Zielwert erhöht werden.

Dieser Bewertungsansatz begründet sich mit den systemischen Marktrisiken und beruht auf Erfahrungen aus der Vergangenheit. Volatilitäten werden damit ausgeglichen.